Rainer Gerckens

ALFRED PARTIKEL

Leben und Werk

Studienausgabe

Zum Buch

Wer war der Maler, der in den Wirren der Nachkriegstage im Ostseedorf Ahrenshoop spurlos verschwand? Wer war der Hochschullehrer, den die Nazis 1937 in der Ausstellung "Entartete Kunst" präsentierten und gleichzeitig in die Preußische Akademie der Künste beriefen? Wer war der Künstler, der Richard Scheibe und Gerhard Marcks zu seinen engsten künstlerischen Freunden zählte? Dieses Buch gibt Antworten und beschreibt den Lebensweg und das Werk des Malers Alfred Partikel, der meisterhafte Landschaftsbilder von poetischer Stille schuf.

Zum Autor

Prof. Dr. phil. Rainer Gerckens, M. A. ist Kunsthistoriker sowie Kultur- und Sozialwissenschaftler. Er promovierte 1990 bei Prof. Dr. Martin Warnke und Prof. Dr. Horst Bredekamp an der Universität Hamburg zum Thema *Alfred Partikel (1888-1945) Leben und Werk*. Seit Studienzeiten war Rainer Gerckens u.a. an der Hamburger Kunsthalle, dem Museum für Hamburgische Geschichte, dem Fayencemuseum in Kellinghusen und der Stiftung Nordseemuseum Helgoland beschäftigt. Darüber hinaus war er viele Jahre in Beratungs- und Dienstleistungsunternehmen tätig. Zudem hat er Lehraufträge an Hochschulen in Hamburg, Bremen und Kiel wahrgenommen. Zahlreiche Publikationen zu kulturwissenschaftlichen, betriebswirtschaftlichen und gesundheitswissenschaftlichen Fragestellungen liegen von ihm in Fachzeitschriften und Einzelpublikationen vor. Von 2008 bis 2021 war er als Professor für Pflegemanagement an der Hamburger Fern-Hochschule tätig. Prof. Dr. Gerckens war Mitglied im Verband Deutscher Kunsthistoriker.

Rainer Gerckens

ALFRED PARTIKEL

Leben und Werk

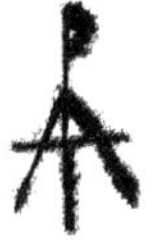

Studienausgabe

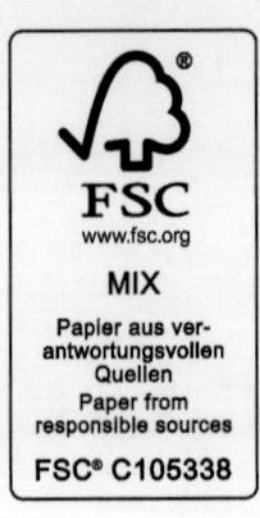

Rainer Gerckens
Alfred Partikel
Leben und Werk
Studienausgabe
2., aktualisierte Auflage
Hamburg 2025

Bibliografische Information der Deutschen Nationalbibliothek: Die Deutsche Nationalbibliothek verzeichnet diese Publikation in der Deutschen Nationalbibliografie; detaillierte bibliografische Daten sind im Internet über http://dnb.dnb.de abrufbar.

Gestaltung: Barmbeker Werkstätten, Hamburg
Verlag: BoD · Books on Demand GmbH, Überseering 33, 22297 Hamburg, bod@bod.de
Druck: Libri Plureos GmbH, Friedensallee 273, 22763 Hamburg

Umschlagbild: Alfred Partikel, Landschaft bei Ahrenshoop (Ausschnitt), 1933

ISBN: 978-3-7693-5472-0

Inhaltsverzeichnis

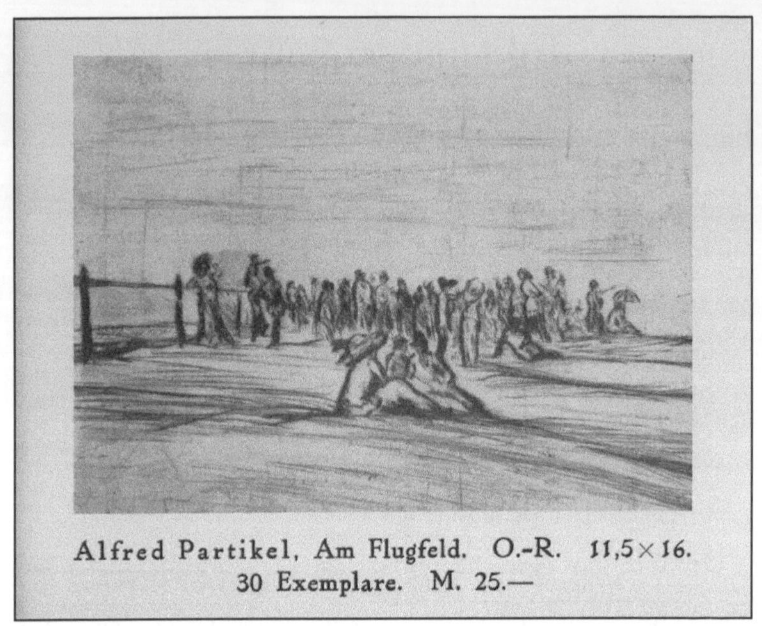

Abb. I: Alfred Partikel, Am Flugfeld, 1911, Radierung, in: NEUMANN (1912), Reprint 1914, Katalog anlässlich der Internationalen Ausstellung für Buchgewerbe und Graphik in Leipzig

Prolog

Am 29. September 1949 berichtete DIE ZEIT von einer Ausstellungseröffnung in der Hamburger Galerie der Jugend. Der Bildhauer Gerhard Marcks hatte dort die Eröffnungsrede zur Erinnerung an den Maler Alfred Partikel gehalten. Marcks hatte über den Künstlerfreund formuliert:

„Die Liebe zur Natur war groß und ursprünglich bei diesem einfach-ländlichen Menschen, der noch viel vom Typ des Fischers, Jägers und Bauern – als Kraft wie auch als Gefahr – an sich hatte, und der in der Großstadt wie eine Dissonanz wirkte. Er war gewiß kein Theoretiker, kein Intellektueller, aber er war ein Mann, kein Herrchen. Und eine beschämend zarte Seele saß, ähnlich wie bei Leibl, in seinem bärenhaften Körper, seine Pranke führte einen geradezu zierlichen Pinsel...

Sollte man sich nicht die Zeit nehmen, sich unvoreingenommen dieser Welt hinzugeben?“ [1]

Die folgende Darstellung nimmt den letzten Gedanken Gerhard Marcks' auf. Sie geht auf Recherchen in den späten achtziger Jahren des letzten Jahrhunderts zurück. Diese bildeten einst die Grundlage für die Entdeckung des Werkes Alfred Partikels für die Kunstgeschichte.

Es war in den siebziger Jahren, als ich das Haus des Ahrenshooper Kapitäns Hans-Günther Krull und seiner Frau Cornelia, geb. Partikel in Hamburg erstmals betrat. In einem schlichten Siedlungsbau der 50er Jahre verbarg sich ein nüchtern-moderner, offener Wohntrakt, der durch eine ungewöhnliche Ausstattung meine Aufmerksamkeit weckte. Überall hingen afrikanische Masken, große und kleine farbige Gemälde, standen Skulpturen unterschiedlicher Größe auf den Schränken und Regalen. Beherrscht wurde das Ambiente durch das große Gemälde eines sitzenden Mannes in einem weißen Kittel mit einer roten Fliege und einer lebensgroßen bronzenen Porträtbüste derselben Person. Das sei der Großvater, erklärten mir die Kinder des Hauses, ein ostpreußischer Maler, seinerzeit berühmt.

Erst Jahre später, im fortgeschrittenen Kunstgeschichtsstudium näherte ich mich dem Maler wieder an. Nach ersten vergeblichen Recherchen, etwas mehr über Alfred Partikel zu erfahren, stieg ich tiefer in die Materie ein. Einer systematischen Aufnahme des Nachlasses folgten Korrespondenzen mit Sammlern, Mitgliedern einer weit verstreut lebenden Familie, Schülern und Schülerinnen des Malers aus Königsberger Zeiten, Besuche in Archiven und Museen sowie bei ehemaligen Freunden des Künstlers im In- und Ausland.

1990 entstand hieraus die erste wissenschaftliche Aufarbeitung des künstlerischen Werkes als Dissertation am Kunstgeschichtlichen Seminar der Universität Hamburg.[2] Eine Biografie samt kunstwissenschaftlicher Bewertung der mehr als 700 Arbeiten sowie ein Katalog der seinerzeit recherchierten Werke liegt seitdem der Fachwissenschaft vor. 2002 erschien unter dem Titel „Unter weitem Horizont. Das Leben des Malers Alfred Partikel" erstmalig eine dokumentarische Beschreibung des Lebensweges des Künstlers.[3] Diese Publikation, die ausschließlich schwarzweiße Abbildungen enthielt, war schnell vergriffen und ist schon lange nicht mehr verfügbar.

Seit dem Erscheinen des kleinen Büchleins hat sich um das Werk Alfred Partikels einiges getan. So ist in den letzten zwanzig Jahren ein aktiver Kunsthandel mit den Werken Partikels entstanden.[4] Partikels Werk erfreut sich mittlerweile nicht nur einer zunehmenden Schätzung sondern auch einer entsprechenden Wertschätzung. Im Zuge dessen haben zahlreiche Werke seit 1990 ihre Besitzer gewechselt.

Auch in kunstwissenschaftlicher Hinsicht hat sich einiges getan. Im Jahre 2010 wurde Partikels Werk erstmals umfassend im Ahrenshooper Kunstkaten ausgestellt. Der zeitgleich erschienene Bildband nebst Einführung von Katrin Arrieta unter dem Titel „Alfred Partikel. Die ‚gebrochene Fiktion der Idylle‘" gibt einen guten Eindruck von dem Werk des Künstlers.[5)]

Mit dem Jahr 2013 hat Partikels Werk im neueröffneten Kunstmuseum Ahrenshoop am Hohen Ufer auch endlich eine angemessene Heimstätte in einem würdigen Ambiente gefunden. Damit wurde ein Ort geschaffen, der das Erbe des Künstlers angenommen hat und für eine weitere wissenschaftliche Aufarbeitung des Werkes prädestiniert erscheint.

Dies scheint auch erforderlich, denn die Kunstgeschichtsschreibung der Nachkriegszeit hat Partikel weitgehend ignoriert. Sein Name ist selbst unter Fachleuten wenig bekannt. Obwohl Partikel in den zwanziger und dreißiger Jahren als erfolgreicher Künstler galt und sich an den renommierten Ausstellungen der Secession und der Akademie in Berlin regelmäßig beteiligte, gelang ihm der große künstlerische Durchbruch nicht. Der eher gegenständliche Charakter seines Werkes war auch nicht dazu geeignet, später - als die internationale Abstrakte endlich auch in Deutschland die gebührende Anerkennung erlangte - ein breiteres Interesse zu wecken.

Der Hamburger Museumsdirektor Max Sauerlandt stellte Partikel 1933 in eine Reihe mit den Malern der Neuen Sachlichkeit und bezeichnete ihn als einen Vertreter der „neuen Naturmalerei" [6)]. Partikels Bildwerken fehlte jedoch die kühle, schneidende Kälte seiner neusachlichen Zeitgenossen. Sein Werk lässt sich nur unzulänglich in die üblichen Ismen der Kunstgeschichte pressen.

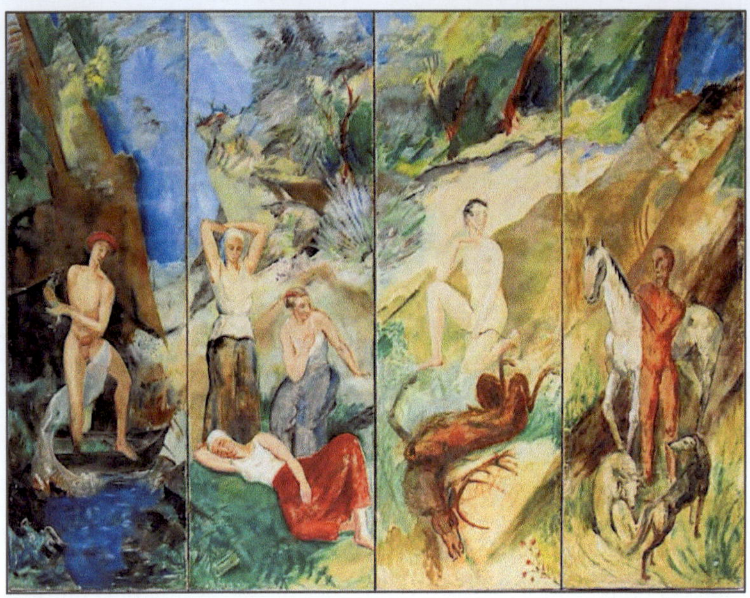

Abb. 1: Das Goldene Zeitalter, 1924, Öl auf Leinwand

Die Impressionisten hatten die Pastelltöne favorisiert und die Expressionisten tendierten eher zur Abstraktion. Partikel entwickelte in der gegenständlichen Landschaftsmalerei der ersten Jahrhunderthälfte indes eine eigene Bildsprache. Bei ihm war der Himmel blau, der Baum grün und das Dach rot. Damit hatte Partikel der Landschaftsmalerei die Farbe wiedergegeben. In der Blütezeit seines Schaffens tendierte seine künstlerische Ausdrucksfähigkeit zu einer besonderen Ornamentalisierung der Bildfläche. Hieraus erwuchs ein Werk meisterhafter Landschaftsmalereien von poetischer Stille.

Seit 1990 sind zahlreiche Werke des Künstlers Partikel im Kunsthandel und bei Sammlern aufgetaucht. Hierzu gehören die bemerkenswerten Tafeln „Das Goldene Zeitalter" von 1924 (Abb. 1)[7] sowie das 1922 von der Berliner Galerie Ferdinand Möller für das Städtische Museum Nürnberg erworbene Gemälde „Knieender Akt (vor bewegter See)". Es war am 23.

August 1937 in der Städtischen Galerie Nürnberg als „entarte-tet" beschlagnahmt worden und galt seitdem als verschollen (vgl. Abb. 106 und 110). 2021 hat es seinen ursprünglichen Ausstellungsort in Nürnberg wiedergefunden.[8]

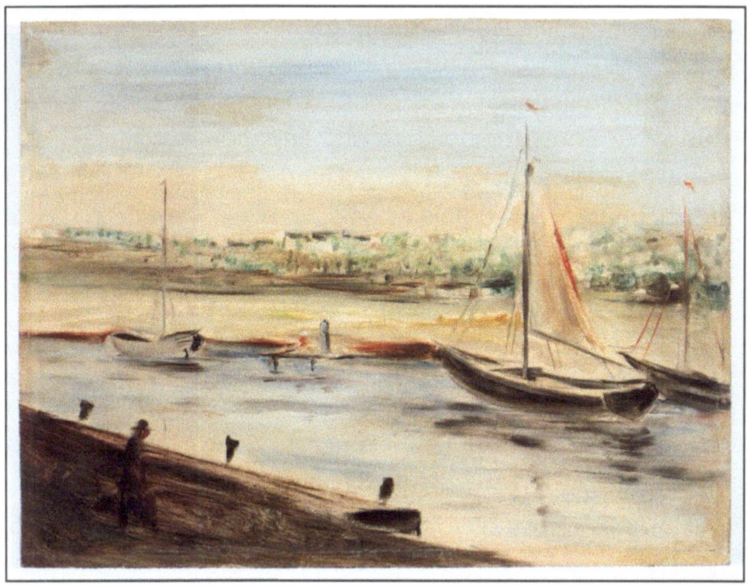

Abb. 2: Segelboote, um 1922, Öl auf Holz; Kunsthaus LEMPERTZ, Auktion 7.6.23

Auch künftig ist damit zu rechnen, dass verschollene oder bis-lang unbekannte Werke im Kunsthandel, in Museen oder Aus-stellungen auftauchen (Abb. 2). Aufgabe der Kunstwissen-schaft wird es sein, diese Werke in das Werkverzeichnis (WVZ) von 1990 zu integrieren und dieses auf eine digitale Plattform zu übertragen. Hierfür wird die Unterstützung von Eigentü-mern, Besitzern, Sammlern, Museen, dem Kunsthandel und gegebenenfalls weiterer Förderer notwendig sein.

Zur Biografie des Künstlers gibt es ebenfalls neue Erkennt-nisse. So sind über die Ereignisse am 20. Oktober 1945, dem Tag des Verschwindens des Malers, in den letzten Jahren neue

Indizien aufgetaucht. Diese werden im folgenden Text kritisch bewertet und dargestellt. Nach sorgfältiger Prüfung ergibt sich hieraus ein plausibles Bild, sodass die zahlreichen Spekulationen um Alfred Partikels Verschwinden damit zum Abschluss kommen können. Eines erscheint aus heutiger Sicht sicher: Alfred Partikel blieb Ahrenshoop immer zutiefst verbunden.

Für die Erstellung dieser Monografie geht ein Dank an die zahlreichen Kunstfreundinnen und -freunde, die durch Auskünfte zu Alfred Partikels Leben und Werk die vorliegende Ausarbeitung möglich gemacht haben. Ein besonderer Dank kommt dabei den Töchtern des Künstlers, Barbara Partikel (verstorben 2010) und Cornelia Krull, geb. Partikel zu.

Der vorliegende Text greift weitgehend auf die Forschungsergebnisse von 1990 zurück. Neue Forschungsergebnisse wurden, soweit möglich integriert. Die weitere Aufarbeitung von Leben und Werk Alfred Partikels bleibt künftigen kunstwissenschaftlichen Recherchen vorbehalten.

Prof. Dr. Rainer Gerckens
Hamburg im April 2022

Vorwort zur 2., aktualisierten Auflage

Ungebrochen erscheint das Interesse an Leben und Werk des Malers Alfred Partikel. Davon zeugen sowohl die Nachfrage seiner Werke auf den gängigen Kunstauktionen als auch die erzielten Verkaufserlöse. Auch das mysteriöse Verschwinden des Malers mit nur 57 Jahren weckt bei manchem Zeitgenossen eine gewisse Sensationslüsternheit, die jedoch zu kurz greift, um dem Menschen Partikel, seinem Wesen und seinem Wirken gerecht zu werden. Partikel hat der Nachwelt ein eindrucksvolles und kraftvolles Oeuvre hinterlassen, das seine Person und seine Persönlichkeit in hohem Maße widerspiegelt, von der zarten Pastellzeichnung bis hin zur ausdrucksstarken Landschaftsdarstellung.

Nur wenige Zeitgenossen, die Partikel einst kannten, sind noch unter den Lebenden. So wird es Zeit für eine Neuauflage des Standardwerkes von 2022, das nunmehr als Studienausgabe und damit in einer leicht zugänglichen Form im Taschenbuchformat vorliegt. Text und Bildauswahl folgen weitgehend der ersten Auflage und wurden nur behutsam überarbeitet. Wichtige Aktualisierungen finden sich in den Anmerkungen, im neu hinzugefügten Personenverzeichnis sowie im Literaturverzeichnis (u.a. Epstein, Luchsinger, May, Vlug), die eine gute Grundlage für weitere Forschungen zu Leben und Werk Alfred Partikels bilden.

Prof. Dr. Rainer Gerckens
Hamburg, im April 2025

Der Schüler

Herkunft und Ausbildung

Alfred Partikels Leben und Werk ist von unterschiedlichen Einflüssen geprägt. In erster Linie entwickelt es sich jedoch im Spannungsfeld von gegensätzlichen Lebenswelten: hier die gesellige Metropole, dort die ländliche Einsamkeit, hier die städtische Geschäftigkeit, dort die dörfliche Idylle. Die stärksten Impulse für sein künstlerisches Schaffen erhielt er in den Zentren der Kunstentwicklung, insbesondere in Berlin. Seine Malweise prägte sich hingegen jenseits der Großstädte, in ländlicher Abgeschiedenheit am intensivsten aus.

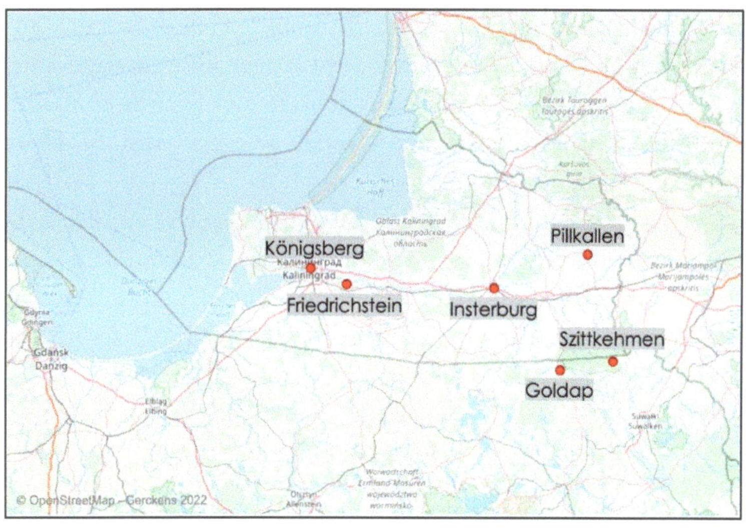

Abb. 3: Karte von Ostpreußen mit Lebensstationen Partikels

Ein wesentlicher Grund für diese Entwicklung liegt in Partikels Herkunft. Fern von jeglichem Ort künstlerischer Inspiration, an der östlichen Grenze Ostpreußens wuchs Partikel auf. Industrie und Technik blieben dieser Region bis zur

Jahrhundertwende fremd.[9] Auch die Landwirtschaft wurde noch lange mit traditionellem Arbeitsgerät verrichtet. Die Mechanisierung setzte hier, im Gegensatz zum übrigen Deutschen Reich, erst spät ein. Eisenbahn und Telegrafenleitungen waren die neuesten sichtbaren technischen Errungenschaften. Im Landschaftsbild Ostpreußens herrschten noch immer die weiten Flächen von Feldern, Seen, Wäldern und Heide vor. In diese Landschaft zog es den Maler im Laufe seines Lebens immer wieder zurück. Sie prägten einen erheblichen Teil seines künstlerischen Werkes: die Landschaftsmalerei.

Der Vater, Adolf Partikel, stammte aus Westpreußen.[10] Dort wurde er am 12.9.1857 in Wenzkau, Kreis Berent geboren. Er war ein Zugereister, der in Goldap, einer kleinen ostpreußischen Kreisstadt am Rande der Rominter Heide, Sekretär im Amtsgericht wurde. Anlässlich auswärtiger Gerichtstage kam Adolf Partikel nach Szittkehmen, jenseits der Rominter Heide, unmittelbar an der russischen Grenze gelegen (Abb. 3). Dort lernte er die Gastwirtstochter Anna Auguste Kausch (*23.09.1858) kennen. Aus der Ehe gingen sechs Kinder hervor. Der erstgeborene Sohn Hans (*1885) studierte Jura und wurde später ein einflussreicher Mitarbeiter im ostpreußischen Raiffeisenwesen. Auf die Schwester Käthe (*1887) folgte am 7.10.1888 Ernst Fritz Adolf Alfred Partikel (Abb. 4).

Bis 1894 bekam er noch drei Schwestern. Die Eltern blieben zunächst noch in Goldap, bis der Vater in den neunziger Jahren den Gasthof seines Schwiegervaters in Szittkehmen übernahm. Hier wurde er zum Gemeinde- und Amtsvorsteher umliegender Bezirke ernannt. In dieser preußisch-protestantischen Amtsatmosphäre wuchs Alfred Partikel auf. Hier ging er zur Schule, bis die Familie in die nördlich gelegene Kreisstadt Pillkallen zog, wo der Vater das Amt des Bürgermeisters übernahm, das er bis 1919 innehatte. Künstlerische Einflüsse

konnten frühestens in dieser Zeit auf Alfred Partikels Entwicklung Einfluss genommen haben. Pillkallen hatte in dieser Hinsicht allerdings ebenso wenig zu bieten wie das fünfzig Kilometer entfernt liegende Insterburg, wo Alfred zusammen mit
seinem Bruder Hans das Gymnasium besuchte.

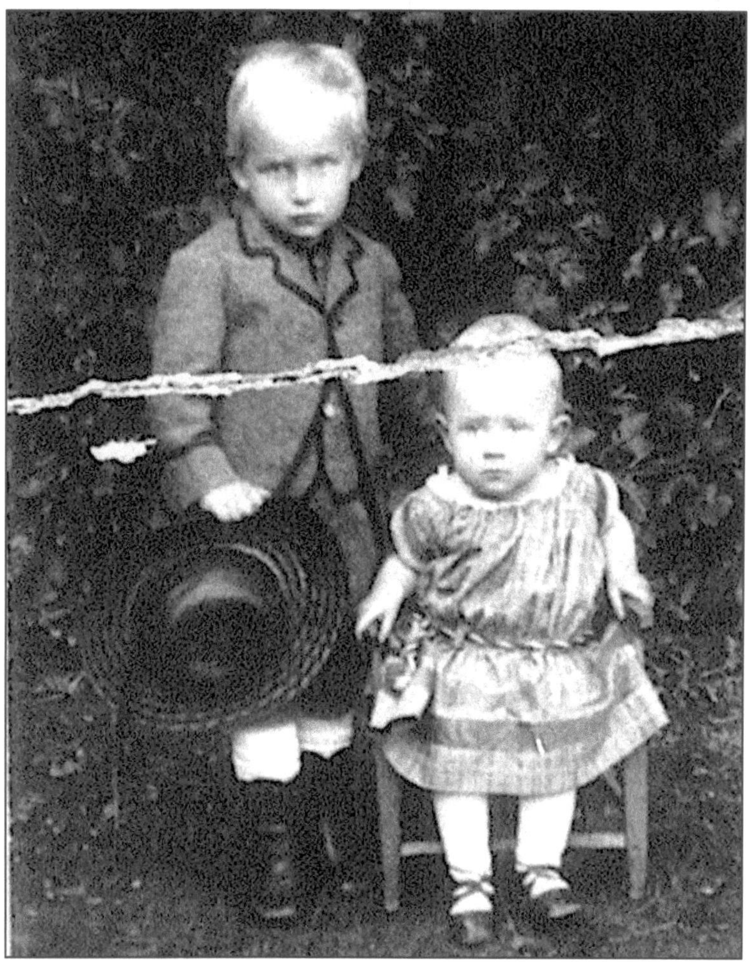

Abb. 4: Alfred Partikel (li.) mit Schwester Gertrud, 1892

Eine Fotografie aus der Zeit um 1904 zeigt die Familie Partikel
um einen Kaffeetisch gruppiert (Abb. 5). Neben die Eltern

durften sich die Söhne platzieren, während die Schwestern, bis auf die kleine Marie, stehen mussten. Der Bruder Hans postiert sich mit übergeschlagenen Beinen, grimmigem Blick, einem keck zur Seite geschobenem Hut selbstbewusst und in merklicher Distanz neben dem Vater.

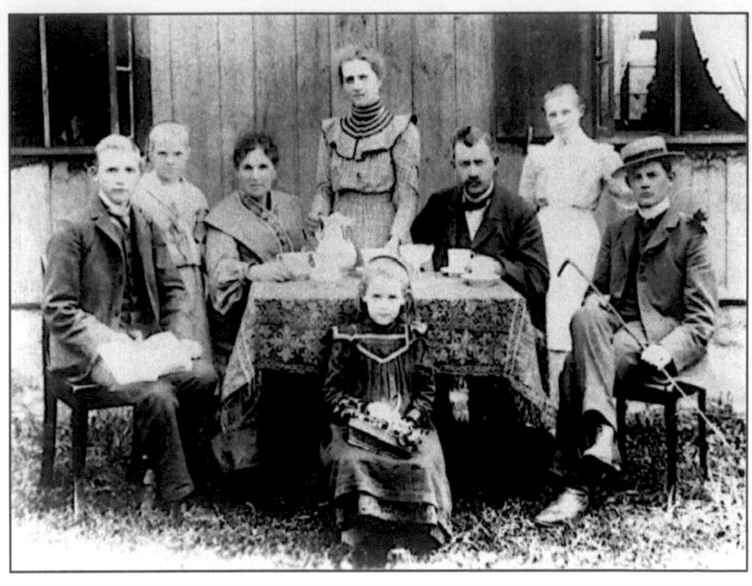

Abb. 5: Familie Partikel, Alfred links, um 1904

Alfred hingegen, in der Statur seinem Bruder überlegen, trägt weichere Züge. Über seinen unsicher verhakten Beinen scheint er gerade aus einer wichtigen Arbeit aufzuschauen. Allerdings sollte er sich in dieser Zeit aus der Familie lösen. 1905 verließ er das Gymnasium in Insterburg mit dem „Einjährigen". Ihn zog es in die Stadt, nach Königsberg, um Maler zu werden.

Mit siebzehn Jahren besuchte Alfred Partikel in Königsberg die traditionsreiche Kunst- und Gewerkschule, die seit 1790 bestand.[11] Dieses Institut hatte nach der späteren Gründung der Königsberger Kunstakademie seinen Schwerpunkt in der kunsthandwerklichen Ausbildung. Es bestanden Tagesklassen für Maler, Bildhauer, Tischler, Maschinenbauer und Schlosser sowie eine Vorklasse für allgemeinen Zeichenunterricht.[12] Als Kunstmaler wirkten hier Max Rodemeister und Eduard Anderson. Rodemeister (*1858) wurde nach einem Studium an der Königsberger Akademie 1890 Lehrer an der Kunst- und Gewerkschule.[13] Anderson (1873-1947) war ebenfalls als Landschaftsmaler aus der Königsberger Akademie hervorgegangen.[14] Um 1905 gab es an der Kunst- und Gewerkschule 47 Vollschüler. Hinzu kamen noch zahlreiche Nachmittags- und Abendschüler, so dass die Zahl der Auszubildenden insgesamt nahezu 400 betrug.[15] Welchen Status Alfred Partikel an dieser Schule hatte, ist nicht bekannt. Sein Talent hinterließ jedoch so viel Eindruck auf die Lehrerschaft, dass er noch im selben Jahr auf die Königliche Kunstakademie zu Königsberg überwechseln durfte (Abb. 6).

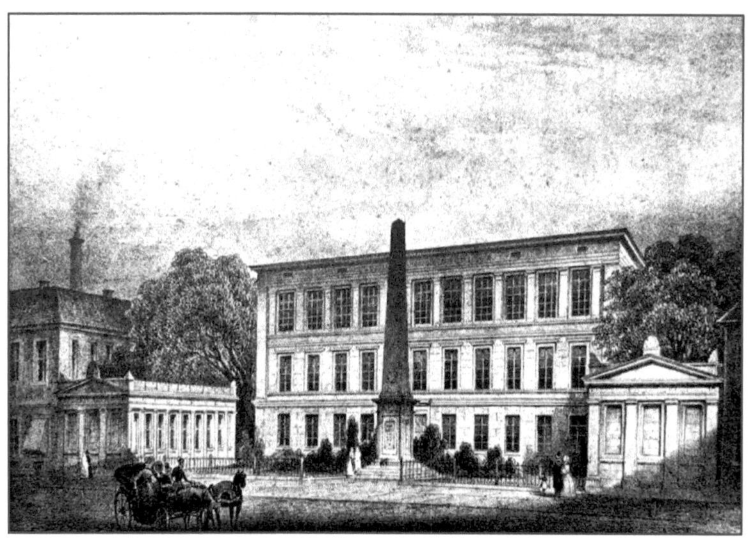

Abb. 6: Königliche Kunstakademie Königsberg, Kupferstich, um 1841

Die Königliche Kunstakademie wurde 1842 gegründet.[16] Ihr erster Direktor war Ludwig Rosenfelder (1831-1881), der als

Historienmaler in Berlin Ansehen erlangt hatte. Rosenfelder stand der in den folgenden Jahren einsetzenden Mode der Freiluftmalerei offen gegenüber. August Behrendsen (1819-1886) und Maximilian Schmidt (1818-1901) führten die Landschaftsklasse bis zur Jahrhundertwende. Nach Rosenfelders Ausscheiden aus dem Lehrkörper übernahm, nach einem kurzen Interregnum Schmidts, 1880 Carl Steffeck (1818-1890) bis zu seinem Tod die Leitung der Akademie. Steffeck galt als Bildnis- und Landschafts-, aber insbesondere als Tiermaler, der in Berlin noch von Franz Krüger (1797-1857) geprägt worden war. Eine schulmäßige Ausstrahlung hatte die Königsberger Akademie bis zu diesem Zeitpunkt nicht erlangen können. Die etwas abseits liegende Anstalt erreichte lediglich regionale Bedeutung. Es fehlte an entsprechenden Künstlerpersönlichkeiten. Dies wollte man mit der Berufung des Berliner Akademieprofessors Ludwig Dettmann (1865-1944) ändern. Dettmann gehörte zu den Malern, die den Impressionismus in Deutschland mit zur Geltung gebracht hatten. 1898 war er an der Gründung der Berliner Secession beteiligt, in deren Vorstand er in den ersten Jahren vertreten war.

Vorrangiges Ziel Dettmanns war es, den Lehrkörper zu erneuern. So berief er u. a. den Düsseldorfer Maler Olof Jernberg (1875-1935) zur Leitung der Landschaftsklasse und den Grafiker Heinrich Wolff (1875-1940), der nun die Elementar- und Kupferstichklasse betreute.

Dettmann, Jernberg und Wolff waren die drei Lehrer, von denen Partikel am meisten profitierte. Dettmann versuchte, seine offene, impressionistisch anmutende Malweise der achtziger Jahre in den späteren Historienmalereien anzuwenden. Zu Beginn des neuen Jahrhunderts wurde er von der Stilkunst Hodlers beeinflusst.[17] Jernberg war aus der Düsseldorfer Malerschule hervorgegangen und hatte sich einer pleinairistischen

Malweise zugewandt. Sein Pariser Aufenthalt in den 80er Jahren hatte eine Begeisterung für die Schule von Barbizon geweckt.[18]

Diese neuen Lehrer verlangten nun von ihren Schülern „vor der Natur" zu malen. Die Freiluftmalerei, anderenorts schon seit Jahrzehnten gepflegt, kam mit den impressionistischen Stileinflüssen nun auch an der Königsberger Akademie zum Durchbruch.[19] Dettmann selbst war ein engagierter Verfechter der Freiluftmalerei. So schrieb er: *„Ist nicht die Natur draußen, die ganze reiche Welt das Forum, da der Landschaftsmaler arbeiten und leben kann! Was soll er in den Akademieräumen?"* [20] Auch Heinrich Wolff ging mit seinen Schülern „vor die Natur", seitdem Exkursionen selbstverständliche Bestandteile der Unterrichtsgestaltung geworden waren.[21] Heinrich Wolff bekam für Partikel eine wichtige Bedeutung. Seine technische Versiertheit in der Druckgrafik hatte Partikel mit großem Interesse aufgenommen. Insbesondere die Verfahren der Ätzdrucktechniken lassen in Partikels frühen druckgrafischen Blättern Wolffs Einfluss erkennen.

Aus der Königsberger Akademiezeit stammt das älteste erhaltene Werk Alfred Partikels. Der junge Akademieschüler war gerade 19 Jahre alt, als er seine jüngste Schwester Marie porträtierte (Abb. 7). Das Brustbild zeigt ein junges Mädchen auf einem Biedermeiersofa sitzend. Mit breitem Duktus ist das Bild in warme Braun- und Ockertöne gefasst. Der pyramidale Aufbau sowie der melancholische Gestus ist klassischen Brustbildnissen angelehnt. Trotzdem wirkt die Darstellung nicht stereotyp, denn Partikel konzentriert alle malerischen Mittel auf das Gesicht der Dargestellten. Die Hände, nur durch formende Pinselstriche angedeutet, treten weit zurück. Sujet, Bildaufbau und Palette erinnern entfernt an Adolph von Menzels Bildnis seiner Schwester Emilie.

Das Gemälde zeigt, dass Partikel es in den beiden Jahren seines Aufenthalts an der Kunst- und Gewerkschule und an der Akademie zu sicherem Formempfinden, klarem Bildaufbau und ausdrucksvoller Malerei gebracht hatte.

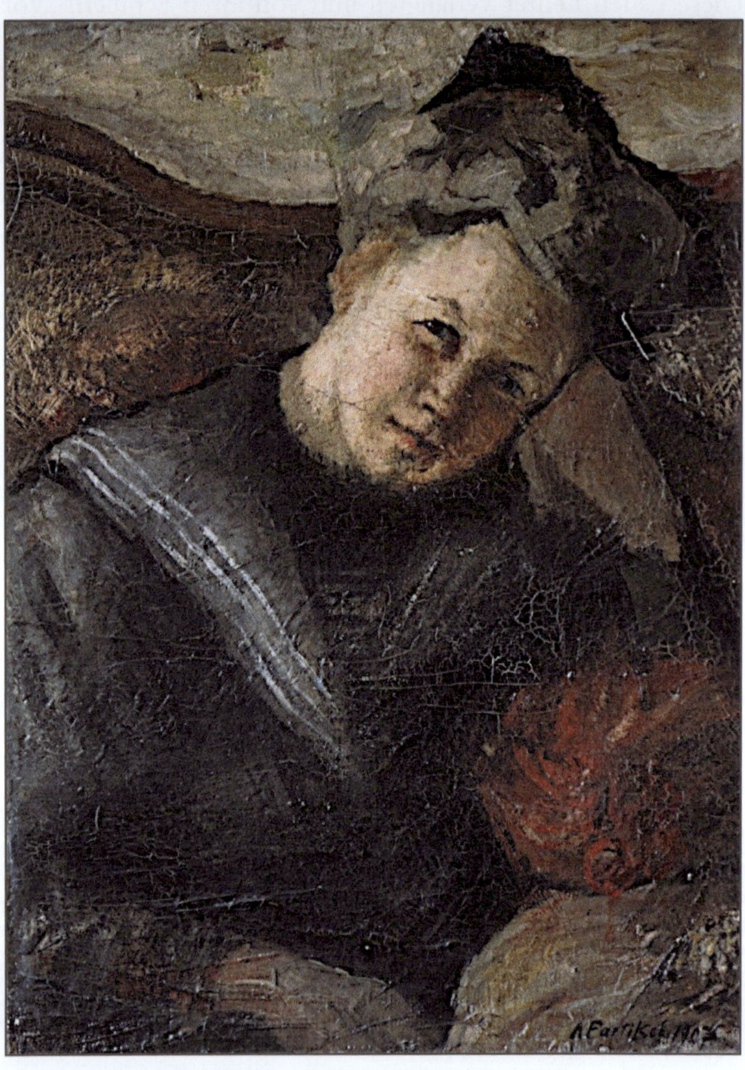

Abb. 7: Bildnis Marie Partikel, 1907, Öl auf Leinwand, WVZ G1

Für ihn schien es ausreichend zu sein, das Handwerk der bildnerischen Gestaltung zu verstehen und anwenden zu können. Zeichenlehrer hatte er werden sollen, so war es mit den Eltern vereinbart worden. Doch der junge Maler wollte sich nun lieber der freien Kunst zuwenden. So reifte in ihm der Gedanke, Königsberg zu verlassen. Hier sah er keine Möglichkeiten, sich künstlerisch weiterzubilden, mit neuen Entwicklungen konfrontiert zu werden, den modernen Einflüssen, die vorwiegend aus Frankreich kamen, zu begegnen.

Von München nach Weimar

Partikel ging 1908 nach München. Rund zwanzig Jahre zuvor hatten die Ostpreußen Lovis Corinth und Käthe Kollwitz den gleichen Schritt vollzogen. München galt zu dieser Zeit als Zentrum der Kunstentwicklung in Deutschland.[22]

Von dem zweijährigen Münchner Aufenthalt Partikels ist wenig bekannt. Aus dieser Zeit haben sich auch keine Werke erhalten. Partikel lebte in äußerst dürftigen Verhältnissen. Die väterliche Unterstützung wurde ihm nach seinem Entschluss, die Akademie zu verlassen, entzogen.[23] Damit hatte er auch keine Möglichkeit, eine der zahlreichen privaten Malschulen, geschweige denn die hiesige Akademie, zu besuchen.[24] Zunächst musste die Konfrontation mit den Münchner Kunstsammlungen für ihn von großer Bedeutung gewesen sein. Im Gegensatz zur bescheidenen Gemäldesammlung des Königsberger Kunstvereins boten sich ihm hier völlig neue Eindrücke.[25] Erstmals sah er altdeutsche und altniederländische Malerei, die Venezianer des 16. Jahrhunderts und flämische und niederländische Bildwerke des 17. Jahrhunderts. Letztlich sollte er erstmals einen unmittelbaren Eindruck der vielfältigen Kunstwerke unterschiedlichster Epochen bekommen. Hinzu kam eine lebendige Kunstszene, in der ein Stilpluralismus vorherrschte, der anregend sein musste. Der Münchner Secession war das Revolutionäre zwar mittlerweile abhanden gekommen - die Gründung lag bereits sechzehn Jahre zurück - jedoch fanden sich hier noch immer so verschiedene Künstler wie Ludwig Dill, Franz von Stuck und Fritz von Uhde unter einem gemeinsamen Dach zusammen.[26] Hinzu kam die junge Generation, die die Rolle der zukünftigen Avantgarde in der deutschen Kunst spielen sollte: Kandinsky, Jawlensky, Klee, Marc,

Werefkin und Münter. Im Januar 1909 wurde die „Neue Kunstvereinigung München", der Vorläufer des „Blauen Reiter", von Kandinsky ins Leben gerufen. Es folgten die aufsehenerregenden Ausstellungen in Tannhausers Moderner Galerie in der Theatinerstraße.[27]

Diese avantgardistischen Strömungen blieben Partikel jedoch zunächst scheinbar fremd. Zumindest schlagen sich keine Anregungen aus dieser Richtung in seinen Bildern nieder. Vielleicht war die provinzielle Königsberger Prägung zu stark, um neue Anregungen aufzunehmen und umzusetzen. Nach Überlieferungen innerhalb der Familie hielt Partikel sich während seiner Münchner Zeit viel in den Kunsthandlungen und Museen auf und vervollständigte seine Technik durch Kopieren von Alten Meistern.[28] Sehr wahrscheinlich ist es, dass Partikel während seiner Münchner Zeit Kontakt zu seinem ostpreußischen Landsmann Arthur Degner (1888-1972) pflegte, der sich 1909 ebenfalls in München aufhielt. Immerhin waren beide gleichen Jahrgangs und hatten gemeinsam an der Königsberger Akademie studiert.

Im Jahre 1910 zog es Partikel nach Weimar. Seine Beweggründe sind nicht bekannt. Falls künstlerische Überlegungen eine Rolle gespielt haben sollten, was durchaus anzunehmen ist, so könnte die Ausstrahlung der Weimarer Malerschule von Bedeutung gewesen sein.[29] Hier hatte die Darstellung der Landschaft einen besonderen Stellenwert bekommen, nachdem Theodor Hagen (1842-1919) bereits in den achtziger Jahren die bildgestalterischen Erfahrungen der Schule von Barbizon an die Großherzogliche Kunstschule in der thüringischen Residenzstadt vermittelt hatte.[30] Hans Olde (1855-1917) leitete die Schule seit 1902. Hier lehrten solch ausdrucksstarke Landschaftsmaler wie Ludwig von Hofmann (1861-1945) und Fritz Mackensen (1866-1953). Infolgedessen war die Schule schon bald überfüllt und eine Aufnahmeprüfung für Studierwillige wurde eingeführt. Ob Partikel sich für eine Aufnahme an die Hochschule für bildende Kunst, wie das Institut seit 1910 hieß, bewarb, ist nicht sicher. Zumindest liegen keine Hinweise dazu vor.[31] Es mag aber auch das aufgeschlossene Klima für die zeitgenössischen Kunstströmungen gewesen sein, das den Maler aus München hierher zog.[32] Henry van de Velde (1863-1957) wirkte bereits seit 1901 in Weimar und initiiert hier 1903 die Gründung des Deutschen Künstlerbundes, in dem Partikel Mitglied wurde.[33] Zudem fanden Ausstellungen zeitgenössischer in- und ausländischer Künstler statt.[34] Spätestens hier konnte er im November 1910 Werke der „Brücke"-Maler Amiet, Heckel, Kirchner, Pechstein, Schmidt-Rottluff und Müller im Karlsplatz-Museum sehen.[35]

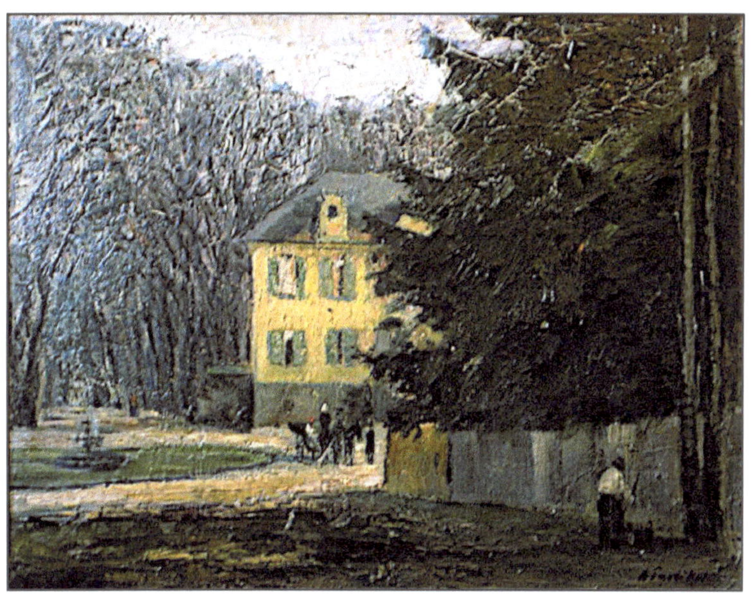

Abb. 8: Im Garten von Schloss Belvedere, Weimar, um 1910, Öl auf Leinwand, WVZ G4

Aus der Weimarer Zeit stammt ein kleines Tafelbild, das im Garten von Schloss Belvedere entstanden ist (Abb. 8). Eine lange Allee zieht sich diagonal von vorne rechts nach hinten links durch das Bild. Sie wird von einer Querallee unterbrochen, in der ein Kavalierhaus in die Bildmitte hineinragt.

Das Haus, vor dem ein Pferdegespann hält, ist durch dunkle Tannen halb verdeckt. Ein kleiner Springbrunnen auf einem Rasenrondell bildet an der linken Bildseite den Schnittpunkt der Alleen. Helles Licht fällt auf das Haus und die Menschengruppe davor, während der Bildvordergrund stark verschattet bleibt. Im rückwärtigen Teil der Allee belebt ein nuancenreiches Licht- und Schattenspiel die Bildtiefe.[36] Bis auf weißgelbe und ockerfarbige Helligkeit in der Bildmitte herrschen dunkle bis schwarze Grüntöne vor. Ein roter Farbtupfer in der Personengruppe sowie eine rote Farbschattierung in der Tiefe der Allee erinnern an die Bildsprache Corots. Der breite Pinselduktus geht über die Details im Bildvordergrund hinweg. Von einer impressionistischen Formenauflösung kann hier jedoch nicht gesprochen werden. Partikel verbleibt vielmehr einer naturalistischen Malweise verhaftet, wie sie etwa Theodor Hagen gepflegt hatte.

Bereits 1911 kehrte Partikel nach Ostpreußen zurück. Er ging wieder nach Pillkallen, wo seine Eltern und Geschwister lebten. Was er nach zwei Jahren Abwesenheit als Bürgermeistersohn mitbrachte, war nach bürgerlichem Wertekodex nicht viel: weder materielle Werte noch Aussichten auf kurzfristigen Erfolg.

Es blieb ihm jedoch ein gereiftes künstlerisches Ausdrucksvermögen, das ihm als Grundlage für seine späteren Werke diente.

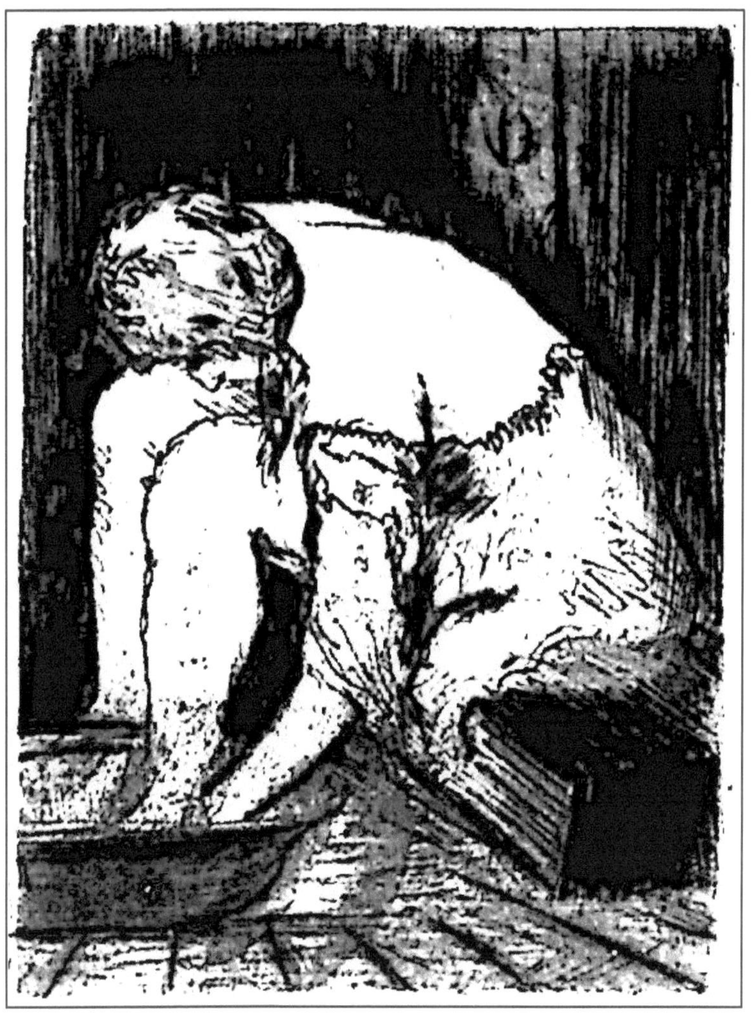

Abb. 9: Fußwäsche, 1911, Radierung, WVZ D1

Aus dem Jahr 1911 stammen die ältesten erhaltenen Druckgrafiken Partikels. Während die „Fußwäsche" eher noch wie eine Studie wirkt (Abb. 9), die das Experimentieren mit der Technik verrät, so erscheint „Die Plätterin" als eine ausgeglichene Komposition (Abb. 10). Durch die nuancenreiche Herausarbeitung unterschiedlicher Grauschattierungen erhält die

Radierung einen ausgesprochen malerischen Charakter. Lichtreflexe auf dem Rücken der sitzenden Figur und an der Wandschrägen sowie feine Parallelschraffuren geben der kleinen Dachkammerszene räumliche Tiefe. Die Figuren werden von breiten, weichen Strichlagen konturiert, sodass sie fest im Raum erscheinen.

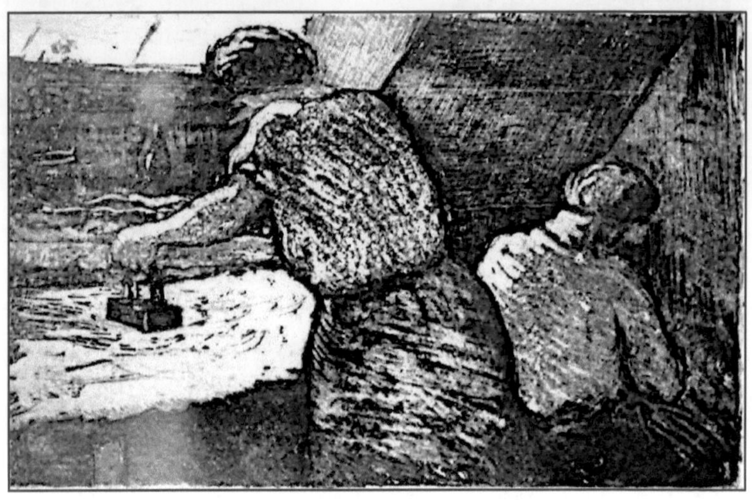

Abb. 10: Die Plätterin, 1911, Radierung und Aquatinta, WWZ D2

An diesen beiden Blättern zeigt sich bereits Partikels Interesse an der Darstellung von Arbeitsszenen.[37] Dabei ist die Abkehr der Dargestellten vom Betrachter bemerkenswert.[38] Breite Rückenansichten füllen den Bildvordergrund aus. Die Köpfe sind stets gesenkt und lassen keine Blicke in die Gesichter zu. Welch ein Gegensatz zu dem offenen Porträt seiner Schwester Marie aus dem Jahr 1907 (Abb. 7).

1911 sind auch die ersten Landschaftsradierungen datiert, die vermutlich in Ostpreußen entstanden waren (Abb. 11). Sie zeigen bereits die charakteristischen weiten Ausblicke unter hohem Himmel.

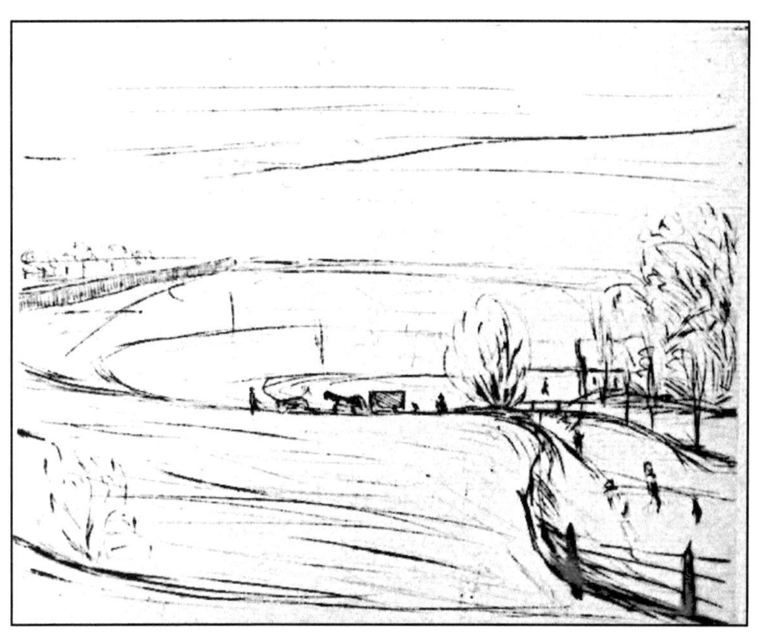

Abb. 11: Landschaft mit Pferdefuhrwerk, um 1911, Radierung, WVZ D4

Auffällig ist die kantige Darstellungsweise dieser Kaltnadelarbeiten. Mit flüchtigen Strichen werden Formen nur angedeutet

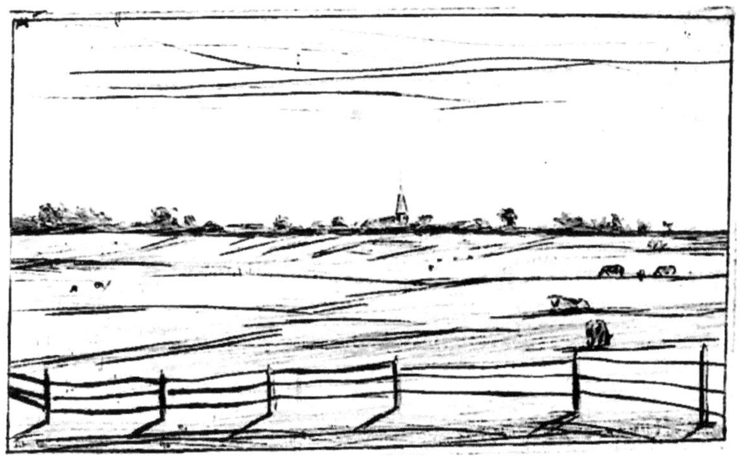

Abb. 12: Viehweide bei Pillkallen, 1912, Radierung, WVZ D5

und bleiben offen. Konturen schließen sich nicht um die Bildgegenstände. Vielmehr wird der spontane Eindruck einer Landschaftsszene skizzenhaft charakterisiert. Möglicherweise waren die Radierungen Vorstudien zu späteren Gemälden wie etwa die „Viehweide bei Pillkallen" (Abb. 12).

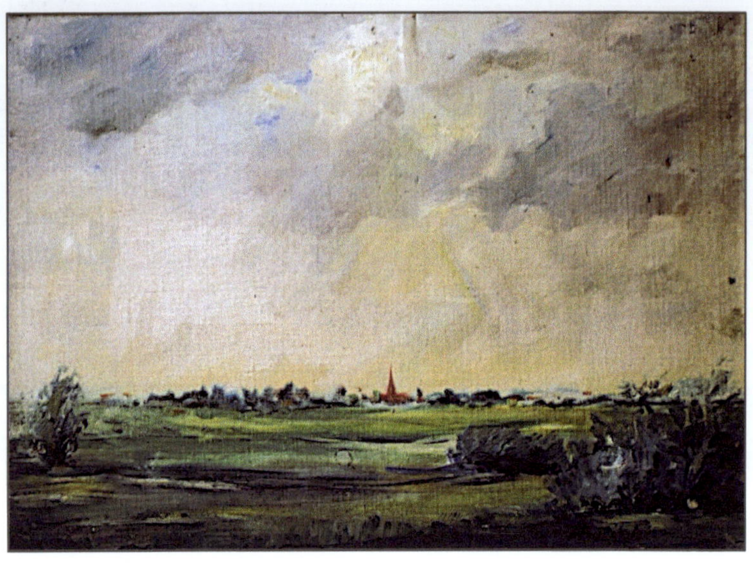

Abb. 13: Gewitterstimmung, um 1911, Öl auf Karton, WVZ G10

Während auf der Radierung der Zaun im Bildvordergrund dominiert und die Rinder im Mittelgrund als Staffage fungieren, wird im Gemälde „Gewitterstimmung" der anekdotische Charakter reduziert, indem Partikel den Vordergrund mit rein malerischen Mittel gestaltet, den Horizont herunterzieht und somit den Bildmittelpunkt mit der Kirche hervorhebt (Abb. 13). Einem lasurartigen Farbauftrag mit Gelb- und Ockertönen in der Bildmitte steht ein fleckenartiger impressionistischer Duktus mit Grünblautönen im Vordergrund und Grauschattierungen im zentralen Himmel gegenüber. Das aufziehende Gewitter über Partikels ostpreußischer Heimstatt Pillkallen mit dem neu errichteten Kirchturm findet in dieser Darstellung einen dynamischen Ausdruck.[39]

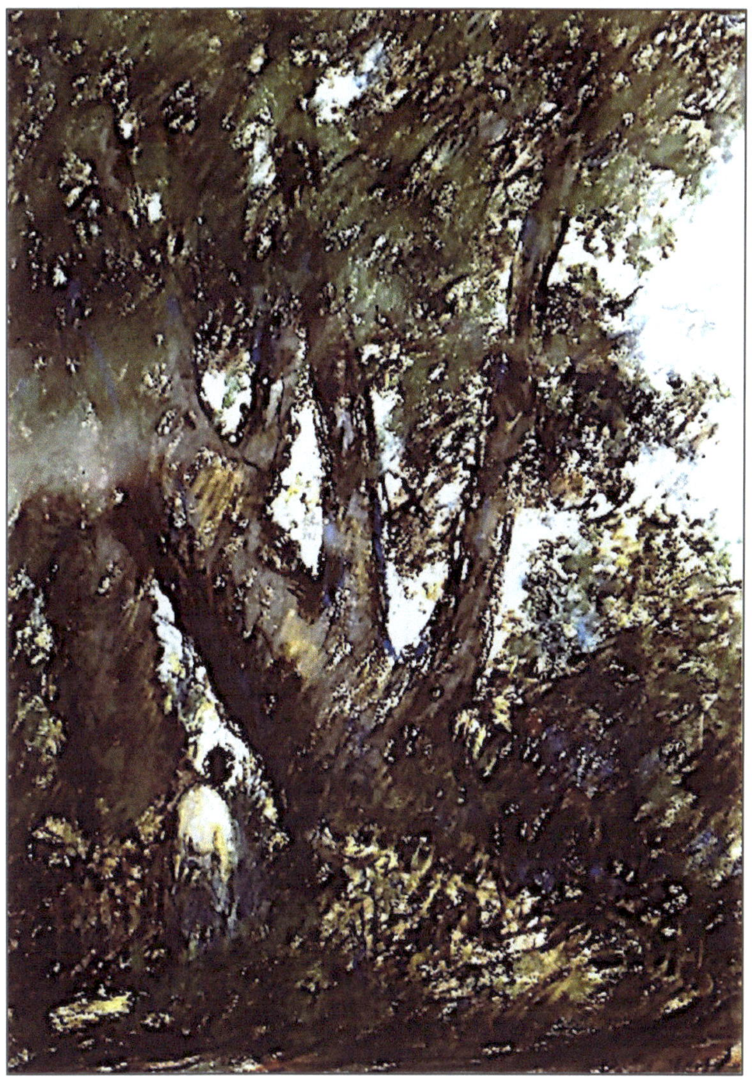

Abb. 14: Im Park, um 1911, Pastell, WVZ Z2

Die erste bekannte Pastellzeichnung Partikels stammt ebenfalls aus diesen Jahren (Abb. 14). In einem waldartigen Dickicht beherrscht ein mächtiger Baum die Szene. Eine kleine Figur im linken Bildvordergrund ist nur angedeutet. Die mit breitem Strich in schwarzbraunen und grünen Farbtönen skizzierte Natur bestimmt das Bildmotiv.

Zu gleicher Zeit entstanden Bilder der engeren Umgebung, wie das Gemälde „Stickende Frauen" (Abb. 15) oder die „Ostpreußische Landschaft" (Abb. 16), die einen Ausblick vom elterlichen Haus darstellt.

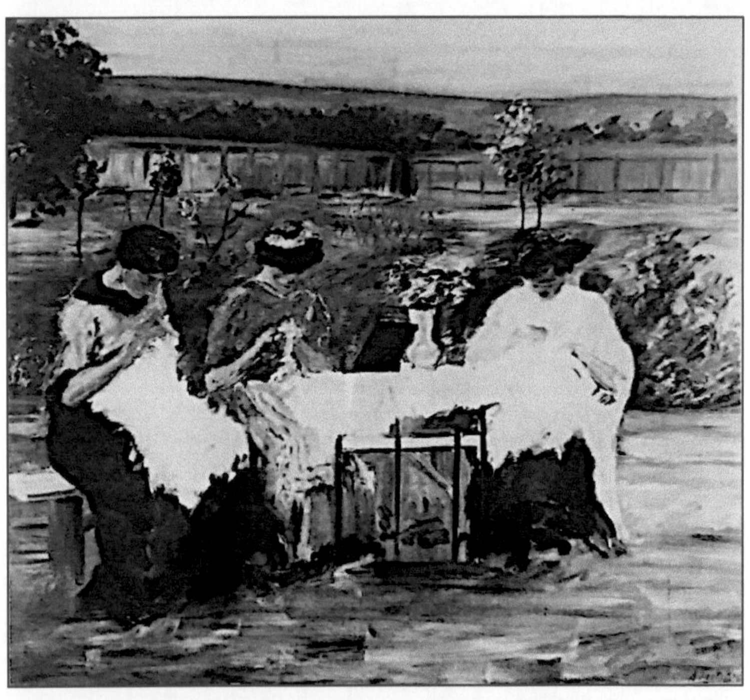

Abb. 15: Stickende Frauen, 1912, Öl auf Leinwand, WVZ G12

Die Königsberger Akademie hatte Partikel das handwerkliche Rüstzeug mitgegeben. Der Aufenthalt in München und Weimar blieb ebenfalls nicht ohne Wirkung. Die Werke, die nach dieser Zeit in Ostpreußen entstanden, zeigen, dass Partikel zunächst unbeirrt von modernen Strömungen seiner eigenen Formensprache nachging. Ein gewisser konservativer Charakter lässt sich diesem Umstand allerdings nicht absprechen. Herkunft und Bindung an die Provinz hatten noch immer prägenden Einfluss. Aber thematisch waren die Jahre klärend. Die zeitweilige Abkehr vom Porträt wird deutlich. Dagegen steht die Vorliebe für die Landschaft.

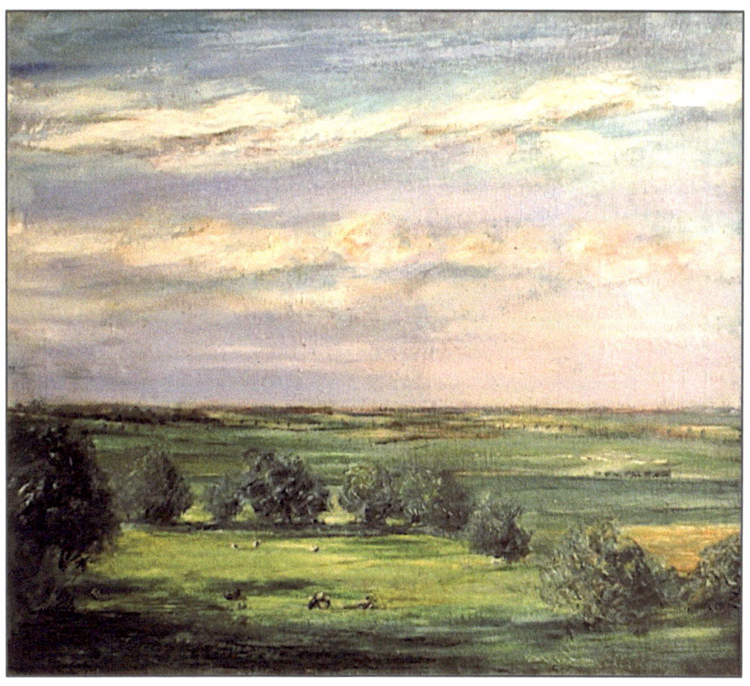

Abb. 16: Ostpreußische Landschaft, 1912, Öl auf Leinwand, WVZ G11

Partikel schränkte sich thematisch ein. Vielleicht war es gerade diese Begrenzung, die ihm nun den Zugang zu einem Künstlerkreis, einer Ausstellungsorganisation und einer Monopolgesellschaft ermöglichte, die für seine folgende Entwicklung bedeutsam sein sollte: die Berliner Secession.

Berlin – das Zentrum der Moderne

Seit 1910 entwickelte sich Berlin zur führenden deutschen Kunststadt, ja zur internationalen Kunstmetropole. Für die drängenden, stürmenden und suchenden jungen Künstler führte an Berlin kein Weg vorbei. Kirchner, Heckel, Schmidt-Rottluff, Kokoschka und viele andere kamen nach Berlin. Hier wurde die Moderne auf den Weg gebracht. Der Großstadtexpressionismus wurde geboren.[40]

Die 1898 gegründete Berliner Secession hatte sich trotz mancher Angriffe, Verleumdungen und Rückschläge im liberalen Berliner Bürgertum Anerkennung verschaffen können. Kunstkritiker wie Paul Westheim, Karl Scheffler und Julius Meyer-Graefe sorgten für eine kritische, qualitätsbestimmende Meinungsbildung, und die Museumsleute Wilhelm von Bode, Hugo von Tschudi und Ludwig Justi taten in ihren Häusern ein übriges, um die Moderne in die öffentlichen Kunstsammlungen zu integrieren.[41] Aber schon kurz nachdem sich diese Kreise, die den französischen Impressionismus für die entscheidende Errungenschaft der modernen Kunst hielten, durchgesetzt hatten, drängten die jüngeren Kräfte auf die etablierten Ausstellungsfelder.

Bei der Secession kam es 1910 zu den ersten entscheidenden Zurückweisungen. Heckel, Kirchner, Nolde, Pechstein und Schmidt-Rottluff durften an der Jahresausstellung nicht teilnehmen. So entstand unter Pechsteins Führung die Neue Secession, die in den folgenden Jahren zum Forum der expressionistischen Künstler wurde. Damit begann ein Prozess, welcher der Berliner Secession den Alleinvertretungsanspruch moderner deutscher Kunst von nun an verwehrte.[42]

Im November 1911 war Alfred Partikel mit drei Werken auf der Winterausstellung der Berliner Secession vertreten (Abb. 17).[43] Auch wenn seine drei bescheidenen Werke in der Menge der umfassenden Schau untergingen, so hatte er mit dieser Ausstellungsbeteiligung eine ansehnliche Referenz vorzuweisen. Für Partikel bedeutete diese Präsentation der Einstieg in das offizielle Berliner Ausstellungswesen.

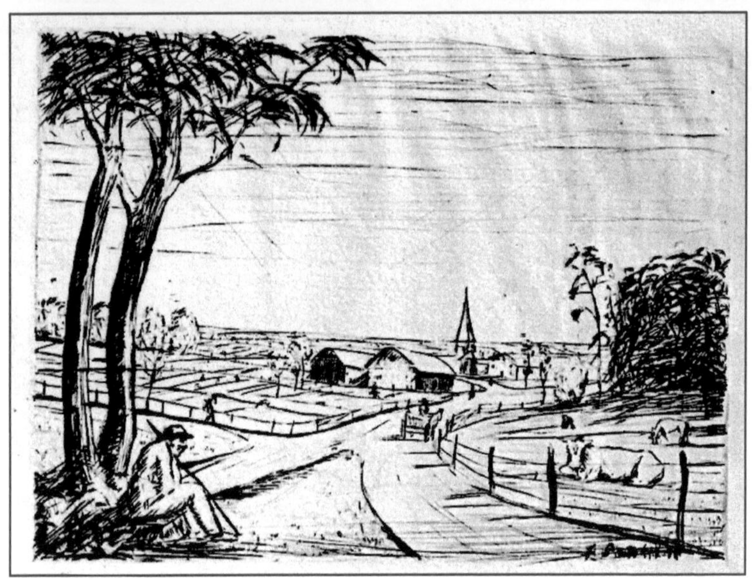

Abb. 17: Dorfstraße, um 1912, Radierung, WVZ D8

Aus den Jahren bis zum Ersten Weltkrieg stammt der größte Teil von Partikels druckgrafischem Werk. Es besteht überwiegend aus Radierungen, wenigen Lithografien und Holzschnitten. In seinen Radierungen erzielte Partikel malerische Effekte zunächst mit Hilfe von Ätzdruckverfahren. Später herrschte die Kaltnadel vor. Neben den Winterausstellungen der Secession, die den grafischen Künsten vorbehalten war, gab es in Berlin verschiedene Galerien, die spezielle Grafikausstellungen veranstalteten. Eines der bedeutendsten Häuser dieser Art war das Graphische Kabinett von J. B. Neumann.[44)] 1912 hatte Partikel die Möglichkeit, hier auszustellen. Dies hatte zur Folge, dass der bekannte Kunstkritiker Karl Scheffler sich in der renommierten Berliner Zeitschrift „Kunst und Künstler" lobend über Partikel äußerte. *„Bemerkenswerthe kleine Arbeiten sah man in der XI. Ausstellung des 'Grafischen Kabinetts' am Kurfürstendamm, das mit Glück und Geschick gute Graphik, vor allem jüngerer Künstler, dem Publikum nahe zu bringen sucht ... Man sah ... kultivierte Zeichnungen des kaum schon bekannt gewordenen A. Partikel ..."* [45)] Es war die erste öffentliche Anerkennung für Partikels Werk. Scheffler behielt seine Entwicklung in den nächsten Jahren im Auge und erwähnte ihn zuweilen in Ausstellungskritiken und Kommentaren.[46)]

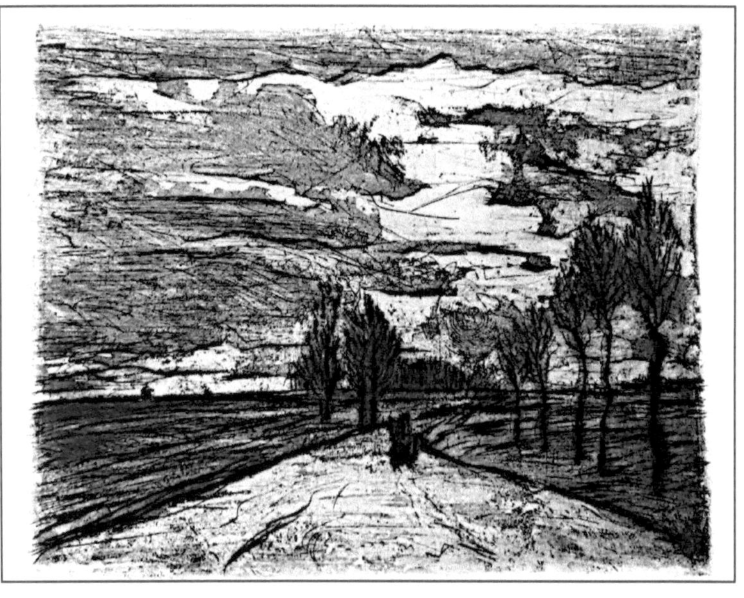

Abb. 18: Landschaft mit Landweg, um 1912, Radierung und Aquatinta, WVZ D7

Die Ausstellung bei Neumann mochte dazu angeregt haben, im Verlag dieser Kunsthandlung eine kleine Grafikmappe mit Partikels Landschaftsradierungen herauszugeben. „Vier

Landschaften" wurde die kleine Mappe genannt, die mit einer dazugehörigen Titelradierung aus fünf Blättern bestand (Abb. 18). Die Auflage war auf sechzig Exemplare beschränkt, wovon zehn auf Japan- und fünfzig auf Strathmore-Papier gedruckt wurden.

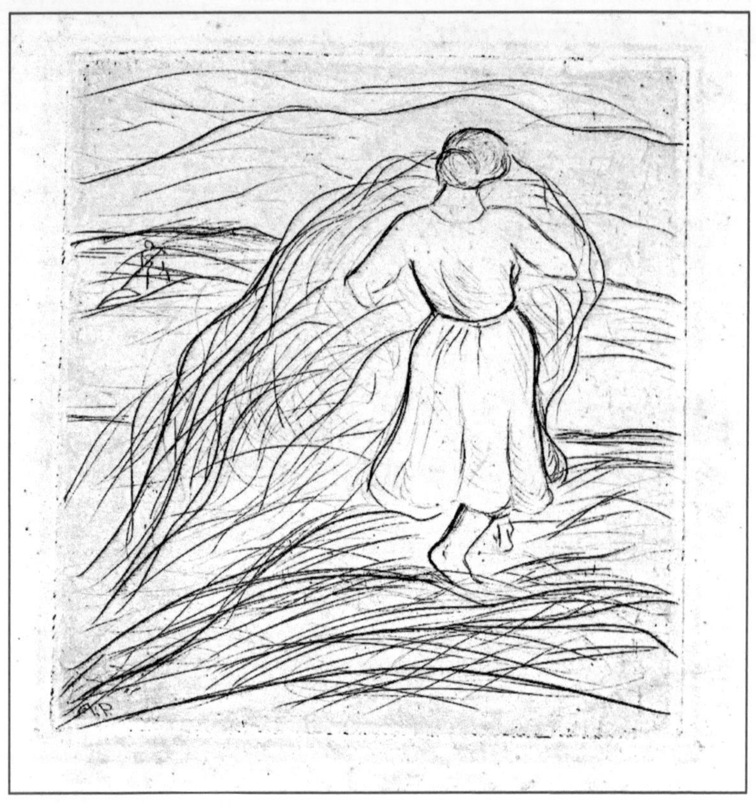

Abb. 19: Heuwenderin, um 1912, Radierung, WVZ D18

Verkauft wurde die Mappe in der Kunstabteilung des Berliner Kaufhauses Wertheim, die extra ein kleines Faltblatt mit Abbildungen zur Verkaufsförderung gedruckt hatte.[47] Mit nervösem, kritzeligem Strich ritzte Partikel zu dieser Zeit seine Landschaften in die Fläche. Parallel- und Kreuzschraffuren sind kaum zu entdecken.

Der flüchtige, sich wiederholende Strich herrscht vor. Nur selten wird eine Form fest umschlossen. Malerische Effekte werden mit Hilfe der Aquatintatechnik erzielt. Trotz der lockeren Strichführung sind die Blätter straff komponiert, was auf die naturalistisch bestimmte Herkunft Partikels und den Einfluss seines Königsberger Lehrers Heinrich Wolffs schließen lässt.[48]

Neben den Landschaftsdarstellungen waren es zunehmend Figurenkompositionen, die Partikels Interesse beanspruchten. 1912 schuf er mit der Darstellung der „Heuwenderin" eine Figur, die auch in späteren Jahren in seinem Werk immer wieder auftaucht (Abb. 19; vgl. Abb. 20 u. 30). Es handelt sich um eine Rückenfigur, die mit einem Ausfallschritt in die Bildtiefe hineinschreitet und die in ihrer Komposition leicht an Michelangelos Judith in der Sixtinischen Kapelle in Rom erinnert.[49] Ihre Arme umfassen ein Heubündel, das sie emporgehoben hat. Die angewinkelten Unterarme verlieren sich im Heu.

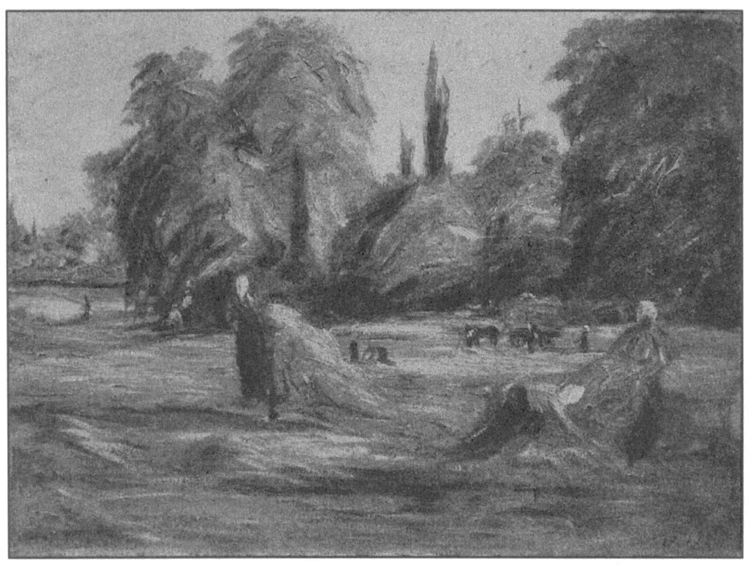

Abb. 20: Ernte, um 1912, WVZ G14

Das Gesicht ist dem Betrachter abgewandt. Ein Probedruck im Nachlass lässt einen sehr feinen, noch suchenden Strich erkennen. Erst in der späteren Fassung, die wiederum bei Wertheim verkauft wurde, werden Teilformen wie der Kopf, der linke Oberarm, Rücken und Kleid sowie der rechte Fuß stärker konturiert. Obwohl die Last der Figur eindeutig auf dem rechten Standbein ruht, wirkt die Gesamtdarstellung spielerisch und bekommt beinahe impressionistischen Charakter.

Im Jahre 1912 war Partikel erstmals mit einem Gemälde auf der Jahresausstellung der Berliner Secession vertreten (Abb. 20; vgl. Abb. 135).[50] Im Ausstellungskatalog hieß es nun auch nicht mehr: „Partikel, Alfred, Pillkallen", sondern hinter seinem Namen taucht als Wohnort „Steglitz" auf. Partikel war zu Beginn des Jahres 1912 in den Berliner Vorort gezogen. Damit hatte er sich endgültig von seiner Heimat losgesagt. Er wusste, dass er sich nur hier als Künstler weiterentwickeln konnte.

Die Großstadt packte Partikel. Die Hektik, das Getöse, die Menschenmengen, Lärm, Rauch und Qualm, dazu die Anonymität, - mit anderen Worten: der ganze Mythos der Metropole drang auf den Maler aus der Provinz ein. Und er entzog sich dieser Welt auch nicht, sondern verarbeitete die neu gewonnenen Eindrücke. Zunächst entstand die Radierfolge „Großstadtbilder". In diesen Blättern spiegeln sich, ähnlich wie in Max Klingers Radierzyklus „Dramen", großstädtisches Chaos und menschliches Schicksal wider (Abb. 21 und 29).[51]

Die Darstellungen werden von apokalyptischen Meeren aus Menschenleibern beherrscht. In den Straßenschluchten jagen die Menschen scheinbar ziellos aneinander vorbei. Sie stürzen, brechen zusammen und werden überlaufen. Sie werden abgedrängt und teilnahmslos übergangen. Die unverhohlene Gewalt bleibt nicht ausgespart. Individuelle Schicksale gehen in den Wogen des städtischen Getümmels unter. Die Metropole Berlin hatte Partikel in ihren Bann gezogen.

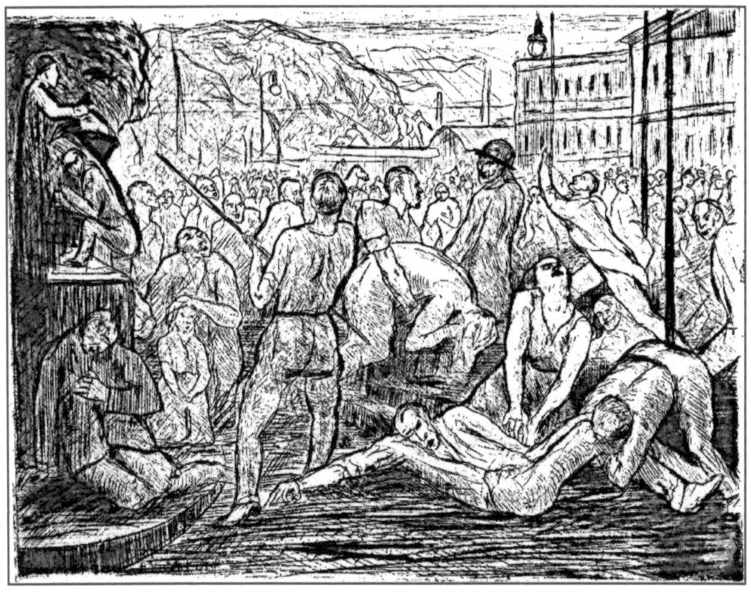

Abb. 21: Großstadtbild I, 1912, Radierung, WVZ D25

Das folgende Jahr 1913 war für Partikel von großer Bedeutung. Zum einen, weil die Berliner Secession, mit der er sich stark verbunden fühlte, endgültig zerbrach, zum anderen, weil sich neue Stileinflüsse in sein Werk drängten. Seine Malerei hatte sich unter dem Einfluss der Secession zu einem Impressionismus entwickelt, wie er im Gemälde „Flusslandschaft" noch deutlich wird (Abb. 22).[52] Unter einem imposanten Wolkenhimmel breitet sich eine Flussniederung aus. Rinder grasen im Vordergrund. Am jenseitigen Flussufer ist ein Gehöft nebst Wirtschaftsgebäude mit einem hohen Schornstein schemenhaft dargestellt. Allerdings erscheinen Partikels Farben nunmehr weniger impressionistisch. Soweit aus seinen frühen erhaltenen Gemälden ersichtlich, bevorzugte er nun dunklere Töne. Auch die Konturen seiner Formen sind jetzt geschlossen. Bereits hier deutet sich eine stilistische Wandlung in Partikels Malweise an.

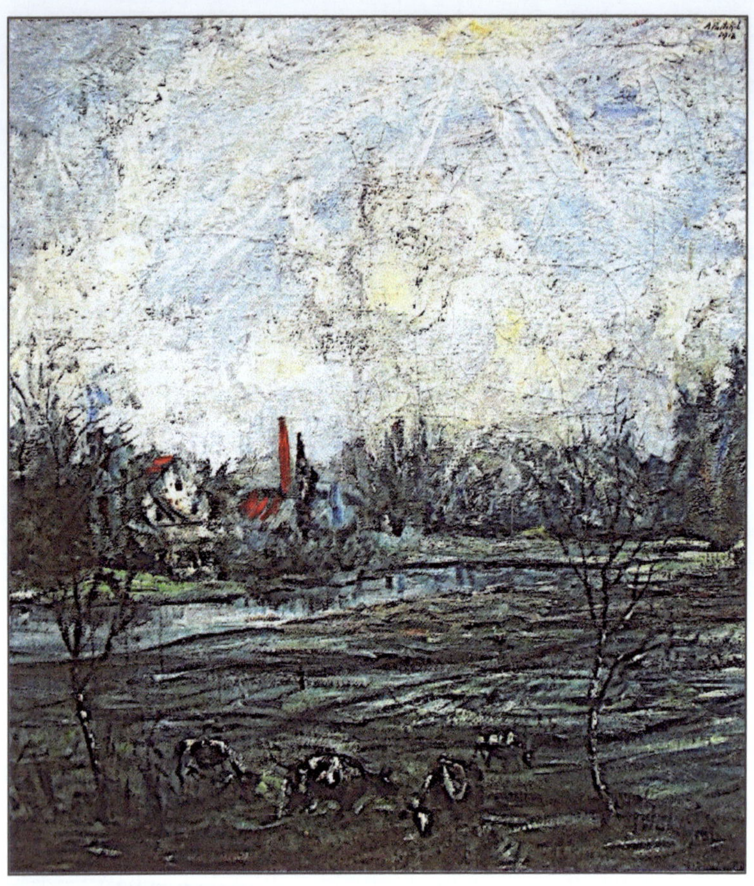

Abb. 22: Flusslandschaft, 1913, Öl auf Leinwand, WVZ G17

Möglicherweise waren es die Münchner und Weimarer Eindrücke, die in diesem Stilwandel zu Tage treten. Jugendstil und Art Noveau hatten in München zu Beginn des Jahrhunderts einen großen Einfluss. Ludwig von Hofmann und Henry van der Velde in Weimar wirkten ebenfalls auf ihre Umgebung.

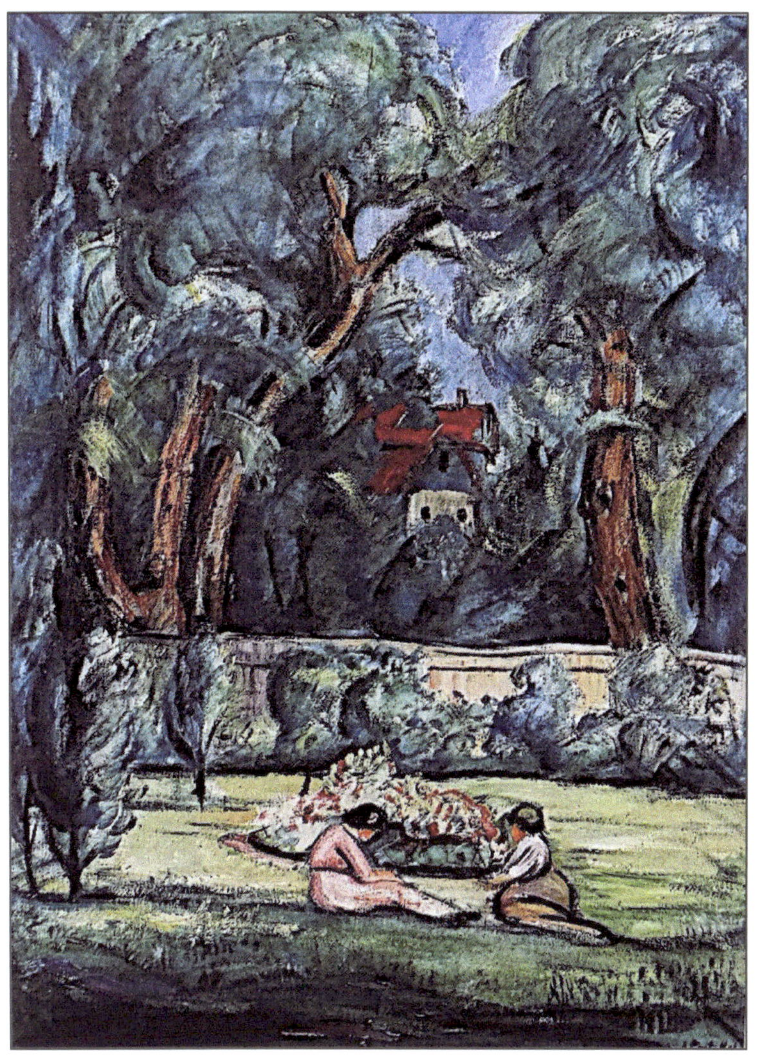

Abb. 23: Im Garten, 1913, Öl auf Leinwand, WVZ G19

Die Stilkunst eines Ferdinand Hodler konnte Partikel zu solch einem Stilwechsel ebenso veranlasst haben wie die Rezeption der Bilder Hans von Marées'. In diesem Stil ist auch das Gemälde „Im Garten" gehalten (Abb. 23). Die Konturen sind nun geschlossen, runde Formen dominieren die Komposition und blaugrüne Töne überwiegen.

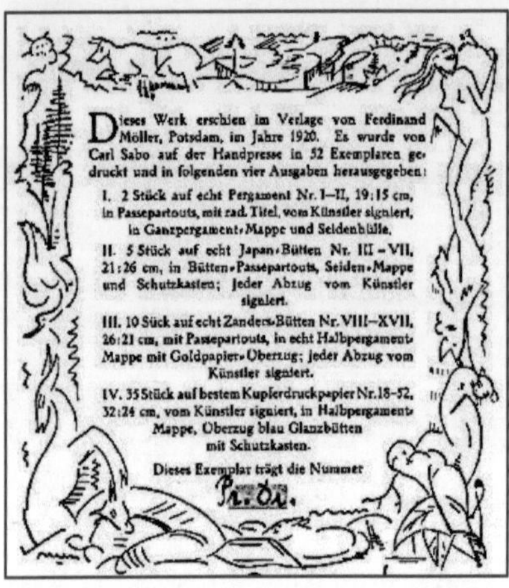

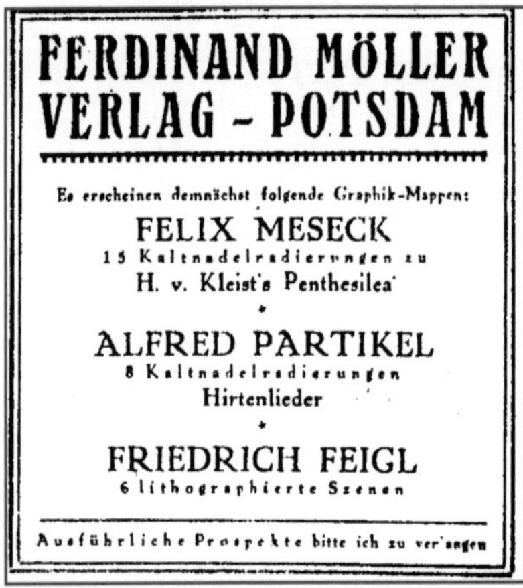

Abb. 24: Anzeige, Berlin 1920 und Deckblatt zu den „Hirtenlieder", Radierung

In Partikels Grafik dieser Zeit findet sich dieselbe stilistische Veränderung. Dies führte zu pastoralen Idyllen, wie in dem Zyklus „Hirtenlieder", der 1920 vom Verlag Ferdinand Möller als Mappenwerk herausgegeben wurde und aus Illustrationen zu den erotischen „Chansons de Bilitis" von Pierre Louys besteht (Abb. 24).

Deutsche Übersetzungen des französischen Originals waren 1900 und 1907 erschienen.

Im Nachlass der Galerie Ferdinand Möller findet sich das Deckblatt des Zyklus aus acht Blättern als Probedruck.[53] Dort ist aufgeführt, dass insgesamt 52 Exemplare durch die Berliner Kunstdruckerei Carl Sabo gedruckt wurden, die auch für die Brücke-Maler tätig war. Der Text ist von floralen Elementen, Tier- und Aktdarstellungen passend zum Inhalt der Hirtenlieder eingefasst. In seinen Radierungen illustriert Partikel den Text mit bukolische Szenen. Die Bildelemente sind geschlossen. Weibliche Akt- und Tierdarstellungen fügen sich harmonisch in pastorale Landschaften (Abb. 25 und 26).

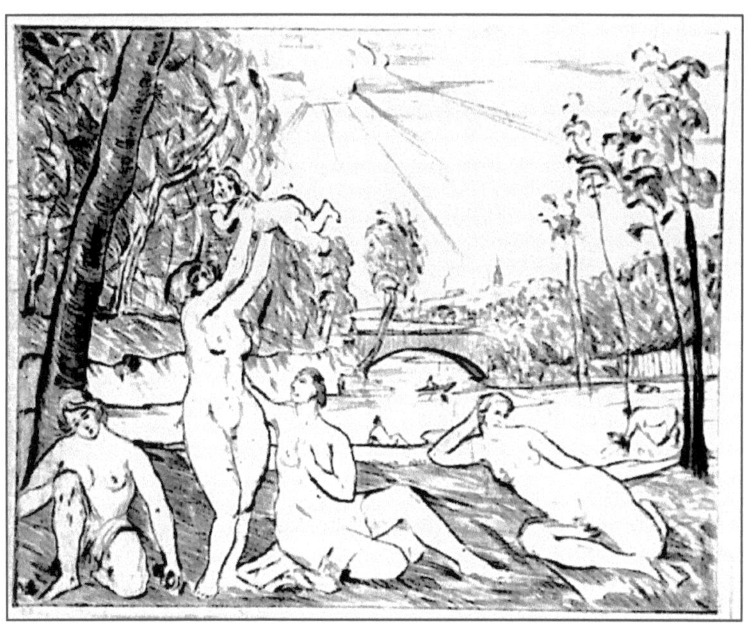

Abb. 25: Frauen mit Kind vor Teich, Hirtenlieder, 1914, Radierung, WVZ D53

Von einer der acht druckgrafischen Darstellungen ist eine Fassung als Ölgemälde erhalten (Abb. 27).

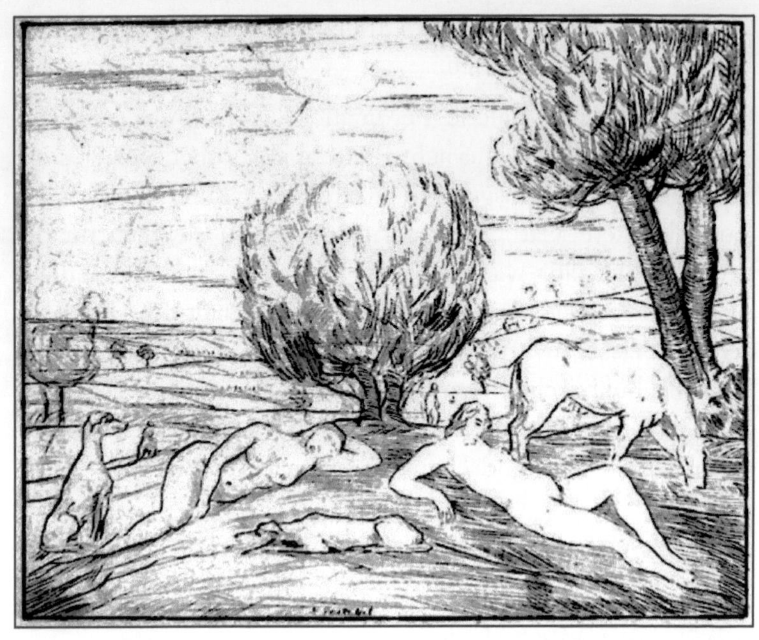

Abb. 26: Zwei liegende Akte, Hirtenlieder, 1914, Radierung, WVZ D60

Im Gegensatz zur Radierung hat Partikel der Szene im Gemälde den Charakter einer Bühnendarstellung gegeben. Hierfür hat er einen Baum am linken Bildrand hinzugefügt und die Landschaft im Hintergrund durch einen Fluss begrenzt.

Künstlerisch orientierte sich Partikel in dieser Zeit an der Berliner Kunst- und Künstlerszene. Hierzu gehörten in erster Linie die Berliner Secession und die Auseinandersetzung um die Ausrichtung der unterschiedlichen künstlerischen Strömungen.

Das Jahr 1913 kann als das „Schicksalsjahr" der Berliner Secession bezeichnet werden. Die Zurückweisung von dreizehn eingereichten Werken führte zur Spaltung der Gemeinschaft. Sie hatte sich in den letzten Jahren mit den jüngeren Künstlern ohnehin schwer getan. Die Expressionisten wurden zum überwiegenden Teil ausgegrenzt. Spätestens mit Herwarth Waldens „Erstem Deutschen Herbstsalon", der die tatsächliche Avantgarde präsentierte, hatte die Secession sich als Hort der Moderne überlebt.[54]

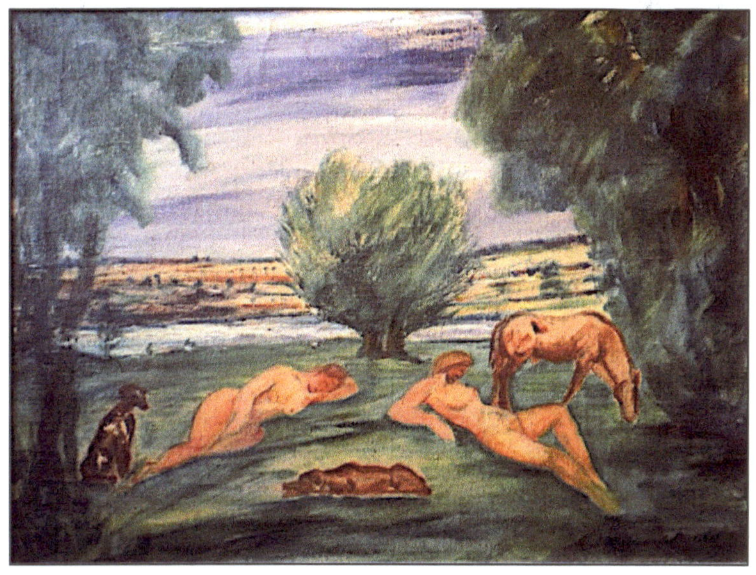

Abb. 27: Zwei liegende Akte, 1914, Öl auf Leinwand, WVZ G20

Den letzten großen Erfolg verbuchte sie mit ihrer gleichjährigen Sommerausstellung. Neben den arrivierten Mitgliedern waren dank Engagement des Verlegers Paul Cassirer die „Brücke"-Maler ebenso vertreten wie zahlreiche Franzosen (Cezanne, van Gogh, Bonnard, Toulouse-Lautrec, Marquet, Seurat). Beherrscht wurde die Ausstellung jedoch von dem gewaltigen Gemälde „Der Tanz" von Henri Matisse.[55] Ebenso wie viele andere Künstler setzte sich Partikel mit dem Bild intensiv auseinander.[56] In seinen Druckgrafiken aus dieser Zeit wird deutlich, wie Partikel die linienbetonten Figuren in seinen Studien verarbeitete. Von der Leichtigkeit der Matisse'schen

Tanzenden bleibt jedoch nicht viel übrig. Partikels Figuren zeichnen sich durch eine eigenwillige Bodenständigkeit aus.

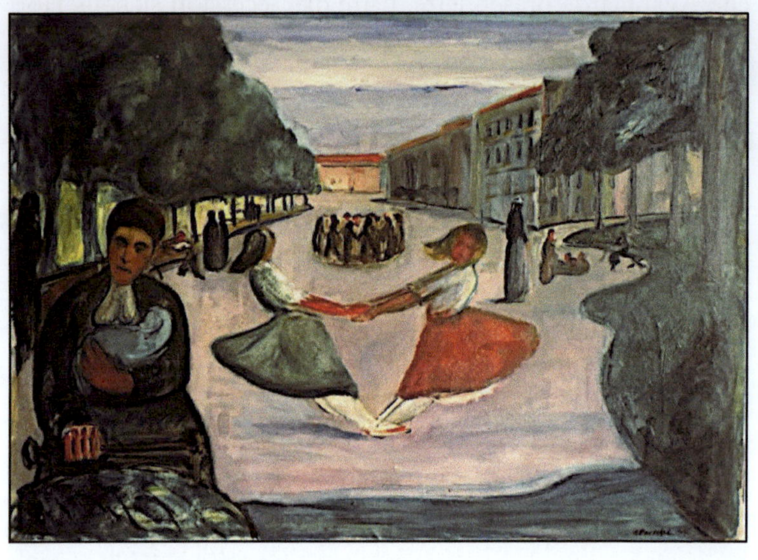

Abb. 28: Der Tanz, 1914, Öl auf Leinwand, WVZ G24

Das Thema Tanz findet sich auch in einem großformatigen Gemälde Partikels aus dem folgenden Jahr wieder (Abb. 28). Vor einer mit Bäumen und Häusern gesäumten tiefen Straßenschlucht halten sich zwei Mädchen bei den Händen und drehen sich spielend im Kreis. Hinter ihnen, in der Bildmitte, tanzen eine Gruppe Kinder Ringelreihen. Spaziergänger säumen die Straße, wobei eine Frau mit Kinderkarre vorn links im Bild dominiert. Die Szene suggeriert Sonntagsstimmung. Kein Verkehr bewegt sich auf der Straße, niemand geht einer Arbeit nach. Die Kinder haben ihre weißen Blusen und Strümpfe angezogen, die Menschen bummeln durch das städtische Grün. Ein beschaulicher Sommermorgen könnte dargestellt sein, wären dort nicht solch bedrückende Bildformeln wie die tiefe Straßenschlucht und die kreisenden Bewegungen der Kinder.

Eine ähnliche Straßenschlucht hatte Partikel bereits in einer Radierung aus der Serie „Großstadtbilder" verwandt (Abb. 29).

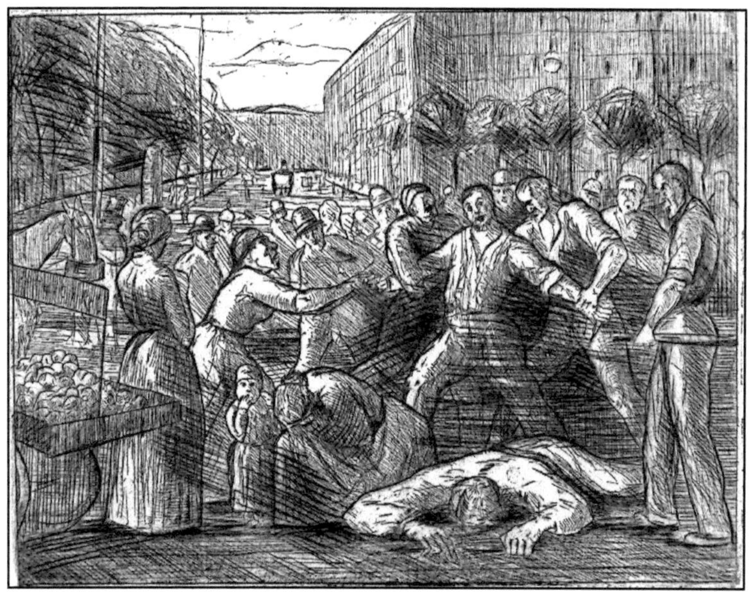

Abb. 29: Großstadtbild IV, 1912, Radierung, WVZ D27

Auch dort wird die Straße von Baumreihen auf der linken und einer Häuserwand auf der rechten Seite begrenzt. Der Fluchtpunkt der Komposition liegt ebenfalls in einem quer stehenden Gebäude. Während die Straßenschlucht in der Radierung nur als Hintergrund dient und seitwärts versetzt in die Darstellung komponiert wird, liegt sie auf dem Gemälde in der Bildachse. Durch die Kreisbewegungen im Vorder- und Mittelgrund erfährt sie eine gesteigerte Bedeutung. Das Tempo der sich drehenden Figuren wird durch die fliegenden Haare und Röcke angedeutet. Die beide Mädchen sind aufeinander angewiesen. Rutscht eine Hand aus der anderen, so fallen beide auf die Straße. Das klammheimliche Angstgefühl ist dem Betrachter aus Kinderspielen bekannt. Es versetzt die beschauliche Stille in eine bewegte Spannung. Der Ringelreihen in der Bildmitte könnte harmonisierend wirken, wären da nicht die schwarzen Figuren, die als äußerer Kreis die inneren Kinder umschließen.

Auch wenn das Tanzmotiv auf Matisse' Gemälde zurückgehen sollte, so hatte Partikel sich in der Komposition, der Malweise und der Farbwahl bei diesem Gemälde sehr stark an Edvard Munch orientiert. Die fließenden, linienbetonten Formen, die vom Bildrand begrenzte Figur im Vordergrund, die dunklen, blaugrünen Farbtöne im Kontrast zum violetten Weiß sind deutliche Hinweise auf den in Berlin bekannten Norweger Munch.[57] Vor dem Hintergrund seiner Entstehungszeit, Sommer 1914, wirkt das Bild als spannungsgeladener Tanz, der auch für die am Rande Stehenden bedrohlich werden sollte.

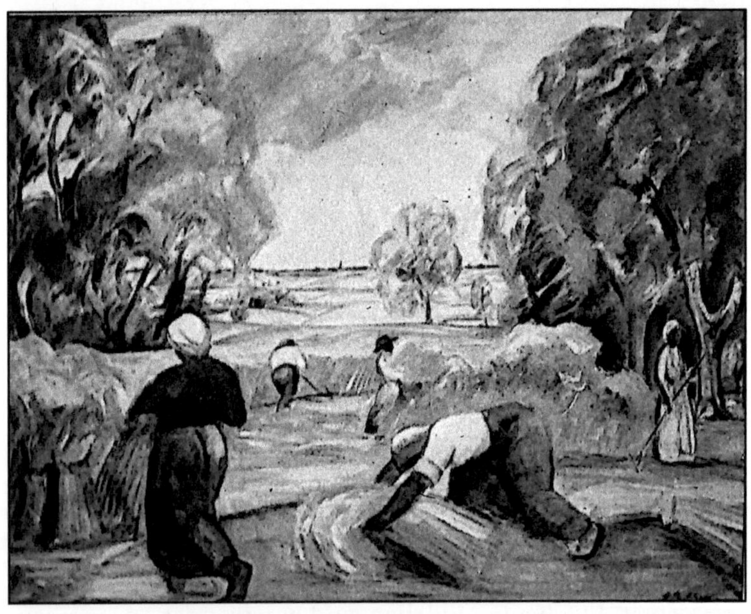

Abb. 30: Roggenernte, um 1914, WVZ G26

Noch bevor der Weltkrieg im Sommer 1914 ausbrach, konnte die erste Ausstellung der Freien Secession in Berlin eröffnet werden. Nach der Spaltung im Sommer 1913 wurde unter der

Führung von Max Liebermann im Frühjahr 1914 die neue Künstlervereinigung gegründet.[58] Im Katalog der ersten Ausstellung findet sich die Mitgliederliste, die an 86. Stelle auch Alfred Partikel aufführt.[59] Als Anschrift war „Steglitz, Poschinger Straße 29" vermerkt worden. Auf der Ausstellung zeigt Partikel vier Gemälde, darunter eine „Roggenernte", die im Katalog abgebildet wurde (Abb. 30).[60]

Als Bildmotiv knüpft das Gemälde an die Erntedarstellung von 1912 an (Abb. 20). Auch die schreitende Rückenfigur vorne links taucht wieder auf (Abb. 19). Stilistisch hingegen hatte sich Partikel von der impressionistischen Darstellungsweise entfernt. Sein bühnenartiger Bildaufbau und seine geschlossenen Motivformen sind von einer anderen Darstellungsart.

Mit Beginn des Krieges wurde Partikel zum Militär eingezogen. Er erlebte bei der 2. Armee den Einmarsch in Nordfrankreich. In das erste Kriegsjahr fiel die Bekanntschaft mit Richard Scheibe (1879-1964). Obwohl die beiden Künstler nur für eine kurze Zeit zusammentrafen, entwickelte sich eine lebenslange, enge Freundschaft.

Später porträtierte Partikel seinen Freund Scheibe (Abb. 31).[61] Entstanden ist ein markantes Porträt, das den leidgeprüften Künstlerkollegen in der unmittelbaren Nachkriegszeit darstellt. Waldemar Grzimek überlieferte zur Bekanntschaft der Künstler folgende Anekdote:

„1914 wird Scheibe Soldat. Als Reserveoffizier des I. Weltkriegs fordert er einen Unteroffizier an. Ein gewisser Partikel wird ihm empfohlen, im Zivilberuf Maler. 'Haben Sie keinen anderen?' fragt Scheibe zurück. Es ist niemand anderes verfügbar, und so beginnt erzwungen eine Freundschaft, die sich künstlerisch und menschlich stets bewährt." [62]

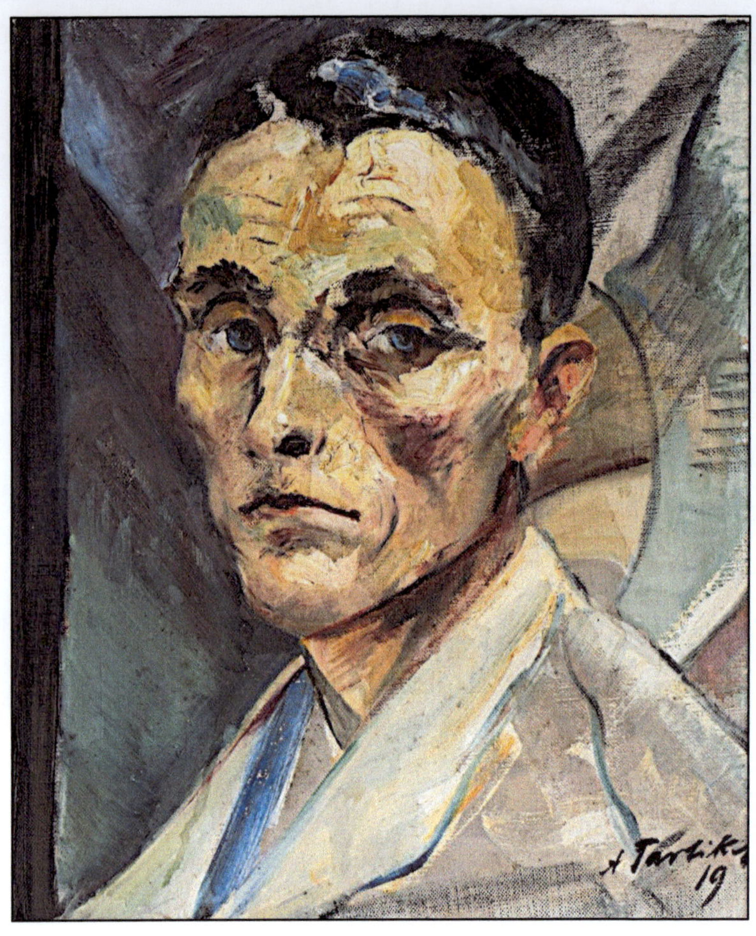

Abb. 31: Richard Scheibe, 1919, Öl auf Leinwand auf Hartfaser, WVZ G45

Im Herbst 1915 wurde Partikel im Kriegseinsatz in der Champagne verschüttet. Schwerverletzt wurde er für längere Zeit im Reservelazarett der Universität Erlangen behandelt (Abb. 32).

Eine leichte Schwerhörigkeit auf einem Ohr blieb bestehen und nahm im späteren Leben noch zu.[63] Auf Grund der Verletzung schied Partikel zunächst aus dem Dienst an der Front aus.

Nach seiner Genesung wurde er 1916 als Wächter in einem Offiziersgefangenenlager in Blankenburg in der Uckermark, unweit von Berlin eingesetzt (Abb. 33). 1961 erinnerte sich der Kriegskamerad Willy Budelmann in einem Schreiben an die spätere Ehefrau Dorothea Partikel an die gemeinsame Zeit im Offiziersgefangenenlager in Blankenburg wie folgt:

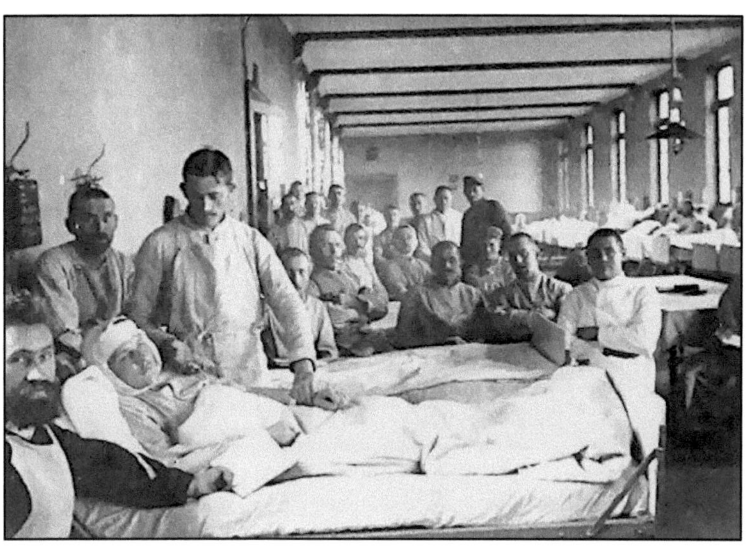

Abb. 32: Alfred Partikel, liegend im Lazarett, 1915

„Ich entsinne mich noch eines größeren Gemäldes mit einigen prominenten Offizieren, darunter dem belgischen General Leman (Festung Lüttich), dem französischen General Ville (Festung Maubeuge), dem russischen General Ilinski (besiegt bei Tannenberg).“ [64] Das Bild wurde 1917 auf der 3. Ausstellung der Freien Secession gezeigt, an der Partikel mit drei Werken teilnahm. Zugleich wurde es in der Zeitschrift „Kunst und Künstler" abgedruckt. Allerdings äußerte sich Karl Scheffler hierzu durchaus kritisch:

„Alfred Partikel weiss anregend mit dem Pinsel zu erzählen. Das Bild „Gefangene Offiziere" hat etwas Altmodisches. So ungefähr erzählten

Hummel und Franz Krüger in der Mitte des neunzehnten Jahrhunderts den Berlinern Lokalereignisse. Doch ist Partikel dabei ein durchaus moderner Maler. "[65]

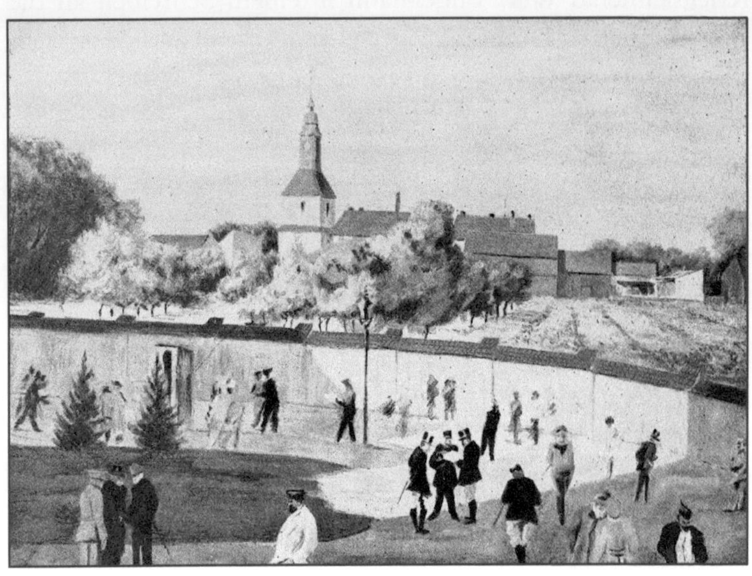

Abb. 33: Gefangene Offiziere in Blankenburg, um 1916, WVZ G32

Partikel konnte nun wieder Kontakt zur Berliner Kunstszene aufnehmen. Er befand sich jetzt wieder in unmittelbarer Nähe der Metropole. Noch im selben Jahr bezog er in Berlin-Steglitz eine neue Wohnung in der Poschinger Straße 5 (Abb. 34).

Der Maler und Grafiker Bernhard Hasler schrieb im September 1916 an Partikel: *„Wie ist jetzt die Stimmung? Schreibe mal über die Kunstlage und die freie Secession.“* [66] Im Gegensatz zu vielen anderen Künstlern hatte Partikel dazu Gelegenheit.

Einen schweren Schicksalsschlag brachte für Alfred Partikel das Jahr 1918. Gleich zu Beginn des Jahres verstarb seine Lebensgefährtin Helene Roselt.

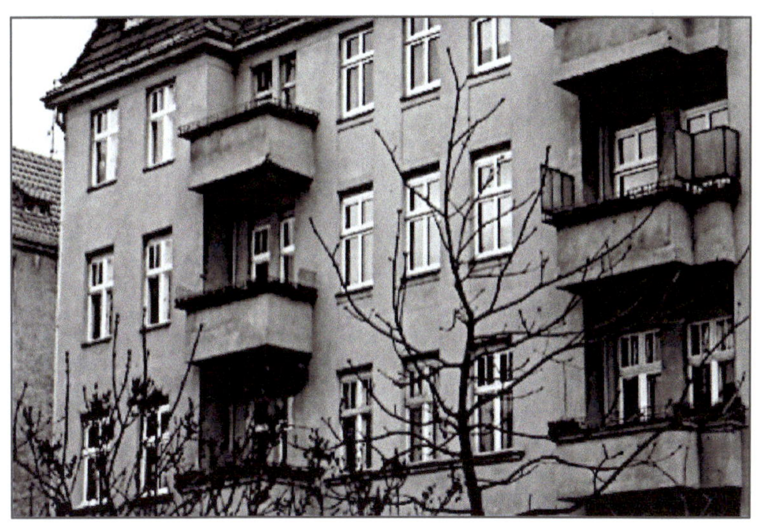

Abb. 34: Partikels Wohnung in Berlin-Steglitz 1916, Poschinger Straße 5, 1990

Im April 1917 zeichnete er sie noch schlafend auf dem Krankenlager (Abb. 35; vgl. Abb. 138).

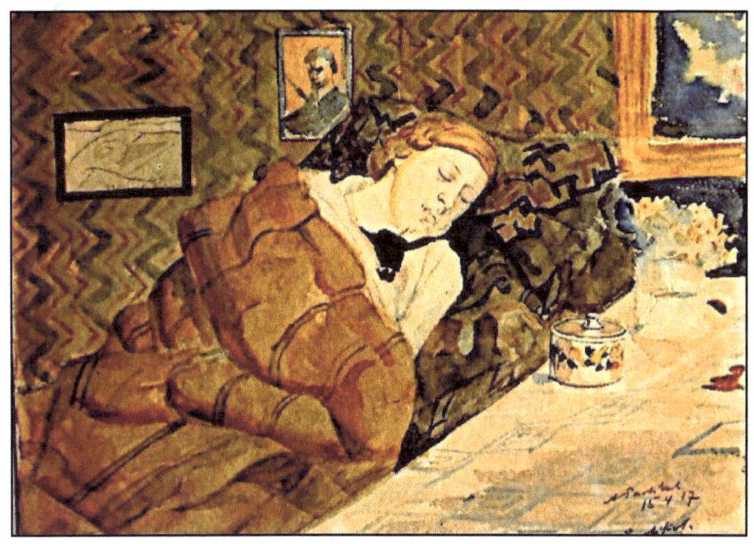

Abb. 35: Schlafende Frau (Helene Roselt), 1917, Aquarell über Blei, WVZ Z13

Mit feinem Bleistift stellt Partikel die in eine Decke gehüllte Ruhende dar. Braungrüne Aquarelltöne konturieren die Szenerie.

Das zarte Aquarell, das im darauffolgenden Februar 1918 entstand, kann als ein Abschied an die Lebensgefährtin verstanden werden (Abb. 36). In zerfließenden Pastelltönen ist ein Weg in einer flachen Landschaft erkennbar, auf dem ein schwarzes Pferdegespann in die Unendlichkeit der Bildtiefe fährt: Der Tod holt seine Ernte ein.

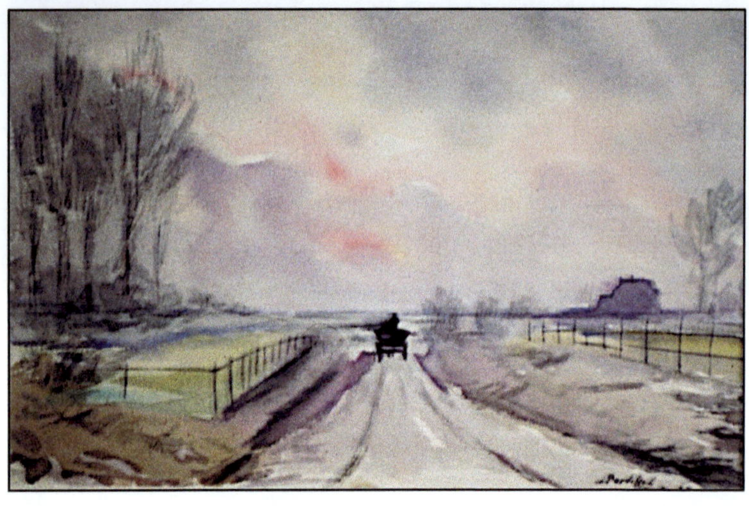

Abb. 36: Fuhrwerk, 1918, Aquarell über Blei, WVZ Z14

Arthur Degner schrieb kurz darauf aus Arys in Ostpreußen: *„Lieber Alfred! Dein Schreiben teilte uns das plötzliche Ableben der armen Leni Roselt mit. Wir sprechen Dir noch nachträglich unser aufrichtiges Beileid aus u. hoffen zuversichtlich, daß Du diesen schweren Schicksalsschlag verwinden mögest.“* [67]

Noch in den ersten Monaten des Jahres 1918 wurde Partikel wieder eingezogen und musste erneut an die Westfront. [68]

Trotzdem stellte er auf der Sommerausstellung der Secession in Berlin zwei Gemälde aus.[69]

Charakteristisch für diese Schaffensphase ist das Gemälde „Flusslandschaft" von 1917, das in den Besitz des Chemnitzer Kunstsammlers Herbert Esche gelangte (Abb. 37). Es zeigt den Blick von einem erhöhten Standpunkt in eine weite Niederungslandschaft. Grüne und ockergelbe Farbtöne bestimmen den heiteren Charakter des Gemäldes. Die farbliche Dunkelheit der Vorkriegsbilder ist gewichen. Auch feste Linien und Konturen sind nicht mehr erkennbar. Im schnellen Pinselstrich lösen sich die Formen zugunsten einer flüchtigen sommerlichen Impression auf.

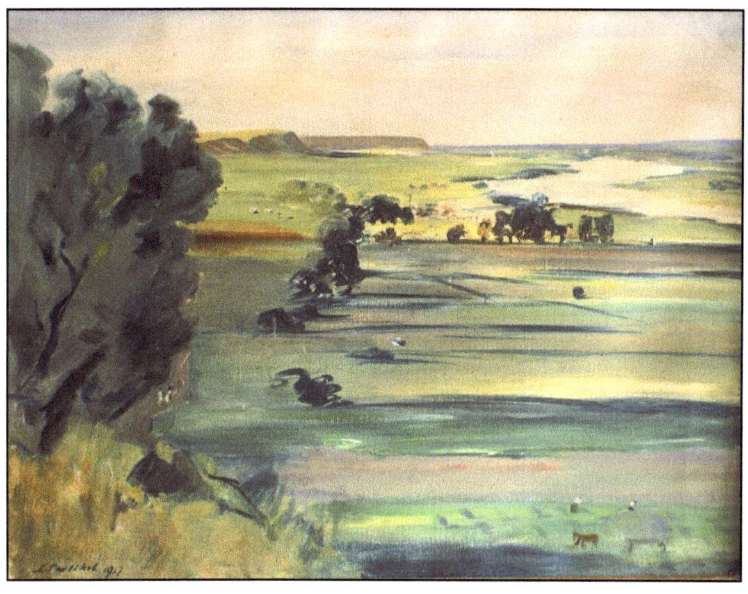

Abb. 37: Flusslandschaft, 1917, Öl auf Leinwand, WVZ G35

Die unmittelbaren Erlebnisse des Krieges fanden in Partikels Malerei keinen Eingang. Die Bildwerke wurden für ihn vielmehr zur Gegenwelt, zur Utopie, in der er sich und seine Gedankenwelt am besten auszudrücken vermochte.

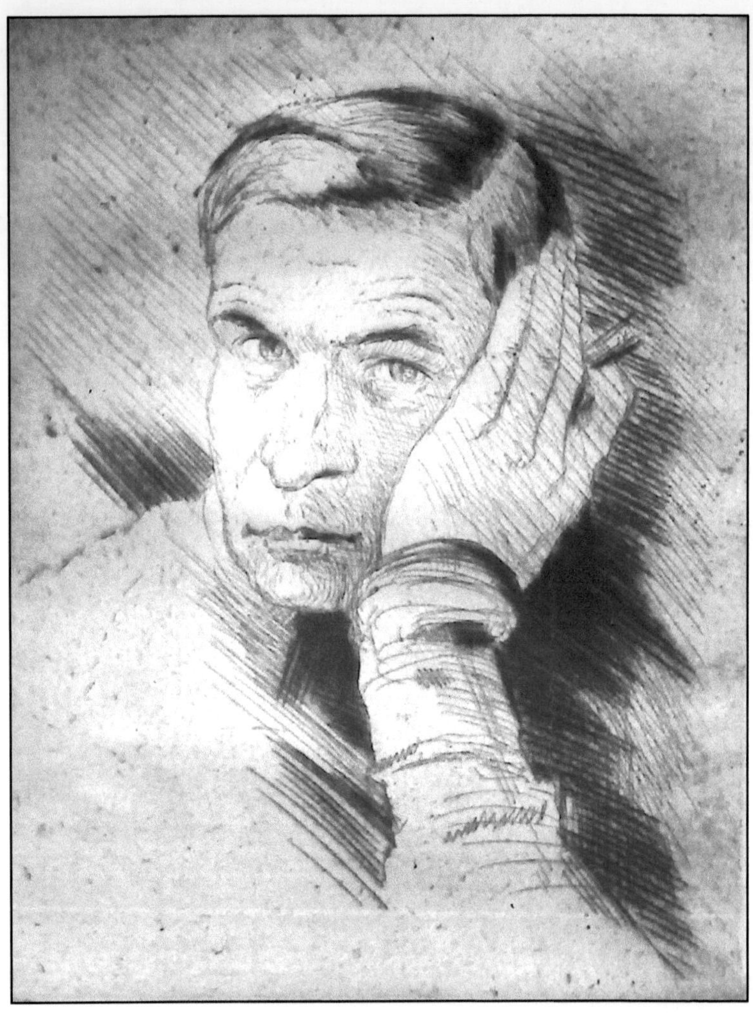

Abb. 38: Selbstbildnis, 1920, Radierung, WVZ D84

Stilistisch zeigt sich, dass Partikel in dieser Zeit zwischen unterschiedlichen Darstellungsarten schwankte. Seinen eigenen malerischen Ausdruck hatte er mit nunmehr gut 30 Jahren noch nicht gefunden. Ein Selbstporträt aus dieser Zeit macht diese Situation deutlich (Abb. 38). In melancholischem Gestus, mit Zigarre bzw. Malstift zwischen den Fingern schaut der Künstler mit krauser Stirn und fragendem Blick auf den Betrachter. Der ausdrucksstarke Kopf lehnt an der linken Hand. Er will jedoch nicht so recht zwischen Hand und Schulter passen.

Zu dieser Zeit war Partikel war noch auf dem Weg zu sich selbst und seinen malerischen Fähigkeiten. Dieser Zustand sollte sich jedoch schon bald ändern.

Der Maler

Nachkriegs-Expressionismus

Die Kunstausstellung Berlin, die am 24. Juli 1919 im „Landesausstellungsgebäude" der Reichshauptstadt eröffnet wurde, war eine Bestandsaufnahme (Abb. 39). Der Weltkrieg hatte nicht nur die internationale Kunstentwicklung ins Stocken gebracht, sondern zugleich der deutschen Künstlerschaft ihre stärksten Talente Franz Marc und August Macke entrissen. Die elementarsten Bedürfnisse der Menschen in der Revolutions- und Nachkriegszeit waren kaum auf die Kunst gerichtet. Überall herrschten Hunger und Not, und nur langsam fasste der Alltag wieder Fuß. Dennoch wollten gerade die Künstler die Aufbruchszeit nutzen, um ihre Werke der Öffentlichkeit vorzustellen.

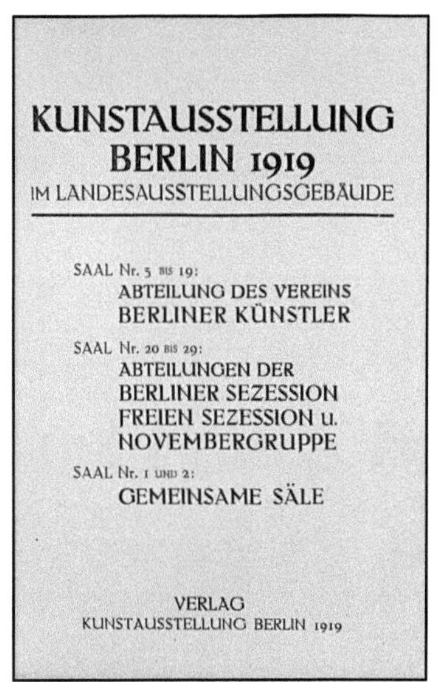

KUNSTAUSSTELLUNG
BERLIN 1919
IM LANDESAUSSTELLUNGSGEBÄUDE

SAAL Nr. 5 BIS 19:
ABTEILUNG DES VEREINS
BERLINER KÜNSTLER

SAAL Nr. 20 BIS 29:
ABTEILUNGEN DER
BERLINER SEZESSION
FREIEN SEZESSION u.
NOVEMBERGRUPPE

SAAL Nr. 1 UND 2:
GEMEINSAME SÄLE

VERLAG
KUNSTAUSSTELLUNG BERLIN 1919

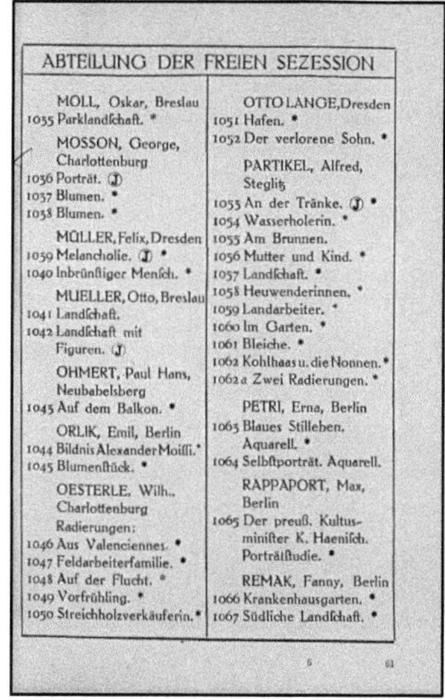

ABTEILUNG DER FREIEN SEZESSION

MOLL, Oskar, Breslau
1035 Parklandschaft. *

MOSSON, George, Charlottenburg
1036 Porträt. (J)
1037 Blumen. *
1038 Blumen. *

MÜLLER, Felix, Dresden
1039 Melancholie. (J) *
1040 Inbrünstiger Mensch. *

MUELLER, Otto, Breslau
1041 Landschaft.
1042 Landschaft mit Figuren. (J)

OHMERT, Paul Hans, Neubabelsberg
1043 Auf dem Balkon. *

ORLIK, Emil, Berlin
1044 Bildnis Alexander Moissi. *
1045 Blumenstück. *

OESTERLE, Wilh., Charlottenburg
Radierungen:
1046 Aus Valenciennes. *
1047 Feldarbeiterfamilie. *
1048 Auf der Flucht. *
1049 Vorfrühling. *
1050 Streichholzverkäuferin. *

OTTO LANGE, Dresden
1051 Hafen. *
1052 Der verlorene Sohn. *

PARTIKEL, Alfred, Steglitz
1053 An der Tränke. (J) *
1054 Wasserholerin. *
1055 Am Brunnen.
1056 Mutter und Kind. *
1057 Landschaft. *
1058 Heuwenderinnen. *
1059 Landarbeiter. *
1060 Im Garten. *
1061 Bleiche. *
1062 Kohlhaas u. die Nonnen. *
1062a Zwei Radierungen. *

PETRI, Erna, Berlin
1063 Blaues Stilleben. Aquarell. *
1064 Selbstporträt. Aquarell.

RAPPAPORT, Max, Berlin
1065 Der preuß. Kultusminister K. Haenisch. Porträtstudie. *

REMAK, Fanny, Berlin
1066 Krankenhausgarten. *
1067 Südliche Landschaft. *

Abb. 39: Katalog Kunstausstellung Berlin 1919

Das Ausstellungsgebäude war seit 1917 als Munitionsfabrik genutzt worden. Der Rückbau des Hauses war noch nicht abgeschlossen, als erstmals auf Betreiben der neuen Regierung alle Berliner Ausstellungsgruppierungen unter einem gemeinsamen Dach ihre Werke präsentierten: der konservative Verein Berliner Künstler, die Freie Secession, die Berliner Secession und die Novembergruppe.[70] Jede Gruppe hatte in Eigenregie ihre teilnehmenden Künstler ausgewählt. Unter dem Vorsitz von Georg Kolbe ermöglichte die Ausstellungskommission der Freien Secession einem großen Teil ihrer Mitglieder die Teilnahme. Auch Partikel war unter den Ausstellern. Mit zwölf Werken war er vertreten, wovon das Gemälde „An der Tränke" sogar im Katalog abgebildet worden war.[71]

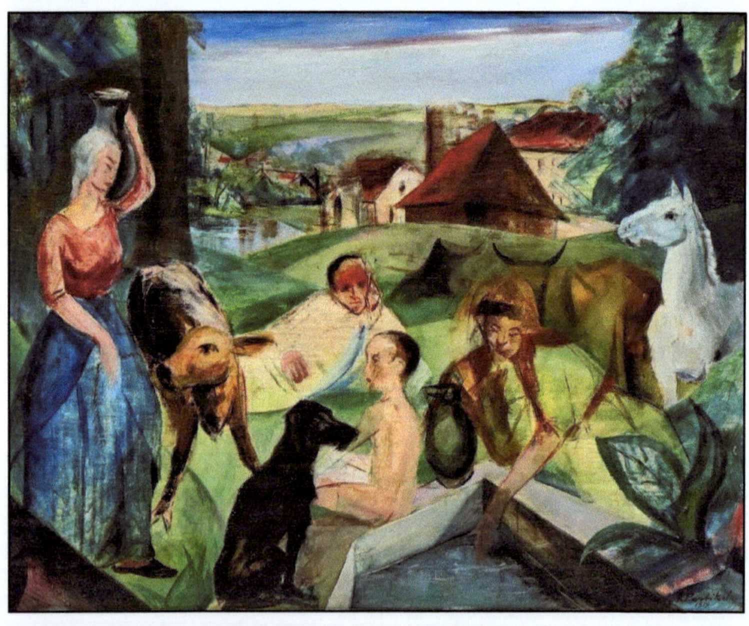

Abb. 40: An der Tränke, 1919, Öl auf Leinwand, WVZ G43

Wer Partikels bisherige Werke kannte, der musste über dieses Gemälde, das in den Besitz des Architekten Otto Bartning

(1883-1959) gelangte, erstaunt gewesen sein, denn es unterschied sich in stilistischer Hinsicht beträchtlich (Abb. 40).

In eine hügelige Wiesenlandschaft haben sich eine Gruppe von vier Menschen und vier Tieren um eine Tränke im Bildvordergrund geschart. Von Nadelwald gesäumt geht der Blick über eine Dorflandschaft mit Weiher bis zu einem hochgelegten Horizont unter einem sommerlich blauen Himmel. Die Gruppe von Tieren und Menschen bilden eine gleichwertige Einheit. Der stehenden Frau am linken Bildrand wird das weiße Pferd auf der rechten Seite gegenübergestellt. Beide bewegen sich aus dem waldigen Hintergrund auf die Bildmitte zu. Die Frau wird von einem Rehkalb und das Pferd von einem braunen Rind begleitet. Dazwischen ruht eine Figur melancholisch auf der Wiese, während sich eine andere mit einem Krug hinab zur Tränke beugt. Das nackte Kind sitzt gemeinsam mit dem schwarzen Hund am Brunnenrand. Partikels Vorliebe für grüne und blaue Farbtöne bestimmen das Bild.

Zweifellos ist hier eine Idylle dargestellt, die thematisch an Partikels frühe Radierungen aus der Zeit um 1914 anknüpfte.[72] Doch in stilistischer Hinsicht hatte sich einiges verändert: Die Bildfläche ist facettenartig strukturiert. Während eine formale Strenge die Komposition zusammenhält, sind die einzelnen Teilformen durch scharfe Konturen voneinander getrennt. Dadurch erhält das Bild einen harten, grafischen Charakter. Es sind kubistische Bildformeln, die Partikel in seine Darstellung integriert. Robert Delauney hatte in Paris ähnlich gemalt. August Macke und Franz Marc hatten diese Bilderfahrungen nach Deutschland vermittelt.[73]

Was war geschehen? Wie war es zu dieser stilistischen Veränderung gekommen? Die unruhige Zeit der Nachkriegsmonate hatte dazu geführt, dass auch die Künstler sich aufgefordert fühlen, zum Aufbau einer neuen, menschlicheren Gesellschaft Stellung zu nehmen. Ende 1918 wurde in Berlin der „Arbeitsrat für Kunst" gegründet, der Einfluss und Mitarbeit bei allen praktischen Aufgaben der Kunst forderte.[74] Hier waren vor allem die expressionistischen Künstler vertreten. 1919 wurde ein entsprechendes Manifest veröffentlicht, das neben den Namen von Walter Gropius, Bruno Taut und vielen anderen Künstlern auch die Unterschrift Alfred Partikels trug (Abb. 41).[75]

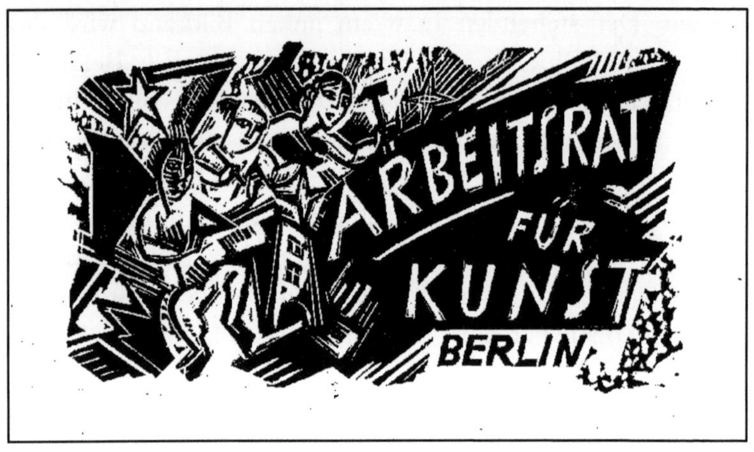

Abb. 41: Flugblatt des Arbeitsrats für Kunst, 1919

Partikel nahm damit aktiv an der Berliner Kunstpolitik teil. Zudem arbeitete er mit den gleichen expressionistischen Stilelementen wie viele seiner Malerkollegen nach dem Krieg. Zeitgleich entstand eine Reihe ähnlicher Motive. Partikel probierte sich nun in der veränderten Stilistik aus.

„Erinnerung an Ostpreußen" lautet der Titel des Bildes, das 1920 in der Zeitschrift „Kunst und Künstler" abgedruckt erscheint (Abb. 42). Es hat einen ähnlichen Bildaufbau wie das Gemälde „An der Tränke" (Abb. 40). Der Verbleib war jahrelang unbekannt, bis es 2013 unter dem Titel „Ländliche Elegie" im Kunsthandel wieder auftauchte. [76]

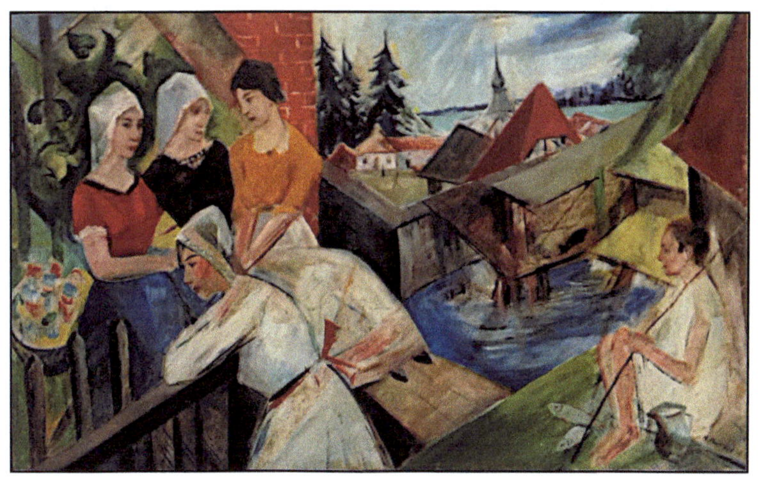

Abb. 42: Erinnerung an Ostpreußen, 1919, Öl auf Holz, WVZ G44

Auch das Bild „Kind unter Baum" (Abb. 43) trägt eine ähnliche Handschrift des Künstlers. Expressive Formen umfangen die Figuren, starke Kontraste herrschen vor. Der Bildraum erschließt sich erst in der Gesamtsicht. Die ländlichen Szenen sind in kraftvolle Farbigkeit getaucht. Der Einfluss der Berliner Nachkriegszeit macht sich in Partikels Werk bemerkbar.

Auch im privaten Umfeld gab es wesentliche Veränderungen. Zusammen mit Richard Scheibe zog der Maler 1920 in die Kaiserin-Augusta-Straße 68, zwischen Großer Stern und Lützowplatz.[77] Dort teilten sich die beiden Künstler eine Wohnung (Abb. 44). In dieser Gegend, am südlichen Rand des Berliner Tiergartens, hatten sich seit 1900 zahlreiche Diplomaten und Künstler niedergelassen. Die Redaktion der Zeitschrift „Kunst und Künstler" befand sich unweit in der Derfflingerstraße[78], nicht weit entfernt wohnten der Chefredakteur der „Berliner Tageszeitung" Theodor Wolff sowie die Künstler Hans Purrmann, Dora Hitz, Fritz Rhein, Konrad von Kardoff, Leo von König und Otto Bartning.[79] Curt Herrmann wohnte im Nachbarhaus Nr. 69 an der Ecke zur Friedrich-Wilhelm-

Straße. Und im Nachlass des unweit entfernt wohnenden Malerkollegen Max Pechstein fand sich eine kleine Landschaftsskizze (Abb. 45) mit der Widmung *„Zur Erinnerung an die Nachbarschaft in der Kaiserin Augusta Str. Berlin Herbst 1920 Alfred Partikel."*

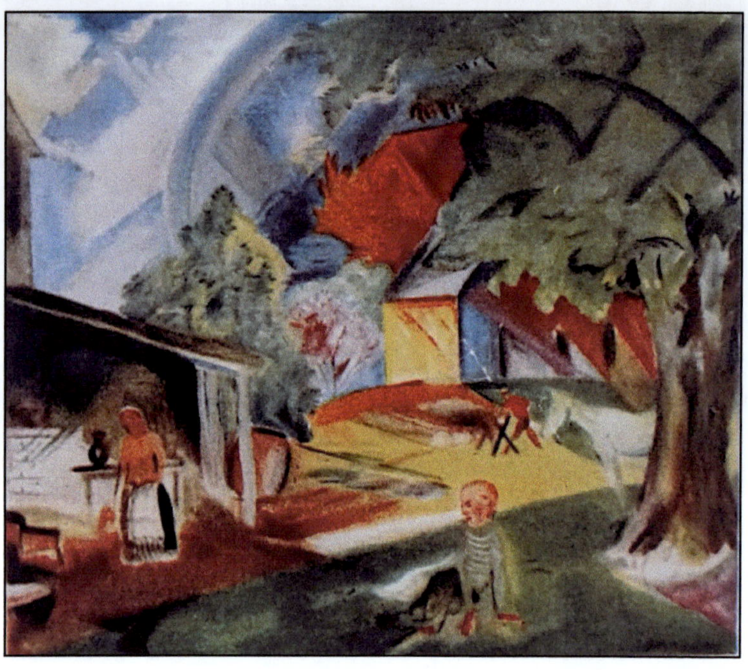

Abb. 43: Kind unter Baum, um 1920, WVZ G64

Partikel befand sich also inmitten des Berliner Künstlerlebens. Zudem waren Scheibe und Partikel in das gleiche Haus gezogen, in dem bis 1920 Walter Gropius lebte. Dieser hatte seine Wohnung mitsamt dem wertvollen Inventar dem Kunsthistoriker Eduard Plietzsch (1886-1961) überlassen, der nun unmittelbar unter Scheibe und Partikel wohnte.[80] Für die Besucher von Plietzsch ergaben sich bisweilen recht komische Situationen, die der Kunstkritiker Paul Fechter in seinen Erinnerungen beschrieb: *„ ... aus der Küche führte ein direkter Aufgang zu ihnen*

(Partikel und Scheibe) *nach oben, und so geschah es des öfteren, daß auf einmal zu später Stunde plötzlich Partikel mit seinem großen freundlichen, lächelnden, blonden Schädel neben einem saß und sich am Gespräch beteiligte, obwohl man sich nicht erinnern konnte, ihn an diesem Abend schon gesehen oder gar begrüßt zu haben ...* "[81]

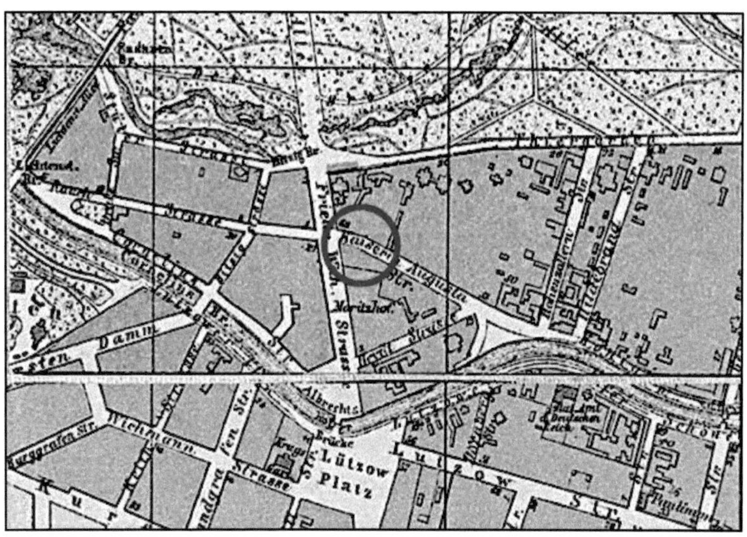

Abb. 44: Partikels Wohnsitz in Berlin 1920-1929: Kaiserin-Augusta-Straße 68

Bei Plietzsch verkehrten Leute wie Edwin Scharff, Siegfried Jacobsen, Kurt Tucholsky und der Architekt Otto Bartning, der eine Reihe von Partikels Werken erwarb.[82] Auch Leopold Reidemeister erinnerte sich an die Feste in der Kaiserin-Augusta-Straße: *„Bei Dr. Eduard Plietzsch, meinem ersten Chef, ... traf ich bei seinen häuslichen Festen Max Pechstein, Rudolf Belling, George Grosz, Richard Scheibe und Alfred Partikel.* "[83]

Durch Plietzsch wurde Partikel eine der bedeutendsten Berliner Privatsammlungen avantgardistischer Kunst bekannt. Bernhard Koehler, der Schwiegervater August Mackes, hatte eine erstklassige Sammlung zusammengebracht, in der Maler wie Cezanne, Gauguin, van Gogh, Delauney, Hodler,

Kandinsky und Munch ebenso vertreten waren wie Klee, Kokoschka, Macke und Marc.[84]

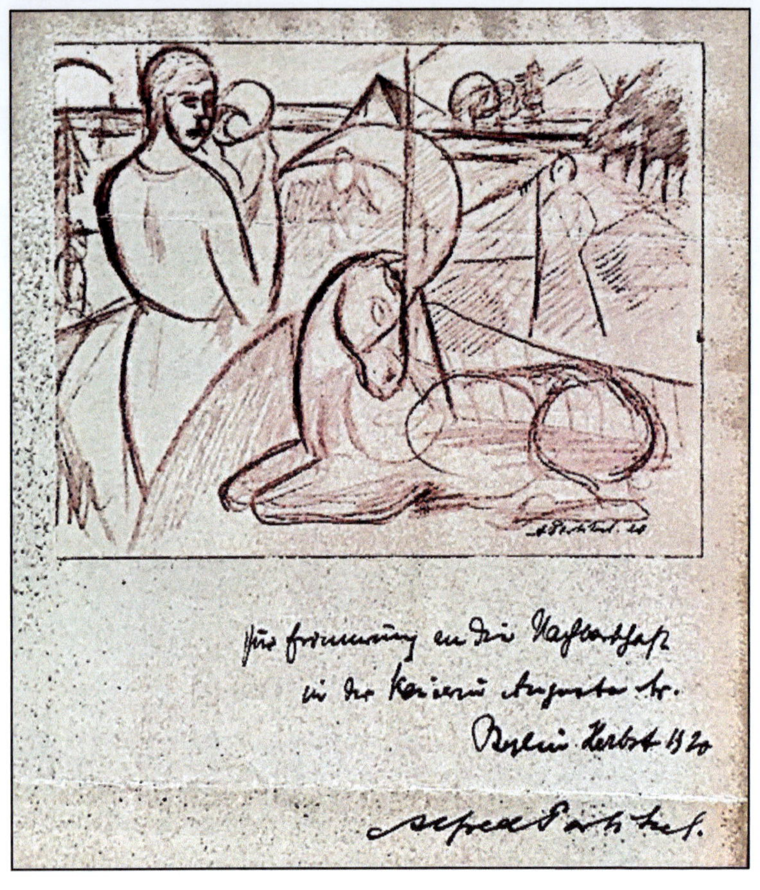

Abb. 45: Skizze zur Erinnerung im Nachlass Pechstein, 1920

Gemeinsam mit Scheibe und Partikel besuchte Plietzsch mehrfach die damals noch umstrittene Sammlung Koehler.[85] Rückblickend schrieb er: „*Es bleibt unvergeßlich, wie der alte Fabrikant Koehler, ein äußerlich unscheinbarer, freundlicher Herr mit einer Ueberzeugungskraft und Selbstverständlichkeit über viele der damals noch umstrittenen Werke sprach, als handele es sich um längst anerkannte Bilder von Ludwig Richter oder Thoma.*"[86]

Die Begegnung mit den Werken der modernsten Künstler der Zeit muss Partikel in seinen stilistischen Experimenten bestärkt haben. Es entstanden in den folgenden Jahren expressionistische Werke mit kubo-futuristischen Formen, die für den Nachkriegs-Expressionismus typisch waren.[87]

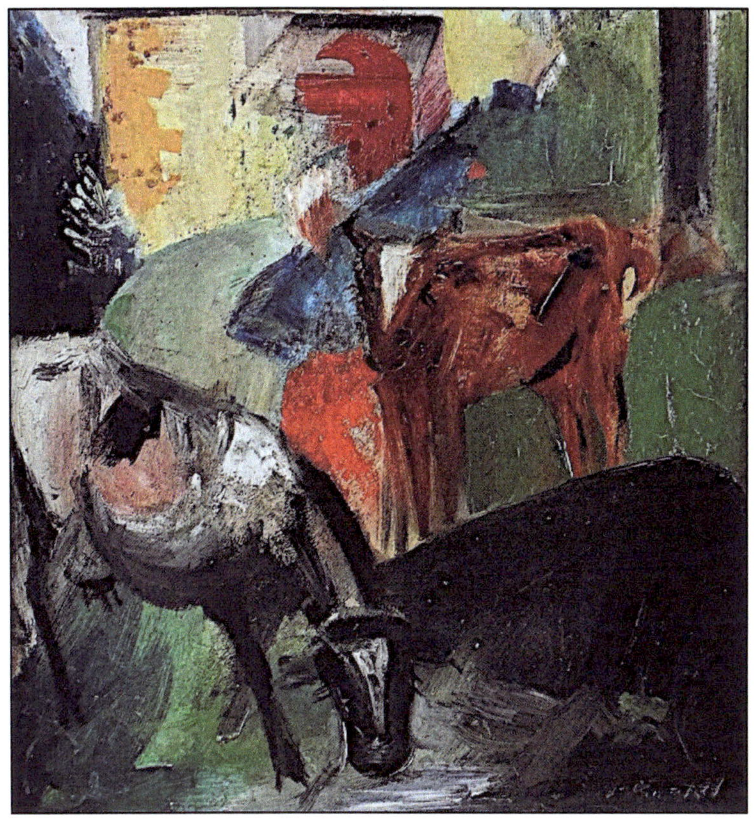

Abb. 46: Frau mit Kühen, um 1920, Öl auf Holz, WVZ G68

Bemerkenswert sind Partikels zahlreiche Tierdarstellungen in den frühen zwanziger Jahren (Abb. 1, 40, 45, 46, 47, 50, 58).

Wahrscheinlich hatten die Werke Franz Marcs ihn dazu inspiriert. Allerdings steht das Tier bei ihm nicht als Stellvertreter für den Menschen.[88] Hier geht es vielmehr um den harmonischen Ausgleich zwischen Mensch und Natur.

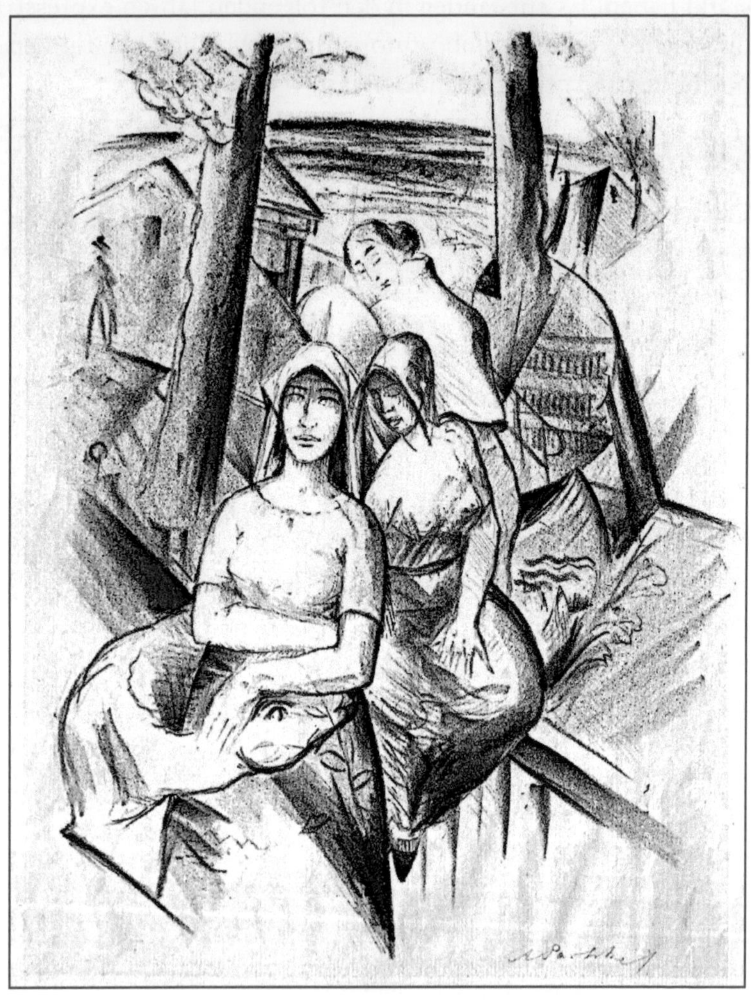

Abb. 47: Drei Frauen mit Reh, 1919, Lithografie, WVZ D82

Der Krieg hatte vieles zerstört, die überkommene Ordnung war zusammengebrochen. Neue Utopien wurden benötigt, um der Zukunft ein Gesicht zu geben. Partikel griff die Sehnsüchte der Zeit auf und schuf in seinen Bildern harmonische Idyllen.

So gab er den Wünschen und Hoffnungen der Menschen Gestalt. Im Mittelpunkt seiner Bilder stand letztlich die Sehnsucht nach dem verlorenen Paradies - ein Thema, das von nun an sein ganzes Werk durchzog.[89]

Die Lithografie „Drei Frauen mit Reh" (1937 in Erfurt als „entartet" beschlagnahmt) entstand 1919 und wurde zusammen mit den Blättern anderer Künstler 1921 als Mappe „Siebzehn Steinzeichen" von der Freien Secession herausgegeben.[90] Auch dieses Werk zeigt deutlich die Nähe zu Franz Marc (Abb. 47). Das Hochformat wird durch die horizontal gestaffelte Anordnung der drei Frauenfiguren und dem Reh extrem betont. Die beiden Baumstämme im Mittelgrund halten die Gruppe zusammen. Sie werden seitwärts von architektonischen Randmotiven flankiert. An der rechten Seite erscheinen abstrakte Bildelemente.

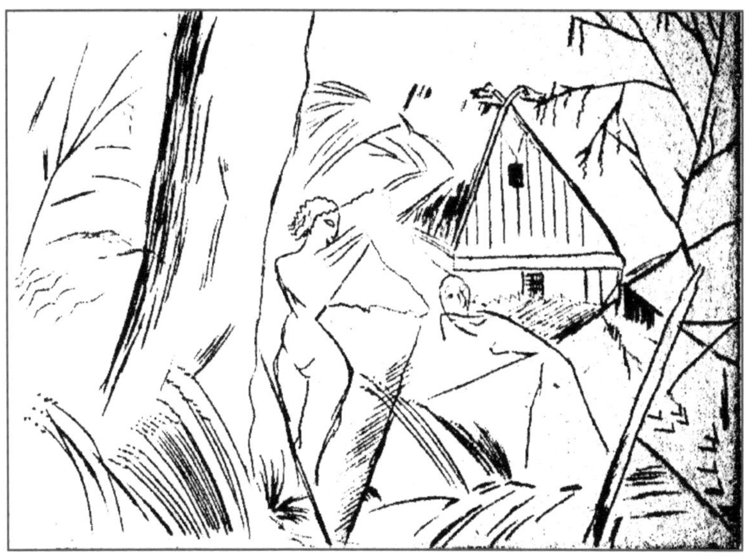

Abb. 48: Figuren vor dem Bauernhaus, um 1920, Radierung, WVZ D86

Diese Tendenz zur Abstraktion wird in zwei Radierungen aus der Zeit um 1920 ebenfalls deutlich. In dem Blatt „Figuren vor dem Bauernhaus", das eine Widmung an den Architekten Hans Scharoun (1893-1972) trägt, wird mit wenigen Schraffuren eine Szene dargestellt, in der die Bildgründe sich in einem formalen Linienspiel verzahnen (Abb. 48).

Der „Dekorative Entwurf II" verstärkt dieses Moment, indem phantastische Details wie das Strichgerüst im oberen rechten Bildteil in die Komposition integriert werden (Abb. 49). Durch die vier Frauenakte bekommt das Bild einen lyrischen Charakter. In dieser Radierung hat sich Partikel am weitesten der Abstraktion genähert.

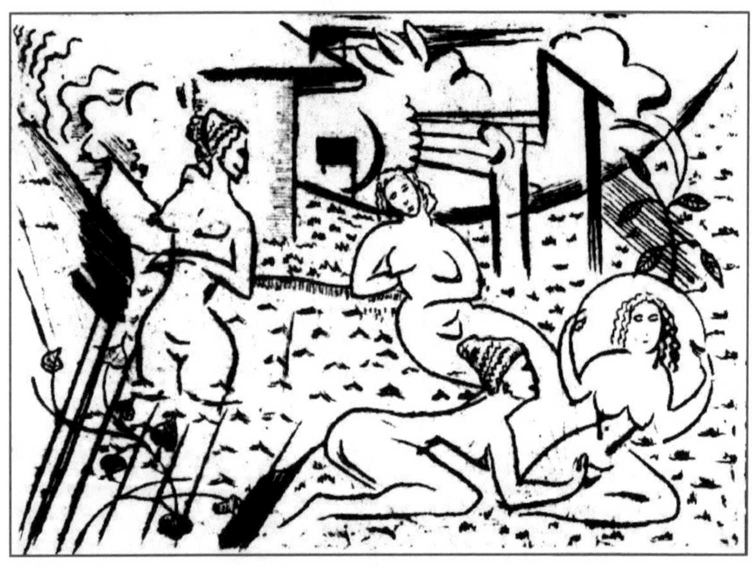

Abb. 49: Dekorativer Entwurf II, um 1920, Radierung, WVZ D 85

In seinen Gemälden entwickelte Partikel die gleiche Formensprache. Zugleich änderte sich die Farbigkeit zugunsten einer kontrastreicheren Palette. Auch der starke Farbauftrag wurde wesentlich reduziert Ein Beispiel hierfür ist das 1937 in

Hannover als „entartet" beschlagnahmte Gemälde „Frau mit Pferd" (Abb. 50).

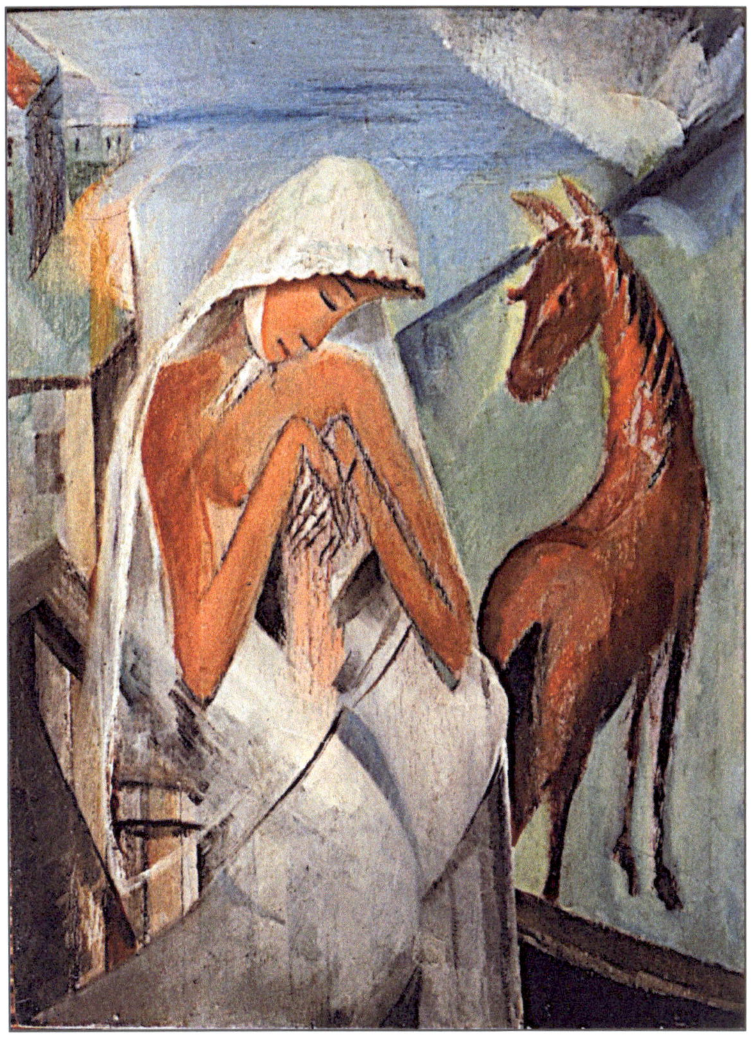

Abb. 50: Frau mit Pferd, um 1921, Öl auf Holz, WVZ G75

Eine tief in sich gekehrte junge Frau erscheint in einer kubistisch strukturierten Landschaft. Ihr geneigter Kopf wird von einer weißen Haube bedeckt, die rückseitig in einen langen Schleier übergeht. Die Augen sind geschlossen. Ihre Hände sind vor dem nackten Oberkörper verschränkt. Ihr weißes Kleid wird im unteren Bereich von einem diagonal ins Bild ragenden Dachfirst hinterfangen. An der linken Bildseite schließen sich aufragende Architekturteile an. Ein blauer Himmel schließt die Darstellung im oberen Bereich ab. An der rechten Bildseite ist vor grünem Hintergrund ein braunes Pferd dargestellt, dessen Körper sich von der jungen Frau abwendet. Der Kopf des Pferdes ist ihr hingegen zugewandt. Diagonalen durchziehen die Komposition und strukturieren den Aufbau. Räumliche Tiefe ist ebenso wenig auszumachen, wie gestaffelte Bildebenen oder -schichten.

Die Frau erscheint an der Nahtstelle von festgefügter und lebendiger Form. Ihr leicht nach links geneigter Oberkörper ist der festgefügten Form der Architektur noch stärker verbunden. Im unteren Bildteil durchdringen sich Mensch und Architektur nahezu. Ihr Kopf hingegen ist der lebendigen Natur, dem Pferd, zugeneigt, das rückwärtsblickend mit gespitzten Ohren die verhaltene Zuneigung wahrnimmt. Es ist die gleiche poetische Stille dargestellt, wie bei den „Zwei liegenden Akten“ von 1913 (Abb. 27). Lediglich die Stilistik Partikels ist nun, knapp zehn Jahre später, eine völlig andere.

Die gleiche Veränderung der Darstellungsart zeigt sich in der „Frau mit Kind in Weltenlandschaft“ von 1920 sehr deutlich (Abb. 51). Das kleine Bild ist auf Holz gemalt, - ein Werkstoff, den Partikel zu Beginn der zwanziger Jahre bevorzugte.

Von architektonischen Bauteilen umrahmt ruht eine schwarz gekleidete Frau mit weißem Schleier vor einer Häuserkulisse. Vor ihr sitzt ein Kind in einem roten Kleid, auf dessen Kopf sie ihre Rechte gelegt hat. Schafe, Kühe und ein kleiner Drache versammeln sich in der unteren rechten Bildecke. Im Hintergrund erstreckt sich ein lichtdurchfluteter Himmel über einer Seelandschaft. Eine starke Farbigkeit prägt das Bild. Schwarz-Rot Kontraste herrschen im Vordergrund vor. Gelbe und grüne, zuweilen helle blaue Töne bestimmen den Hintergrund.

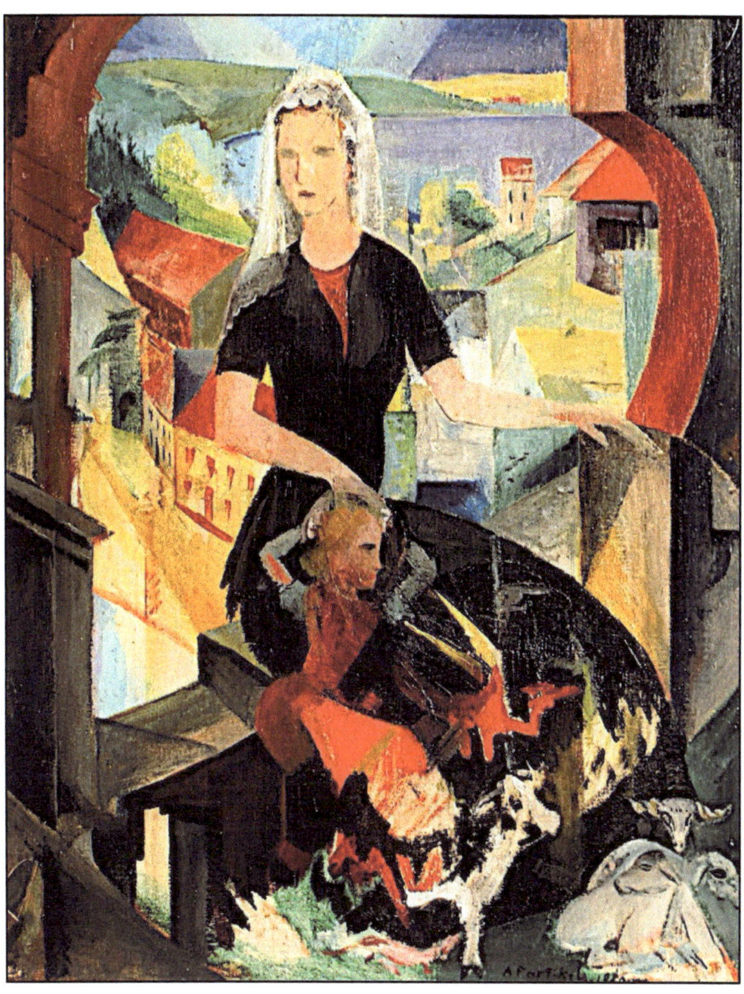

Abb. 51: Frau mit Kind in Weltenlandschaft, 1920, Öl auf Holz, WVZ G60

Partikel hatte sich von seinen dunklen blau-grünen Farben gelöst. Die expressionistische Formensprache der Darstellung wird von einer entsprechenden expressionistischen Farbigkeit begleitet. Das Bildmotiv ist Madonnendarstellungen entlehnt.

Es knüpft an altniederländisch und altdeutsche Motive an und lässt formal an Hieronymus Bosch und Matthias Grünewald denken. Mit der Rezeption religiöser Bildthemen stand Partikel nach dem Ende des Krieges nicht allein. Die religiöse Thematik durchzieht als Leidens- und Hoffnungsbild das Werk zahlreicher Künstler.[91] Dabei war Partikel keineswegs stark an Religiosität gebunden. Er formulierte mit dieser Thematik eher allgemein-menschliche Sehnsüchte. Für ihn bedeutete die Annäherung an sakrale Themen eher Annäherung an Hoffnungsträger.

Partikels engste Künstlerfreunde arbeiteten stilistisch in einer ähnlichen Richtung. Bereits vor dem Krieg hatte Richard Scheibe den Bildhauer Gerhard Marcks als Schüler in sein Berliner Atelier aufgenommen.[92] Partikel und Marcks kannten sich vermutlich bereits aus der Secession. Jetzt wurde ihre Bekanntschaft jedoch intensiver, so dass Marcks 1920 einen kleinen Flügelaltar schnitzte, den Partikel anschließend bemalte.[93] Die reliefartige Auferstehungsszene im Retabel wurde von Partikel mit Goldgrund hinterlegt (Abb. 52). Auf den Flügeln finden sich in expressionistischer Formensprache Darstellungen von der Verkündung Christi (Lamm Gottes) und der Erlösung (Kreuzigung). Bedenkt man Marcks' expressive Werke der Nachkriegszeit, so zeigt es sich, dass die Kunstauffassung des Malers und des Bildhauers gar nicht so weit auseinander lagen.[94] Die Freundschaft zwischen Partikel und Marcks, der seit 1919 am Bauhaus lehrte, vertiefte sich in den folgenden Jahren. Zugleich traten sie beide in verwandtschaftliche Beziehung,

denn Partikel ehelichte am 13. Juni 1921 die Cousine von
Gerhard Marcks' Ehefrau: Dorothea Körte.

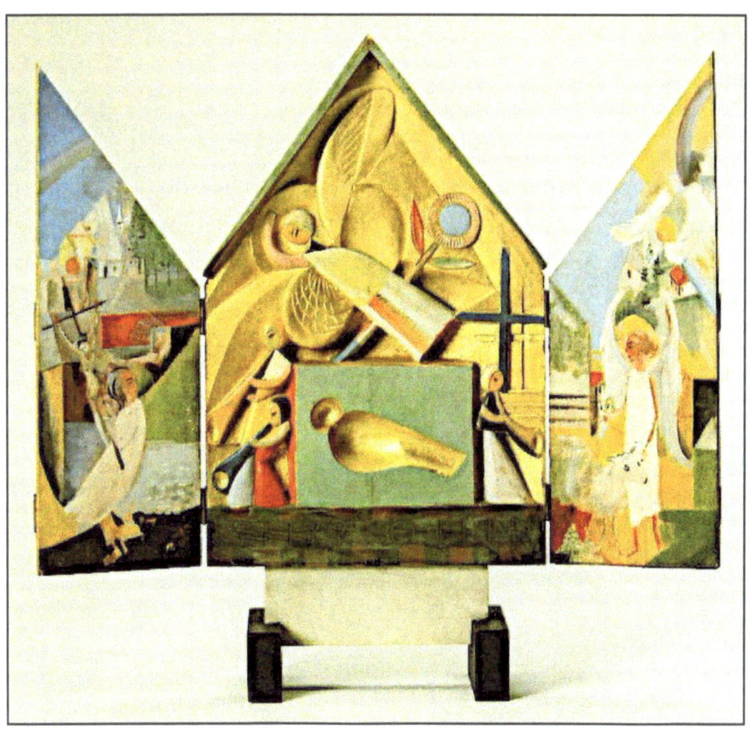

Abb. 52: Kleiner Flügelaltar, um 1920, Öl auf Holz, WVZ G59

In diese Zeit fiel die Bekanntschaft mit dem Arzt und Kunstsammler Ernst Schweitzer. Als Schwager Dorothea Körtes
führte er den jungen Maler in die Familie Körte ein.[95] Von einer Nichte wurde Dorothea Partikel als *„gütige, zurückhaltende,
häusliche Frau mit einem großen Verantwortungsbewußtsein"* [96] beschrieben. Marie Luise Kaschnitz erinnerte sich an Dorothea
Partikel: *„Sie hat es nicht leicht, sagte eine Freundin von D., nicht leicht
in der Ehe, meine ich, es wächst ihr ein Baum im Zimmer. Mit dem
Baum war der Mann gemeint, der Maler, der so sehr eine Natur, so sehr
'ein Auge' war, daß sich mit ihm über Menschliches kaum sprechen ließ...*

wir hatten D. gern, aber ihren Mann lieber als sie, sie hatte oft etwas Bitteres und Strenges, während er arglos war wie ein Kind... Die sanften, zarten Töne konnte man auch vernehmen, aber eigentlich nur aus dem Hinterhalt ... "[97]

Als Großnichte des ehemals einflussreichen Königsberger Oberbürgermeisters Siegfried Körte (1861-1919) stammte Dorothea aus einer großbürgerlichen Familie, die in Berlin am Rande des Grunewalds lebte.[98] In diese Kreise hatte der *„zart-sinnig(e) und spröd(e)"*[99] Ostpreuße Partikel, so Eduard Plietzsch, mittlerweile Zugang erlangt. Er war nun kein Unbekannter mehr. Seit 1920 stellte er wiederholt in der Galerie Ferdinand Möller aus.[100]

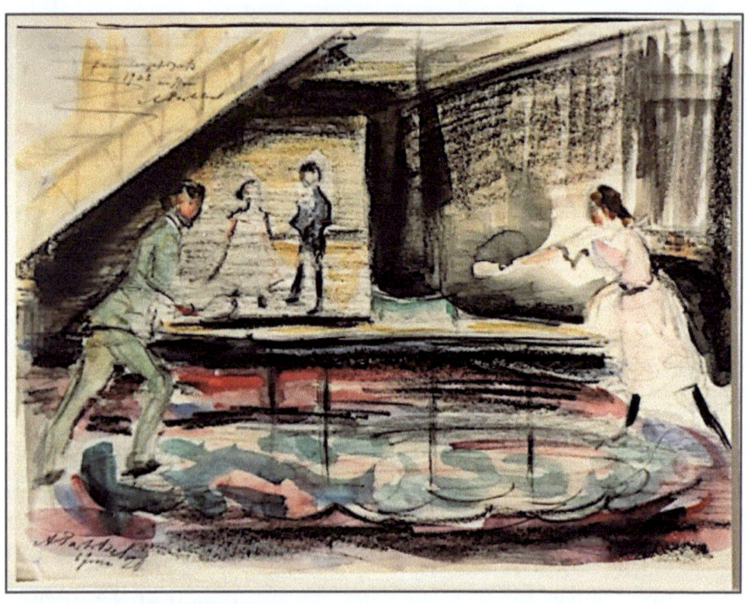

Abb. 53: Beim Tischtennis, Villa Esche, 1920, Aquarell über Blei und Kohle, WVZ Z16

Bereits im Sommer 1920 lud der Industrielle und Kunstsamm-ler Herbert Esche Partikel für mehrere Wochen in seine Villa in Chemnitz ein und erwarb zahlreiche Gemälde, Druckgrafiken und Zeichnungen.[101] Von diesem Aufenthalt ist ein kleines Aquarell über Blei und Kohle „Beim Tischtennis" erhalten, das ein Tischtennisspiel in der von Henry van de Velde entworfenen Chemnitzer Villa Herbert Esches zeigt (Abb. 53). Datiert ist das Blatt auf den 6. Juni 1920. Oben links findet sich die Notiz: *„Einen Neujahrsgruß für 1923 von Ihrem A Partikel".* Bemerkenswert ist das Bildnis der Esche Kinder Erdmute und Herbert von Edvard Munch von 1905 im Hintergrund, das sich heute im Kunsthaus Zürich befindet.

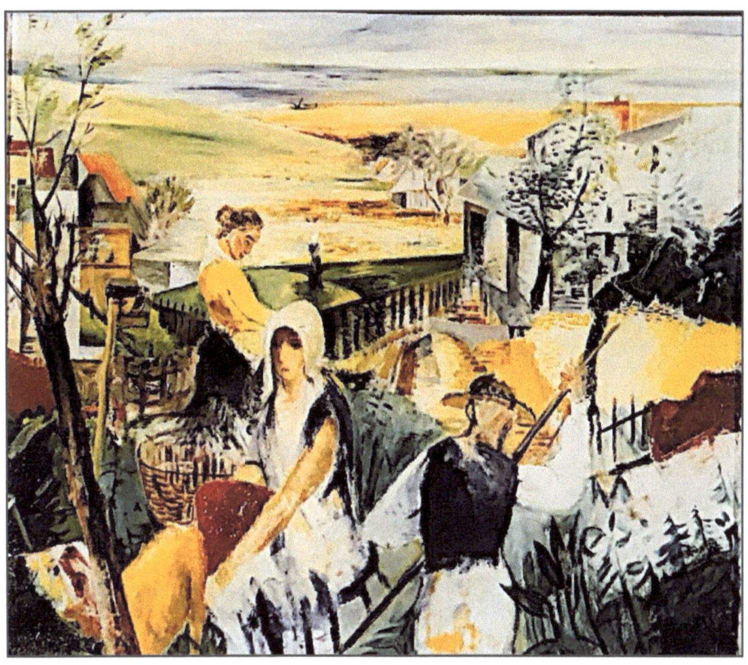

Abb. 54: Gartenbestellung, um 1921, Öl auf Leinwand, WVZ G79

Auch das Gemälde „Gartenbestellung" aus der gleichen Zeit wurde von Herbert Esche erworben (Abb. 54). Es verweist bereits auf die Ostseelandschaften, die in den nächsten Jahren Partikels Werk bestimmen sollten. Es gehört zu den ersten

Bildern, die der Maler in Ahrenshoop geschaffen hat In einer
kubistisch zergliederten Dorflandschaft sind drei Figuren mit
der Gartenarbeit beschäftigt. Das Gemälde ist in expressionistische Farbigkeit getaucht. Vereinzelt kontrastieren rote Farb-
flächen. Mit Hilfe der kubistischen Verzahnung von Bildele-
menten und der perspektivischen Verzerrung von Architektur-
teilen konnte Partikel in idealer Weise die verschachtelte
Ahrenshooper Dorflandschaft im Bild festhalten.

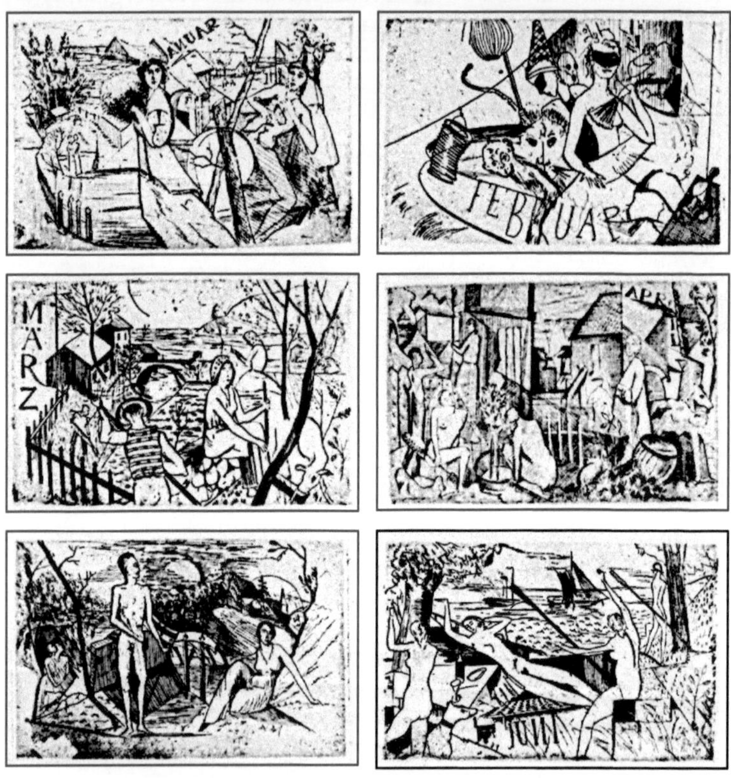

Abb. 55: Monatsblätter Januar bis Juni,
1921, Radierungen, WVZ D88-93

Der umfriedeten Idylle steht die Weite der Felder und des Was-
sers gegenüber. Das Bild vermittelt anschaulich den kleinteiligen und zugleich offenen Charakter des Dorfes an der Ostsee.

Dasselbe Motiv nutzte Partikel für die Radierung „März"
(WVZ D90) aus der Serie „Monatsblätter", die 1920/21 ent-
standen war (Abb. 55 und 56). Dargestellt sind jahreszeitliche
Momente, vom winterlichen Eislauf über den Karneval bis zur
Feldbestellung, vom Strandleben über die Erntezeit bis zur
Weihnacht.

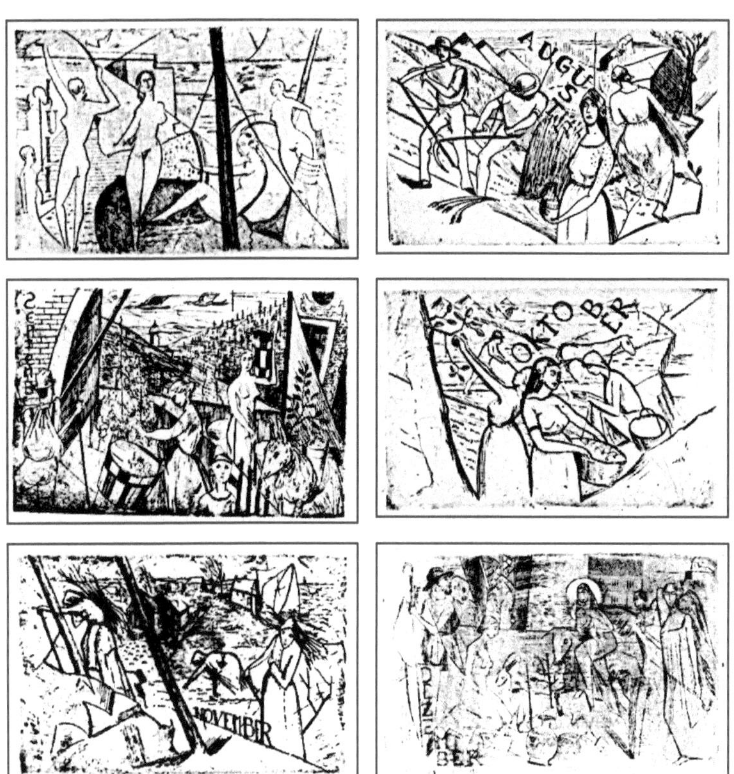

Abb. 56: Monatsblätter Juli bis Dezember, 1920/21, Radierungen, D94-
98, D87

Auch das Monatsblatt „Januar" diente Partikel als Vorlage für
ein Gemälde. Die „Schlittschuhläufer", datiert 1923, nehmen
das Motiv der Radierung wieder auf (Abb. 57). Auch dieses
Bild wurde von Herbert Esche für seine Sammlung in

89

Chemnitz erworben. Auf der Frühjahrsausstellung der Akademie der Künste war es 1924 ebenso wie die Kalenderblätter zu sehen und wurde sowohl im Ausstellungskatalog als auch in verschiedenen Kunstzeitschriften dieser Jahre abgebildet. [102]

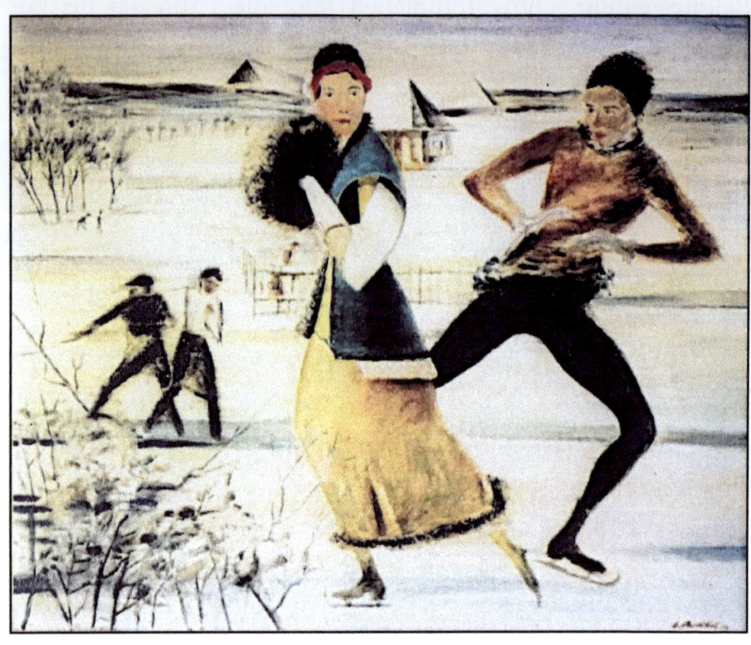

Abb. 57: Schlittschuhläufer, 1923, Öl auf Holz, WVZ G103

Das Gemälde ist ein Beispiel dafür, dass Partikel seine Landschaftsdarstellungen nicht nur auf die Sommermonate beschränkte. Sowohl die Winterzeit als auch der Übergang der Jahreszeiten findet sich in seinen Werken wieder.

Die Zeit nach dem Weltkrieg war für Alfred Partikel eine äußerst produktive Schaffensphase. Er nahm die zeitgenössischen Strömungen neben sich bewusst auf. Zu bedeutenden Künstler- und Sammlerkreisen bekam er Zugang. 1921 war er sogar zusammen mit Ernesto de Fiori, Carl Hofer und Ivo Hauptmann im Arbeitsausschuss zur Vorbereitung der

Frühjahrsausstellung der Freien Secession tätig.[103] Sein eigenes Schaffen hatte sich aus der provinziellen Abhängigkeit gelöst und der zeitgenössischen Avantgarde genähert. Anerkennung wurde ihm gezollt. Gemälde und Grafiken ließen sich plötzlich verkaufen, und Partikel war in die Berliner Künstlerszene der frühen zwanziger Jahre integriert.

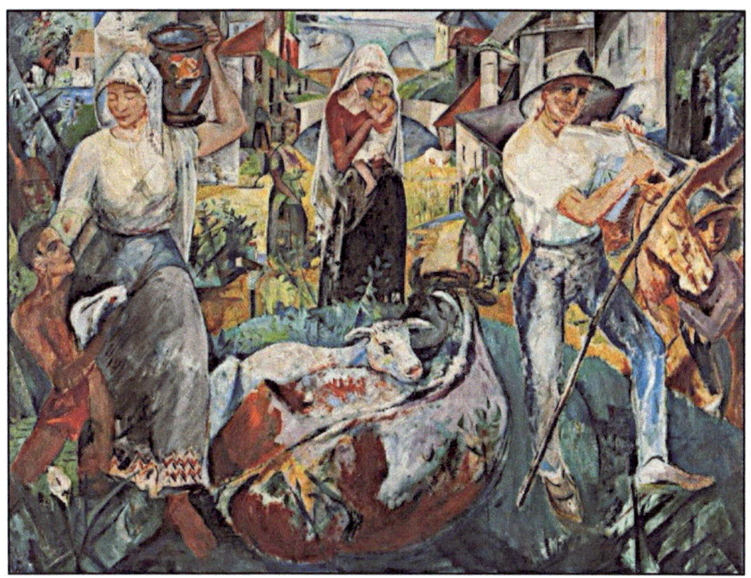

Abb. 58: Segen der Erde, 1921, Öl auf Leinwand, WVZ G78

Partikels stilistischer Umbruch in der Zeit um 1920 wird besonders an dem großformatigen Gemälde „Segen der Ernte" deutlich, das sich im Detroit Institute of Arts befindet (Abb. 58). Während Partikel die ländliche Szenerie mit Mutter und Kind in der Bildmitte mit kubistischen Elementen auf der Leinwand umgibt, so gibt ein Blick auf die Rückseite eine ländliche Darstellung preis, die ganz auf die nunmehr überholte Stilistik der Jahre zwischen 1914 und 1919 verweist (Abb. 59). Hier hatte Partikel noch in der Art seiner idyllischen Naturszenen mit der Vorliebe für eine blau-grüne Farbpalette gearbeitet.

Unten rechts auf der Leinwand findet sich die Bezeichnung „*del*" für lat. „*deleatur = soll getilgt werden*". Vermutlich hatte Partikel selbst diesen Vermerk angebracht. Die großformatige Leinwand mit immerhin 194 x 259 cm hatte er dann für das neue Gemälde auf der Vorderseite verwendet.

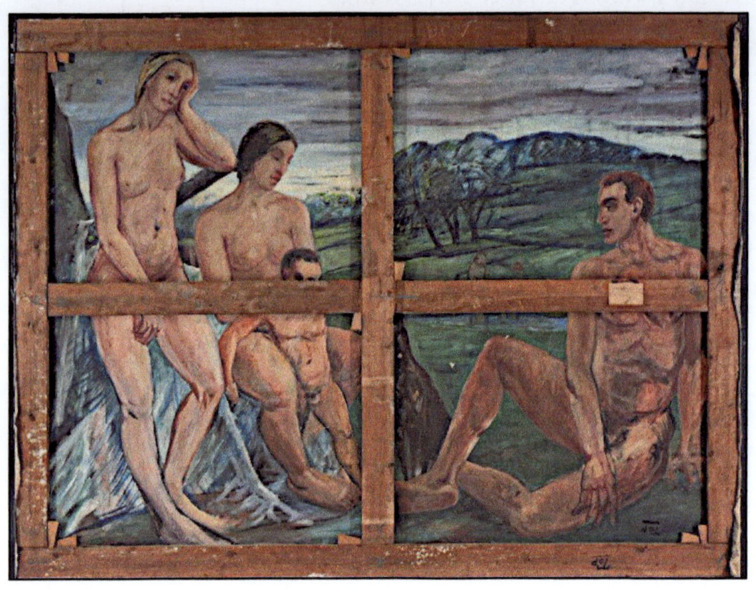

Abb. 59: Segen der Erde (Rückseite), vor 1921, Öl auf Leinwand, WVZ G78

Bereits 1920 war eine umfangreiche Würdigung der Arbeiten Partikels in der einflussreichen Fachzeitschrift „Kunst und Künstler" erschienen. Unter dem Titel „Zwei ostpreußische Maler" setzte sich Karl Scheffler in zwei Aufsätzen mit den Werken von Arthur Degner und Alfred Partikel anerkennend auseinander.[104] Scheffler beschrieb unter Zuhilfenahme einer etwas willkürlichen Auswahl von zwölf Bildern Partikels Werdegang. Aus heutiger Sicht verwundert es nicht, dass der Impressionismus-fixierte Scheffler Partikels „*Züge rein impressionistischer Art*" als „*vielleicht die wertvollsten*" bezeichnete.[105] Die expressionistischen Bilder, die zur Zeit des Aufsatzes entstanden

waren, hatten vor Schefflers Augen kaum Bestand. „*Das traum-
haft Gemeinte wird kompositionell streng angeordnet, der Rhythmus wird
tendenzvoll starr gemacht, ein fremdartiger Parallelismus kommt auf und
das Leben beugt sich der Flächengeometrie ... Zuletzt bleibt doch ein Be-
dauern, daß Partikel einen sicheren Besitz aufgibt für ein Experiment.*"
[106] Zusammenfassend meinte Scheffler: „*Das Talent Partikels,
das seiner Anlage nach einfach ist, gibt sich tiefsinniger als es ist, er macht
sich selbst befangen und vermag sein Bestes nicht zu entfalten.*"[107] Damit
kam Scheffler bei aller Kritik zu einem eher versöhnlichen Ur-
teil als etwa Curt Glaser in der „Kunstchronik und Kunstwarte" vom März 1921: „*Die innere Unsicherheit und die mangelnde
Entwicklungsfähigkeit einer nicht auf Anschauung, sondern auf eine dekorative Formel begründete Kunst verführt zu immer neuen Experimenten, und so gelangte Partikel endlich zu einer Formenauflösung und geo-
metrisierenden Stilisierung, in die sich heute manche gerade von den schwä-
cheren Talenten aus Furcht vor der Banalität flüchtet.*"[108]

Ganz unberechtigt erschienen diese Stimmen nicht. Vielen seiner expressionistischen Werke fehlte es an der künstlerischen
Einheit. Sie waren aus Bildkomponenten zusammengefügt, die
Partikel bei anderen Malern entdeckt hatte. Ein zwingend not-
wendiger, innerer Zusammenhalt war häufig nicht gegeben.
Dabei darf jedoch nicht übersehen werden, dass Partikel gerade mit diesen Bildern Erfolg hatte. Zudem war diese Phase
auch für ihn nur ein Experiment. Dass hier nicht seine Stärken
lagen, bemerkte er schon bald selbst - vielleicht auch infolge
der kritischen Reaktionen in den Veröffentlichungen. Dennoch war gerade diese Schaffensperiode für den Maler von
weitreichender Bedeutung. Sie führte ihn zur zeitweiligen Lö-
sung von der Zentralperspektive und zu einer wesentlich kontrastreicheren Palette.

Ahrenshoop – die ländliche Idylle

Seit 1921 hielt sich Alfred Partikel fortwährend im pommerschen Ostseebad Ahrenshoop auf. Dorothea Partikels Eltern, der Musikwissenschaftler Oswald (1852-1924) und seine Frau Hedwig Körte besaßen hier seit 1902 ein Haus. Ahrenshoop wurde im Laufe der Jahre für Alfred Partikel und seine Familie zur zweiten Heimat (Abb. 60).

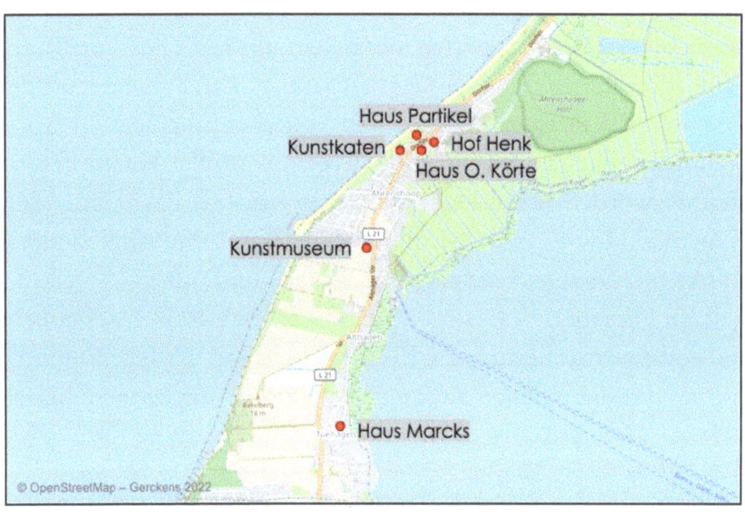

Abb. 60: Karte von Ahrenshoop

1882 kam der Mecklenburger Maler Carl Malchin (1883-1923) nach Ahrenshoop und gehörte damit zu den ersten, die die Küstenlandschaft um das Fischland, Darß und Zingst als darstellungswürdig entdeckt hatten. 1889 stieß der Oldenburger Maler Paul Müller-Kaempff (1861-1941) hinzu, der sich daraufhin in Ahrenshoop ein Haus errichten ließ und eine Malschule für die zunehmende Schar der Sommergäste gründete.[109] In den folgenden Jahren siedelten sich weitere Landschaftsmaler in Ahrenshoop an.

Zur ersten Generation der Ahrenshooper Künstlerkolonie gehörte auch Martin Körte (1857-1929), ein Großonkel Dorothea Partikels, der an der Berliner Akademie der Künste als Professor für Anatomie tätig war. Er ließ um die Jahrhundertwende ein Haus in Ahrenshoop errichten, das er aber bereits 1908 wieder verkaufte und aus dem später die „Bunte Stube" hervorging.[110] So entwickelte sich eine kleine Künstlerkolonie, die sich der naturalistischen Landschaftsmalerei verschrieben hatte, die jedoch über kein einheitliches künstlerisches Programm verfügte. Gemeinsame Ausstellungen wurden erst ab 1903 im sog. „Kunstkaten" durchgeführt, einem Ausstellungsgebäude, das auf Initiative von Müller-Kaempff errichtet worden war. Der Weltkrieg brachte das Ende der Künstlerkolonie. Ahrenshoop wurde nun zum Anziehungspunkt für Wissenschaftler, Intellektuelle und nur noch vereinzelt für Künstler.[111] George Grosz beschrieb 1930 anschaulich die Sommerfrische auf dem Fischland, die seit der Jahrhundertwende immer wieder zahlreiche Künstler angezogen hatte: *„Dieses Ahrenshoop war früher vor dem Kriege eine richtige Künstlerkolonie mit richtigen Malern. In der Art Worpswede. Das ist lange her, haben sich wohl nicht halten können, fehlte auch sicherlich an wirklich überragenden Typen. Denn wer kennt heute noch die Malernamen: Schorn, Richter-Ahrenshoop, Müller-Kempf, Schlotermann? Kaum bekannt, wie? Und doch wollten die damals aus Ahrenshoop etwas machen... Trotzdem hat dieses A. einen mondänen künstlerischen Zug nach oben."*[112]

Während ihrer Aufenthalte in Ahrenshoop wohnten Alfred und Dorothea Partikel im Haus von Oswald Körte, in dem im Januar 1922 die Tochter Barbara geboren wurde (Abb.61).

Dies war vermutlich der Anlass für Partikels Gemälde „Landschaft mit Regenbogen" und „Kleiner Hausaltar".

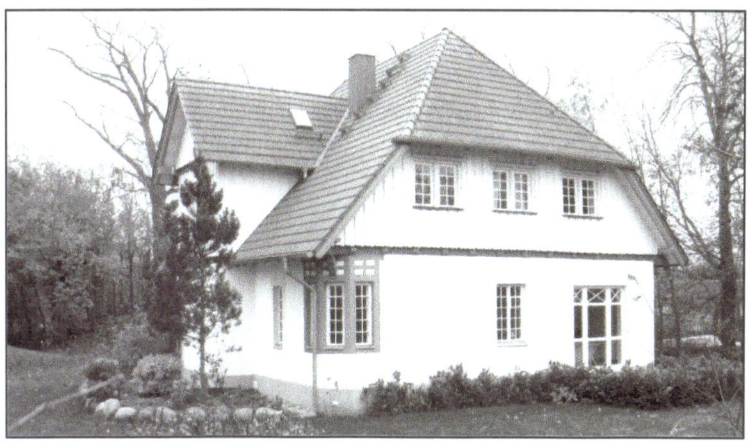

Abb. 61: Haus der Familie Oswald Körte in Ahrenshoop, 2013

Die „Landschaft mit Regenbogen" (Abb. 62) zeigt eine Mutter
mit einem Neugeborenen in einer weiten Feldlandschaft unter
einem Regenbogen.

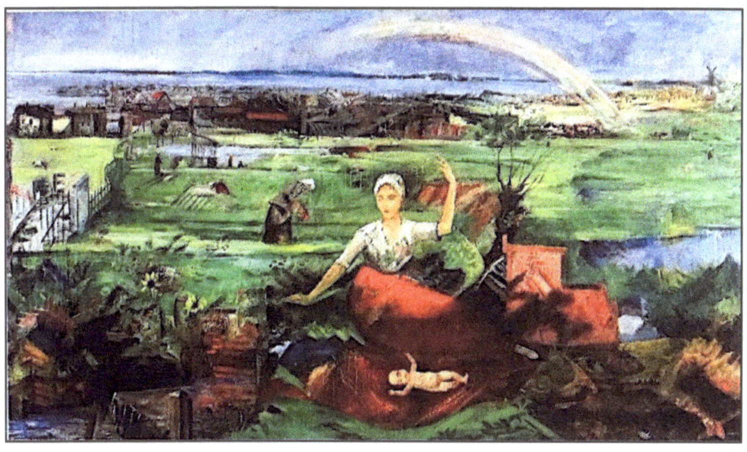

Abb. 62: Landschaft mit Regenbogen, um 1922, Öl auf Leinwand, auf Karton, WVZ
G88

Auf dem Hausaltar (Abb. 63) ist ein Paar mit einem Kind zwischen Landarbeitern in einer Wiesenlandschaft dargestellt, die stark an das Fischland erinnert. Das Motiv vom Retabel setzt sich in den beiden Flügeln fort. Bei beiden Darstellungen wird der Bezug zu religiösen Themen deutlich: hier die Mariendarstellung, dort die Heilige Familie.

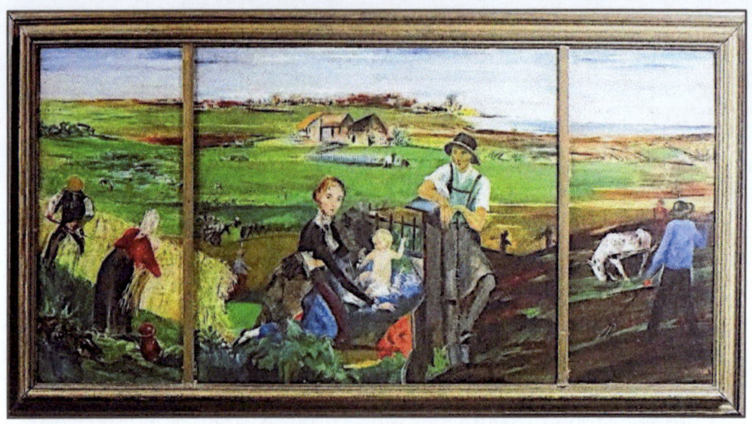

Abb. 63: Kleiner Hausaltar, 1922/23, Öl auf Holz, WVZ G92

Beim Altar kommt eine eigentümliche formale Einbindung hinzu: Richard Scheibe hatte dem Altar eine Staffel und ein Gesprenge gegeben, die das Gemeinschaftskunstwerk zu einer eigenwilligen Ikone machten (Abb. 64). Auffällig ist der Gegensatz des schweren Gesprenges mit der Hirtenszene gegenüber der filigranen Höllenszene in der unteren Altarstaffel.[113]

Der Altar ist 1922/23 datiert. Welch ein Gegensatz zu dem kleinen Flügelaltar, den Partikel wenige Jahre zuvor mit Gerhard Marcks geschaffen hatte (Abb. 52)! Dort herrschte kontrastreiche, expressionistische Abstraktion vor, während hier die ersten Züge einer stilistischen Versachlichung erkennbar werden[114]. Der Kunstkritiker Karl Scheffler registrierte diese Entwicklung mit Genugtuung: *„Partikel befriedigt durch eine Rückkehr zur ... Natur."*[115]

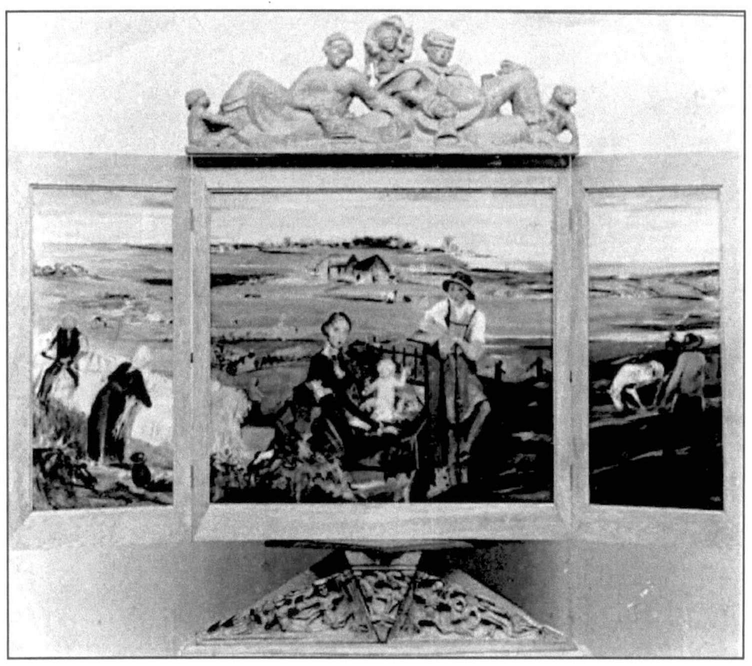

Abb. 64: Kleiner Hausaltar, 1922/23, Staffel u. Gesprenge v. R. Scheibe, WVZ G92

Auch wenn Partikel immer wieder in Berlin war, wurde Ahrenshoop nun zum Lebensmittelpunkt der jungen Familie. Partikel bekam Kontakt zur einheimischen Bevölkerung, zu den Fischern und Kapitänen des Fischlandes. Ahrenshoop bot für ihn die Möglichkeit, aus dem Großstadtgewimmel auszubrechen und sich wieder ganz der freien Natur zu widmen: *„Mir ist dieses Stückchen Erde in Ahrenshoop doch recht ans Herz gewachsen, was man erst in der Ferne und bei langer Abwesenheit doppelt stark empfindet."*[116] Dies schrieb der Maler im August 1922, als er für zehn Wochen mit dem Ahrenshooper Kapitän Wilhelm Henk auf der Viermastbark „Mayotte", einem der Großsegler der zwanziger Jahre, nach Kotka in Finnland segelte.[117]

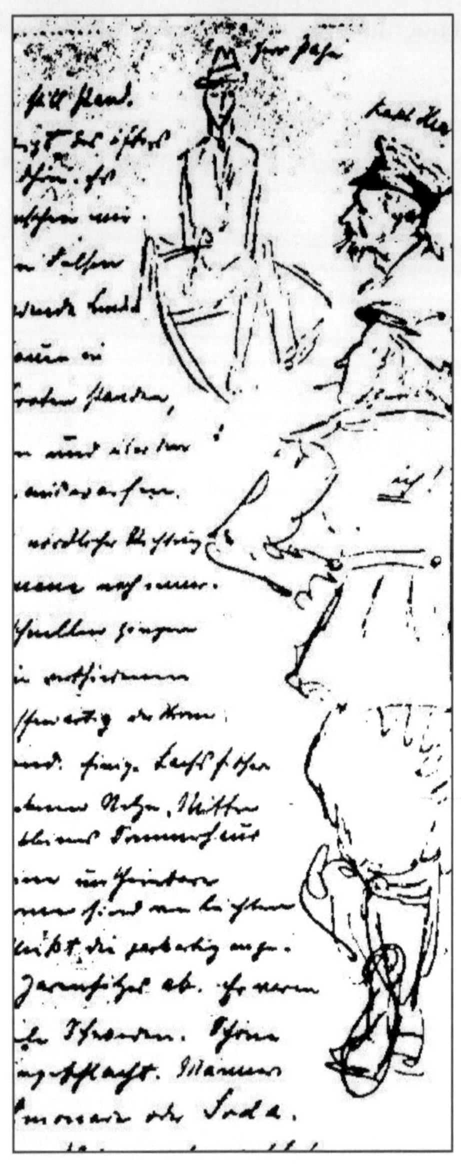

Abb. 65: Selbstbildnis mit Reisenden, Bemalter Brief, 1922, WVZ B2

Von der Reise existiert ein illustrierter Brief an Dorothea Partikel (Abb. 65). Der Kapitän des Schiffes erscheint oben rechts als energischer Charakterkopf. Ein Mitreisender wird durch die Betonung individueller Züge oben mittig karikiert. Sich selbst stellt Partikel am rechten Bildrand mit flüchtigem Strich als Rückenfigur dar. Im sportlichen Reiseanzug, mit Schirmmütze im Nacken und Zigarette im Mund beobachtet er in selbstbewusster Haltung die Szene.

Von der Reise sind eine Reihe von kleinformatigen Aquarellen überliefert. Blassblaue, bräunliche und gelbliche Farbtöne herrschen vor, zarte grüne Farbtupfer kontrastieren (Abb. 66). Die Reise war für Partikel nicht als Vergnügungsfahrt gedacht. Vielmehr hatte der Maler zahlreiche Rahmen und Leinwände mit an Bord genommen, um die Eindrücke der Fahrt im Bild festzuhalten. Die Briefe aus Finnland beschreiben sehr genau Partikels künstlerisches Vorgehen.

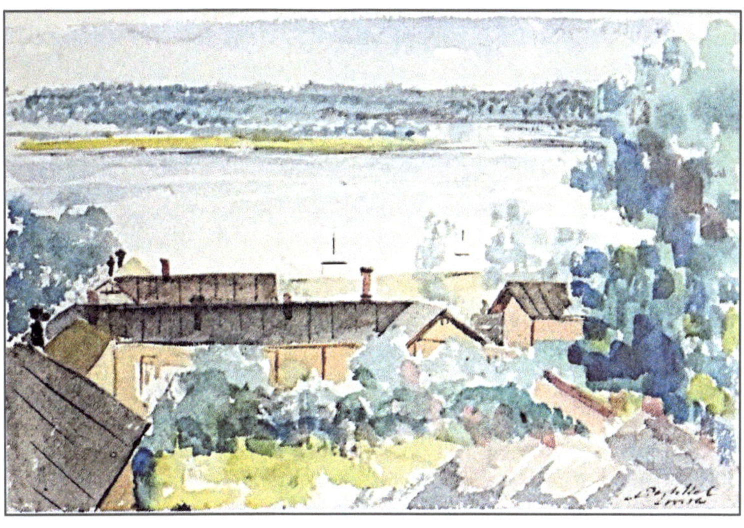

Abb. 66: Lovisa (Finnland), 1922, Aquarell über Blei

Zunächst systematisierte er seine Eindrücke: *„Ich packte um neun Uhr meinen Malkram zusammen, Tusche und Skizzenbücher unter dem Arm, eine undichte Wasserflasche in der Tasche, und wanderte auf den*

Berg, der am Hafen liegt. Dort legte ich mich auf die Lauer und ließ Menschen, Tiere und flinke Ruderboote an mir vorüberziehen. Es geht einem ja immer so im Leben: zunächst wächst das Rastlose und ewig Wechselnde einem über den Kopf. Schaut man aber eine zeitlang hin, so ist man in der Lage in der scheinbaren Unordnung eine gewisse Gesetzmäßigkeit zu erkennen."[118]

Partikel setzte jedoch nicht spontane Eindrücke in seine Gemälde um, sondern bereitete diese in Skizzen vor: „*Viele schöne Eindrücke werde ich mitnehmen und täglich entsteht eine Zeichnung oder ein Aquarell. Die Ölfarben kommen demnächst an die Reihe, sobald ich mich eingehender in das Leben hier eingesehen habe.*"[119]

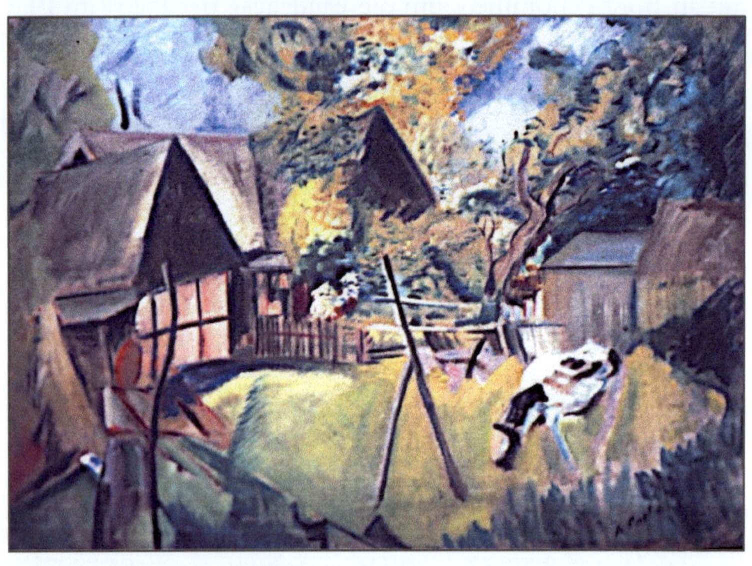

Abb. 67: Hof Henk in Ahrenshoop, um 1921, Öl auf Leinwand, WVZ G82

Wenn Partikel dann beim Malen war, gab es für ihn jedoch kein Halten mehr: „*Gestern mit Malen begonnen. Eine größere Landschaft, die mir geglückt, gibt mir Schubkraft. Vieles soll noch entstehen. In der nächsten Zeit werde ich wohl Leinwand auf Leinwand auf den Rahmen spannen. Du weißt ja wie es mir geht, wenn ich einen Malrappel bekomme:*

dann kann ich die Welt umarmen und eine hingebende Liebe läßt mir den nichtigsten Gegenstand zur höchsten Schönheit werden. "[120]

Mit Kapitän Henk, dessen Hof sich in unmittelbarer Nachbarschaft des Körte'schen Hauses befand, entwickelte sich eine freundschaftliche Beziehung. Über ihn schrieb Partikel 1922 in einem Brief an seine Frau: *„Ich schätze seine biedere Natur immer mehr. Er ist wirklich klug und umsichtig, der geborene Seemann. Mit großer Reserviertheit weiß er auf Grund reicher Lebenserfahrung Menschen richtig zu beurteilen.* "[121]

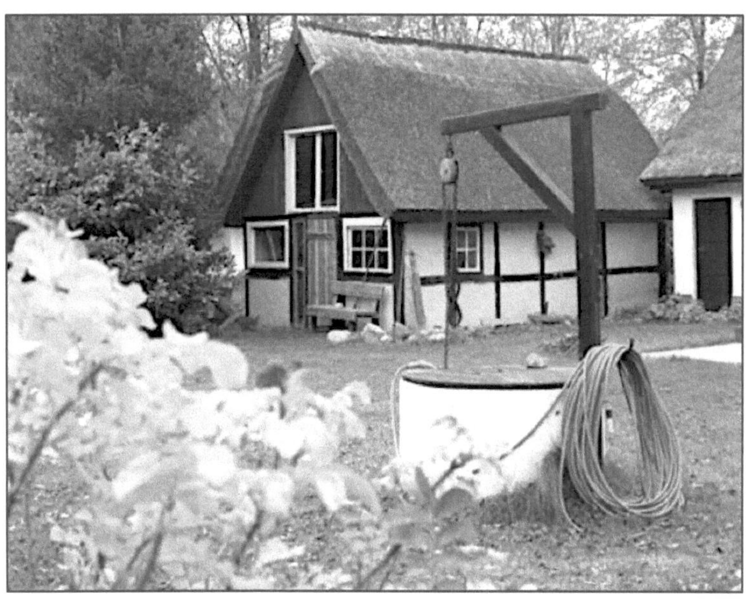

Abb. 68: Hof Henk in Ahrenshoop, 2013

In dieser Zeit Partikel malte Partikel den Hof Henk in expressionistischer Form und Farbigkeit (Abb. 67). Es zeigt deutlich, wie Partikel die verschachtelte Ahrenshooper Gartenlandschaft in eine ausdrucksvolle Szenerie umzusetzen vermochte. Noch bis vor kurzem konnte der Hof seinen ursprünglichen

103

Charme mit der farbigen Fachwerkarchitektur bewahren.
(Abb. 68).

Trotz der Idylle Ahrenshoop war Partikel weiterhin auf die
Großstadt Berlin angewiesen. Hier fanden die großen Ausstellungen statt und hier konnte er sich mit seinen Malerkollegen
auseinandersetzen. Hier waren auch Aufträge zu erzielen und
hier trieben rührige Kunsthändler ihr Geschäft. An seine Frau
schrieb er 1922 aus Berlin: *„Nun denke Dir, eben kommt Dr. Plietzsch, der mich zum Abendessen mit Scheibe einlud und sagte mir, daß die
Galerie van Dymen, die er leitet, 3 Bilder von mir bereits gekauft hätte.
Ein Dr. Lutz, der dort die moderne Abt. leitet, war sehr von meinen
Bildern angetan und morgen will ich ihn noch einmal sprechen und ihm
meine Zeichnungen zeigen ... So scheint meine Tätigkeit in Ahrenshoop
doch zu meiner künstlerischen Entwicklung viel beizutragen, was ich auch
selber merke.“* [122]

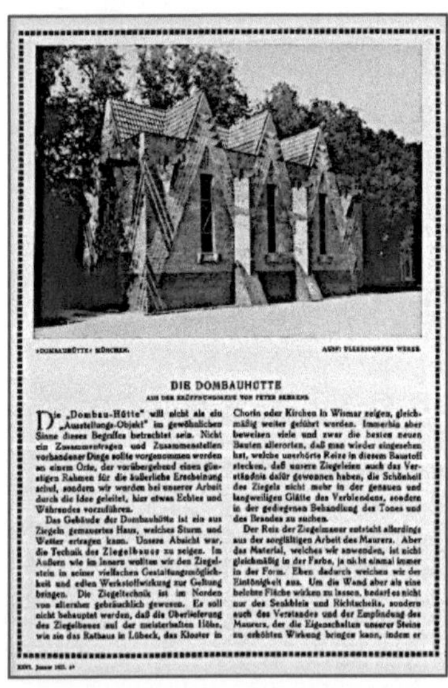

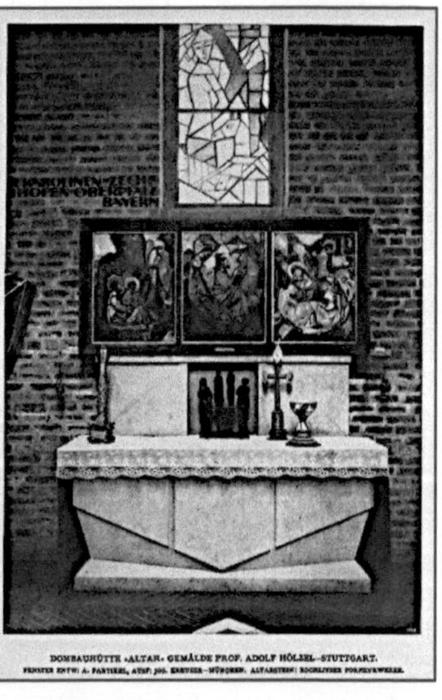

Abb. 69: Dombauhütte von Peter Behrens mit Glasfenstern von Partikel, 1922,
WVZ V4

Auch wenn Partikel das Leben in Berlin als *„konstruiert"* empfand und ihm die Ausstellungen *„zum Halse raus hängen"*, so konnte er doch nicht auf die Metropole verzichten.[123]

Zu einem Kontakt mit dem Architekten Peter Behrens (1868-1940) kam es 1922. Für die vom Deutschen Werkbund organisierte Münchner Gewerbeschau 1922 plante Behrens einen kleinen sakralen Bau, der im Sinne einer Bauhütte die bildenden Künste miteinander vereinen sollte.[124] „Dombauhütte" hieß das Backsteingebäude, das in der Art einer kleinen Kapelle zur Aufnahme moderner religiöser Kunstwerke bestimmt war.

Neben einem Altar von Adolf Hölzel und einem Kruzifix von Ludwig Gies fanden sich Arbeiten von Barlach, Poelzig, Scheibe und anderen sowie ein Glasfenster und ein Wandteppich nach den Entwürfen Alfred Partikels.[125] Das Glasfenster ist in der Dokumentation zu dem kleinen Sakralbau abgebildet (Abb. 69).[126] *„Behrens schien sehr befriedigt(,) als er die Kartons sah. Ich werde hoffentlich in nächster Zeit einmal persönlich Gelegenheit haben mit ihm persönlich zu sprechen..."*, schrieb Partikel im Frühjahr 1922 seiner Frau aus Berlin.[127]

Der Wandteppich zeigt eine Mariendarstellung mit Kind vor einer expressionistischen Landschaft mit Tieren, Menschen, Pflanzen und Häusern (Abb. 70). Er befindet sich heute in Kalifornien, im Familienbesitz von Dorothea Partikels Schwester, Franziska Schweitzer, geb. Körte, die ihn einst herstellte.[128] Die Dombauhütte sollte ein Ansporn für zukünftiges Bauen sein. Behrens sagte dazu in seiner Eröffnungsansprache: *„Was wir zusammenbrachten, konnte nicht mehr werden, als die Durchführung eines Versuches. Vielleicht aber geben wir dadurch anderen Anregung, in besseren Zeiten Größeres zu leisten."* [129] Kurz nach der Eröffnung regte sich in konservativen katholischen und nationalsozialistischen Kreisen massiver Widerstand gegen den expressionistischen Bau, insbesondere gegen das Kruzifix von Gies. Es kam zum Eklat, das Kruzifix wurde entfernt und die Schließung des Gebäudes durchgesetzt.[130]

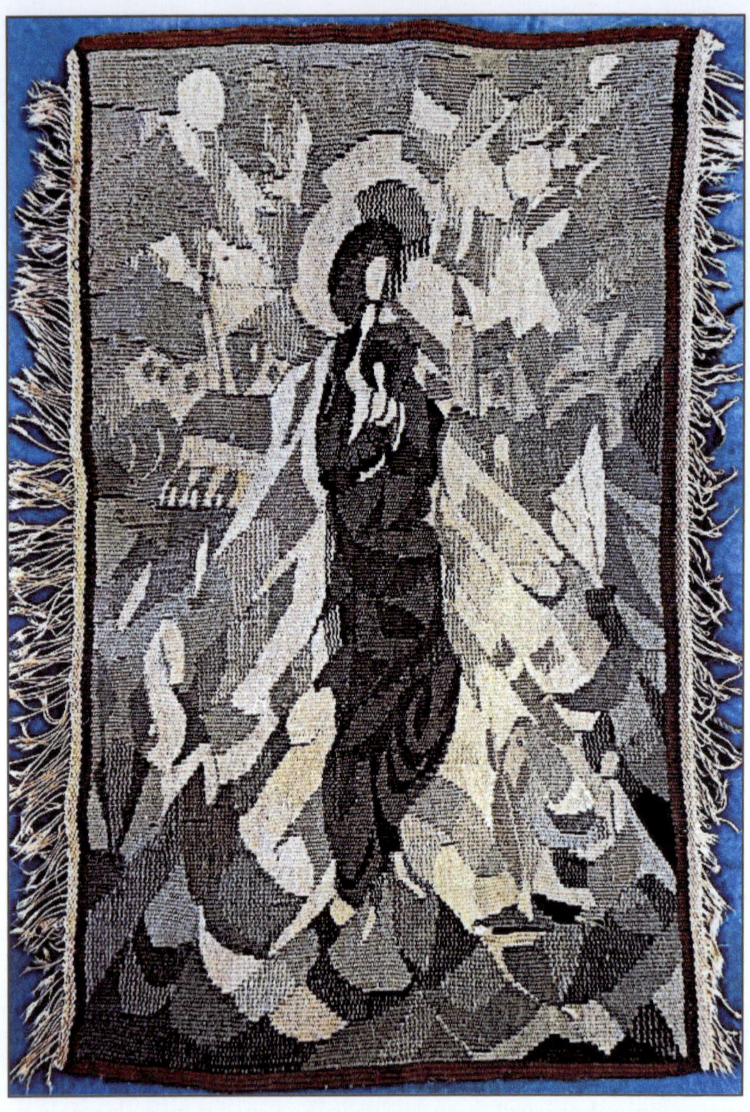

Abb. 70: Wandteppich, gefertigt von Franziska Schweitzer, geb. Körte, WVZ V3

106

Die Dombauhütten-Affäre zeigte erstmals die Ohnmacht der modernen Kunst vor dem Einfluss nationalkonservativer Kräfte. Es war ein erstes Vorspiel für die fünfzehn Jahre später erfolgte „Aktion Entartete Kunst".[131]

Im August 1923 wurde der Sohn Adrian geboren. In den folgenden Jahren schuf Partikel zahlreiche Familienbildnisse. Dabei bediente er sich vorwiegend der Radierung und des Silberstiftes. Es waren zumeist harmonische Familienszenen am Strand und im Garten, aus denen die Liebe zu seinen Nächsten sprach, wie in der kleinen Radierung „Im Garten" (Abb. 71).

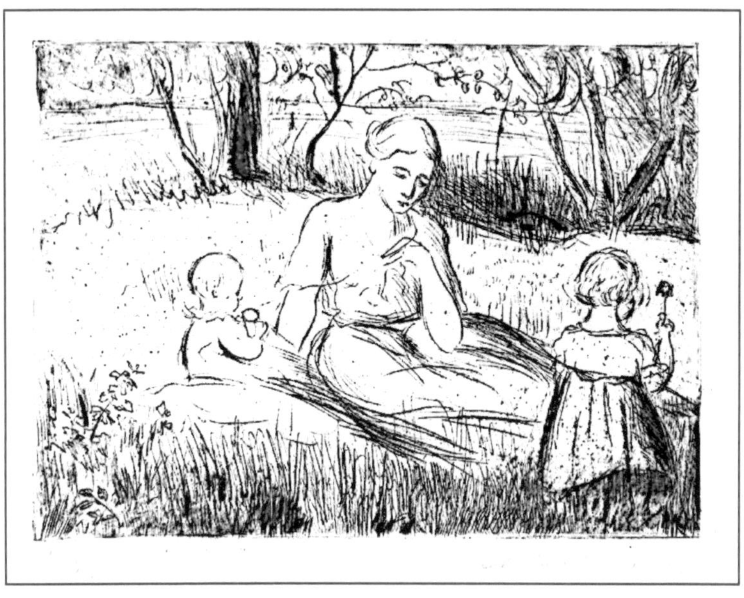

Abb. 71: Im Garten (Dorothea mit Barbara und Adrian), um 1924, Radierung, WVZ D123

Während die Familie in Ahrenshoop blieb, hielt Partikel sich weiterhin häufig in Berlin auf. Seine weitreichenden Kontakte verschafften ihm 1923 einen interessanten Auftrag. In der britischen Botschaft in Berlin sollte er drei Interieurs malen.

Allerdings machte ihm die Arbeit nach Fertigstellung der ersten Ausführung nur noch wenig Freude. Ihm wurde der Gegensatz von der eleganten Botschaft und dem Leben auf der Straße nur allzu deutlich: „ ... *morgen will ich wieder beim Lord malen. Die letzten Tage hatte ich es etwas über(,) die kalte Pracht zu sehen und draußen die abgehetzten Menschen.*"[132]

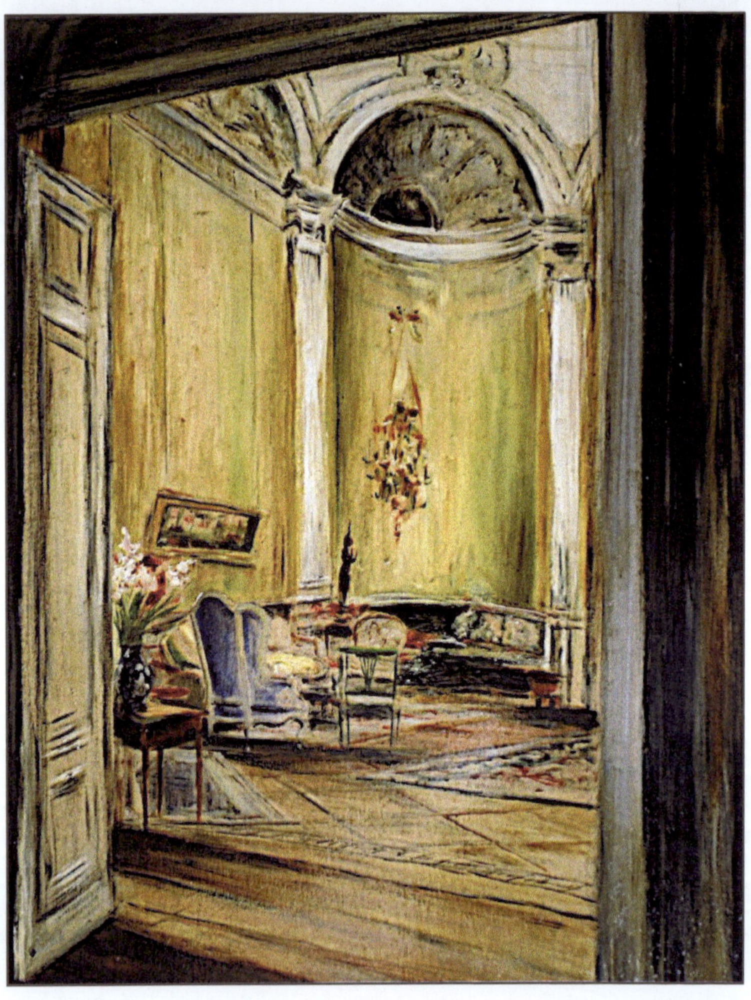

Abb. 72: Interieur beim britischen Botschafter, um 1923, Öl auf Holz, WVZ G111

In den beiden ausgeführten Fassungen gab Partikel Einblick in
die hohen, repräsentativen Räume der Botschaft im Palais
Strousberg (Abb. 72). Dabei nahm er die Rahmen und den
Sturz der breiten Doppeltür mit in das Bildmotiv hinein, sodass
sich die Szene wie ein heimlicher Einblick in verbotenes Ter-
rain darbietet. Der Türflügel ist in starker perspektivischer Ver-
kürzung wiedergegeben.

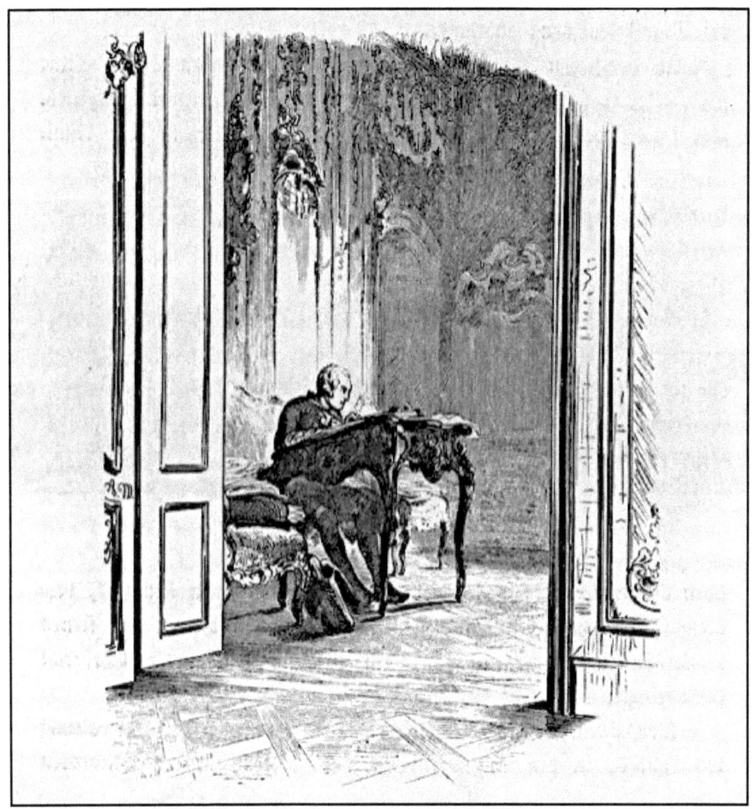

Abb. 73: A. von Menzel, Der König am Arbeitstisch, Holzstich, 1840

Auch der Türsturz erscheint auf Grund der extremen Nahsicht
in leichter Diagonale im Bild. Dadurch und durch den flüchtigen Pinselstrich erhält die Szene einen flirrenden Charakter,
der der „kalte(n) Pracht“ etwas Wärme verleiht. Adolph von

Menzel hatte das Arbeitszimmer Friedrich II. im Potsdamer Stadtschloss einst in auffallend ähnlicher Perspektive der Öffentlichkeit preisgegeben (Abb. 73).[133]

Noch eine weitere große Chance bot sich Partikel 1923. Der Galerist Ferdinand Möller, bei dem der Maler schon im September 1920 zusammen mit Richard Scheibe ausgestellt hatte, und der in den USA tätige Kunsthistoriker Wilhelm R. Valentiner stellten für die Anderson Galleries in New York eine Ausstellung moderner deutscher Kunst zusammen.[134] Die „Collection of Modern German Art" umfasste 274 Aquarelle, Zeichnungen, Druckgrafik, Gemälde und Plastiken von 30 Künstlern. Vertreten waren u.a. Degner, Feininger, Grosz, Klee, Kolbe, Lehmbruck, Marcks, Nolde, Pechstein, Radziwill, Rohlfs, Scheibe, Schmidt-Rottluff und auch Partikel. Neben fünf Ölgemälden wurde auch ein Wandteppich nach Partikels Entwurf ausgestellt (Abb. 74).[135]

Die Ausstellung war die erste Präsentation deutscher Kunst nach dem Krieg in den USA. Für die Rezeption des Expressionismus in Amerika spielte sie die gleiche wichtige Rolle, wie 1913 die legendäre Amory Show.[136] Zugleich war die Ausstellung ein großer Verkaufserfolg. Allein von den fünfundzwanzig Plastiken wurden fünfzehn verkauft. Auch Partikel zählte zu den Künstlern, die Werke veräußern konnten.[137] Zu seinen Bildern hieß es im Ausstellungskatalog:

„The gracious, rhythmic and delicate forms of Mueller have a ready appeal, while Max Kaus combines with his lyrical temperament an extraordinary sense of color, almost reminiscent of Vermeer. These artists, and perhaps Partikel as well, scarcely need an introduction, as their works seem less alien to the spirit of American art than that of many of the others."[138]

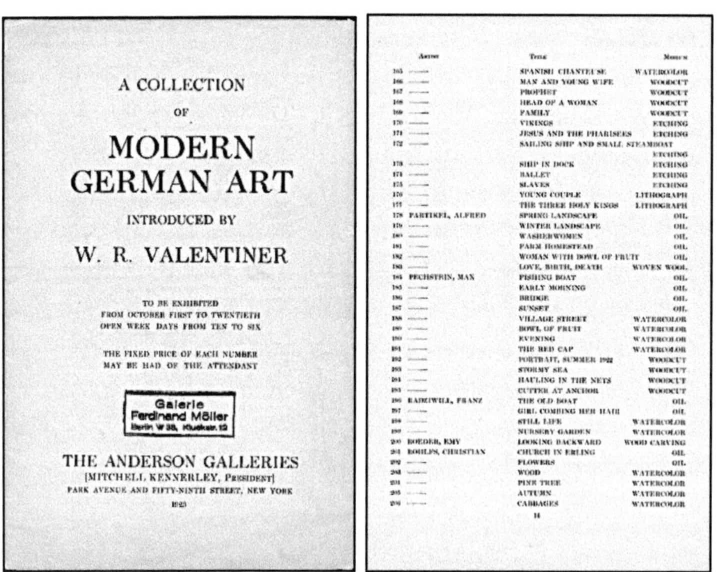

Artist	Title	Medium
165 ————	SPANISH CHANTEUSE	WATERCOLOR
166 ————	MAN AND YOUNG WIFE	WOODCUT
167 ————	PROPHET	WOODCUT
168 ————	HEAD OF A WOMAN	WOODCUT
169 ————	FAMILY	WOODCUT
170 ————	VIKINGS	ETCHING
171 ————	JESUS AND THE PHARISEES	ETCHING
172 ————	SAILING SHIP AND SMALL STEAMBOAT	ETCHING
173 ————	SHIP IN DOCK	ETCHING
174 ————	BALLET	ETCHING
175 ————	SLAVES	ETCHING
176 ————	YOUNG COUPLE	LITHOGRAPH
177 ————	THE THREE HOLY KINGS	LITHOGRAPH
178 PARTIKEL, ALFRED	SPRING LANDSCAPE	OIL
179 ————	WINTER LANDSCAPE	OIL
180 ————	WASHERWOMEN	OIL
181 ————	FARM HOMESTEAD	OIL
182 ————	WOMAN WITH BOWL OF FRUIT	OIL
183 ————	LOVE, BIRTH, DEATH	WOVEN WOOL
184 PECHSTEIN, MAX	FISHING BOAT	OIL
185 ————	EARLY MORNING	OIL
186 ————	BRIDGE	OIL
187 ————	SUNSET	OIL
188 ————	VILLAGE STREET	WATERCOLOR
189 ————	BOWL OF FRUIT	WATERCOLOR
190 ————	EVENING	WATERCOLOR
191 ————	THE RED CAP	WATERCOLOR
192 ————	PORTRAIT, SUMMER 1922	WOODCUT
193 ————	STORMY SEA	WOODCUT
194 ————	HAULING IN THE NETS	WOODCUT
195 ————	CUTTER AT ANCHOR	WOODCUT
196 RADZIWILL, FRANZ	THE OLD BOAT	OIL
197 ————	GIRL COMBING HER HAIR	OIL
198 ————	STILL LIFE	WATERCOLOR
199 ————	NURSERY GARDEN	WATERCOLOR
200 ROEDER, EMY	LOOKING BACKWARD	WOOD CARVING
201 ROHLFS, CHRISTIAN	CHURCH IN ERLING	OIL
202 ————	FLOWERS	OIL
203 ————	WOOD	WATERCOLOR
204 ————	PINE TREE	WATERCOLOR
205 ————	AUTUMN	WATERCOLOR
206 ————	CABBAGES	WATERCOLOR

14

Abb. 74: Ausstellungskatalog "A Collection Of Modern German Art", New York, 1923

Ohne zu den „Stürmern und Drängern" unter den zeitgenössischen Künstlern zu gehören („... *doch spüre ich immer wieder dies sonderbare Abrücken von den jetzt so gefeierten Modernen."*) [139], waren Partikels Bilder doch Teil dessen, was als moderne deutsche Kunst galt. So war er auch 1924 auf der Retrospektive „Deutsche Malerei in den letzten fünfzig Jahren" in der Neuen Staatsgalerie in München vertreten.[140]

In dieser Zeit nahm Ferdinand Möller den Maler in seine ständige Kollektion auf.[141] Auch Karl Scheffler entließ ihn nicht aus seinem sezierenden Kritikerblick: „*Partikel steht fortgesetzt an einem Scheideweg: Er hat das Zeug zu einem 'Handwerker der Form', wie Flaubert es preisend nannte, zu einem Kleinmeister; und er hat auch das Zeug zu einem Modemaler, der sich selbst wiederholt und in seiner Manier untergeht.*"[142] Partikel selbst machte es sich mit seinem Schaffen nicht leicht.

Die so einfach hingegossen erscheinenden Malereien täuschen
über die intellektuelle Auseinandersetzung des Künstlers mit
seinem Werk hinweg. Wahrscheinlich reflektierte Partikel die
Äußerungen Schefflers intensiv, so dass er im November 1923
aus Berlin an seine Frau in Ahrenshoop schrieb: „ ... *mit Ausnahme von gestern habe ich immer gut arbeiten können. Vieles, daß sich
bald zur Form verdichten wird, sammelt sich im Kopf an. Gedankliche
Vorstellungen kämpfen mit der Form ihrer Verwirklichung, ein quälen-
der Zustand ... Ich habe noch sehr viel zu arbeiten, um Klarheit in den
Aufbau meines künstlerischen Ausdrucks zu bringen. Bei mir purzelt
noch so vieles durcheinander. Vielleicht bin ich noch nicht reif zu vielem,
das mir vorschwebt und ich ausführen möchte.* "[143]

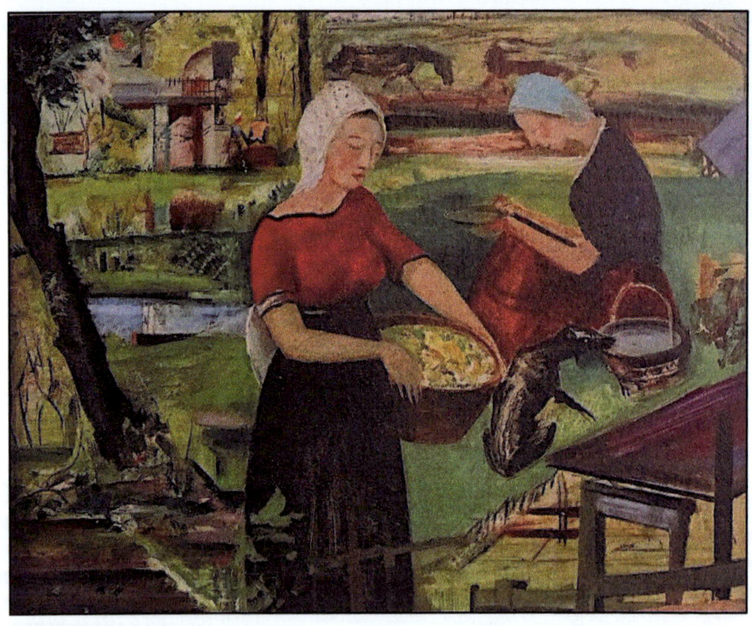

Abb. 75: Bauernmädchen, 1923, Öl auf Holz, WVZ G97

Das Gemälde Bauernmädchen von 1923, ehemals im Besitz
von Partikels späterem Schüler Horst Skodlerrak, zeigt die ver-
trauten Motive der arbeitenden weiblichen Figuren, begleitet

von Tierfiguren im Vorder- und im Hintergrund (Abb. 75). Allerdings sind nun die expressionistischen Bilddiagonalen nicht mehr vorhanden. Vielmehr deutet sich eine „Versachlichung" der Landschaft an, die insbesondere im oberen linken Bildteil erste Formen einer später noch stärker ausgeprägten kleinteiligen Ornamentalisierung trägt.

Der Weg zur Versachlichung

Alfred und Dorothea Partikel ließen sich 1924/25 in Ahrenshoop ein Haus errichten. Das Grundstück hatte Dorothea Partikel 1921 von Ihren Eltern zur Hochzeit erhalten. Es lag unmittelbar hinter der niedrigen Düne, dem Haus der Eltern direkt gegenüber (Abb. 76). In Anlehnung an die ortsübliche Bauweise handelte es sich um ein reetgedecktes Fachwerkhaus.[144]

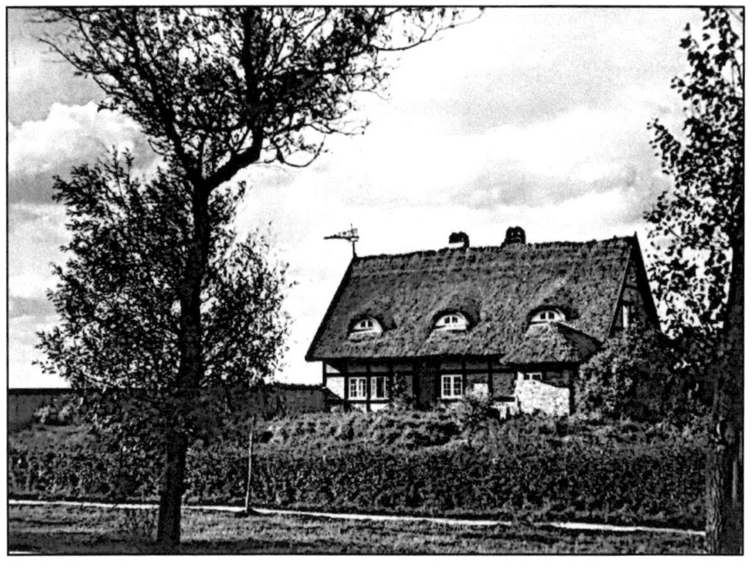

Abb. 76: Haus Partikel in Ahrenshoop, Dorfstraße 32, um 1930

Ein kurischer Wimpel, heute im Ostpreußischen Landesmuseum in Lüneburg, signalisierte schon aus der Ferne die ostpreußische Herkunft. Im Erdgeschoss lag das Atelier. Ein Garten breitete sich zur Dorfstraße aus. Marina von Achenbach beschrieb das Haus in Erinnerung an ihre Kindheit: *„Auch wir Kinder spürten, dass dieses Haus besonders schön war, wobei es in*

Ahrenshoop etliche bewunderte Häuser gab – von Kapitänen, Bauern, Malern. Dieses war heller als die anderen, wegen seiner gelblich-rosé-farbenen Ziegeln, und weil es an den Dünen stand. Es war dem Wind – nicht ausgesetzt, sondern anvertraut. Mit einer klug geschützten Terrasse, die von der Sonne erwärmt werden konnte, umgeben von Strandgras, Sanddorn, Buschwindröschen, Silberpappeln... "[145]

Die Haustür versah Partikel mit vier geschnitzten Holzrelieftafeln: Menschen beim Fischfang und auf dem Lande sowie Flora und Fauna der Ostseelandschaft (Abb. 77).

Die oberste Tafel besteht aus strengen Ornamenten. In zwei großen Rauten sind ein Fisch und ein Reiher über stilisierten Wasserflächen dargestellt. Die Zahl 1925 datiert in großen Ziffern die Tür. Die beiden mittleren Tafeln zeigen ein Menschenpaar. Auf der linken Tafel befindet sich eine Bäuerin mit Ährenbündel in ihrem linken Arm und einer Forke in der rechten Hand. In einem schlichten knöchellangen Gewand steht sie barfuß vor einem stilisierten Baum. Die rechte Tafel zeigt einen Mann, der mit einem Lendenschurz bekleidet ist. Mit seiner rechten Hand umfasst er ein Ruder, während die Linke einen Fisch hält. Ein Hut mit schmaler Krempe bedeckt sein Haupt. Rechts hinter ihm ist ein Bootsmast mit wehender Fahne zu erkennen. Die untere Tafel zeigt axialsymmetrisch zwei springende Hirsche, die aufeinander zulaufen. Geometrisches Ornament deutet die umgebende Natur an.

Mit der Wahl der Motive hatte Partikel die ihn umgebende Landschaft thematisiert. Das Menschenpaar weist auf das Auskommen der Fischland-Bewohner durch Landwirtschaft und Fischfang. Die Tiere deuten auf die vielfältige Flora und Fauna des Landstrichs mit fischreichen Gewässern, Feuchtgebieten mit einer großen Anzahl verschiedener Vögel und dem waldigen Darß mit seinem umfangreichen Wildbestand.[146]

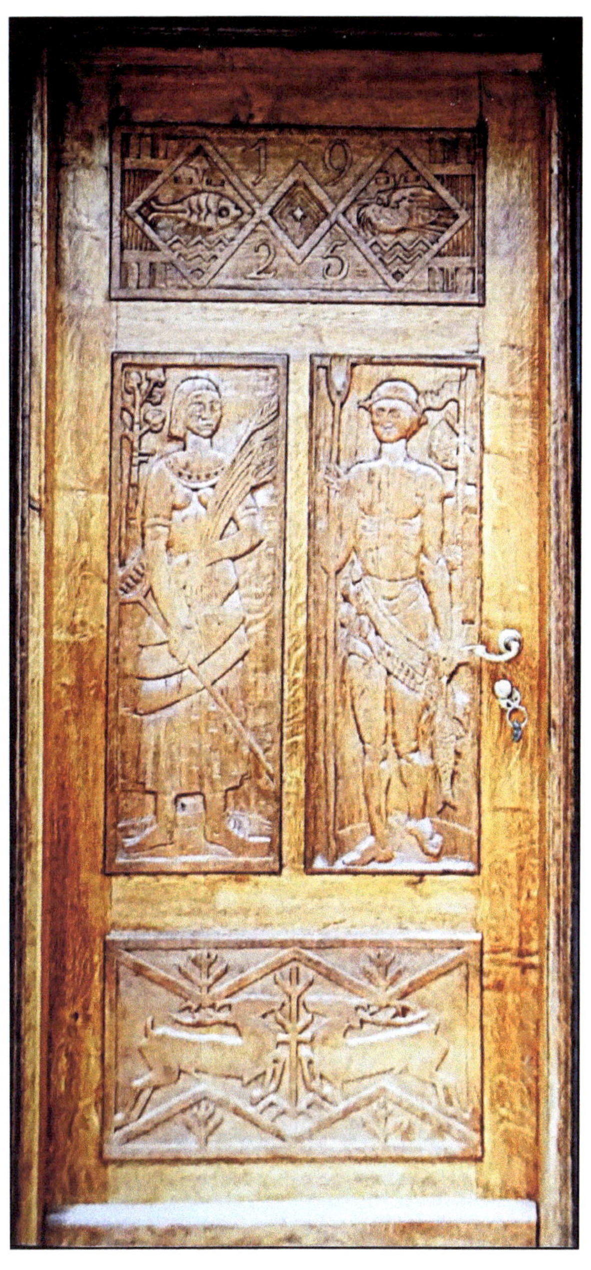

Abb. 77: Eingangstür Haus Partikel, Ahrenshoop, Dorfstraße 32, WVZ V5

Auffällig ist die Nüchternheit und Strenge der Darstellungen. Die expressionistische Formensprache der frühen zwanziger Jahre ist nahezu verstummt. Bis auf die ornamentalen Verzierungen im oberen und unteren Relief handelt es sich um stark stilisierte Darstellungen. Die menschlichen Figuren sind hart konturiert und erscheinen in sich geschlossen. Sie tragen archaische Züge. Dargestellt sind keine Individuen, sondern Typen, die durch das beigefügte Arbeitsgerät ihre Bindung an die Landschaft dokumentieren. Das Türblatt zeigt die starke Identifizierung mit der pommerschen Boddenlandschaft und ihren Bewohnern. So wurde in den folgenden Jahren das Dorf Ahrenshoop und das Fischland auch zum Hauptthema der Gemälde des Malers.

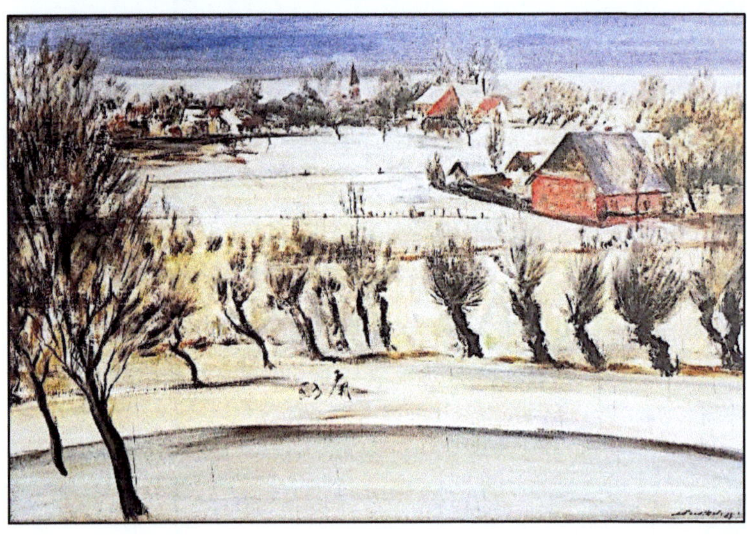

Abb. 78: Winter auf dem Fischland, 1925, Öl auf Holz, WVZ G108

In den typischen Fischland-Gemälden der zwanziger Jahre erzeugte Partikel mit dünnem, aquarellartigem Duktus starke Konturverwischungen in seinen Motiven (z. B. „Winter auf dem Fischland", Abb. 78). Die Umrisse erscheinen nun eher fließend. Die Palette ist weit weniger kontrastreich als in seiner

expressionistischen Phase. Der breite Pinselstrich verschafft
seinen Bildern einen unscharfen, flirrigen und eigenwilligen
Charakter.

Diese stilistische Eigenart findet sich in vielen Landschaften
jener Jahre (Abb. 79).[147] Rein formal zeigen die Landschaftsbilder einen klaren Aufbau aus Vorder-, Mittel- und Hintergrund. Der Horizont ist zumeist sehr hoch gelegt, sodass nur
ein schmaler Himmelstreifen zu sehen ist. Der Schwerpunkt
der Darstellung liegt auf der Landschaft, häufig von einem erhöhten Standpunkt dargestellt. Hinzu kommt eine kleinflä-
chige Malweise, die zuweilen ornamentartig wirkt. Die Landschaftsbilder dieser Zeit gehören zu Partikels qualitätvollsten
Werken.

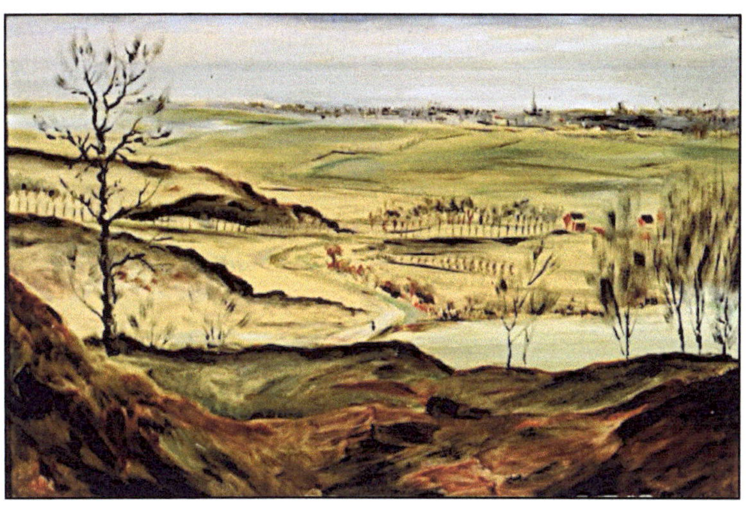

Abb. 79: Tal bei Aachen, 1925, Öl auf Leinwand, WVZ G129

Mit der Abkehr vom Nachkriegs-Expressionismus stand Partikel Mitte der zwanziger Jahre nicht allein. Bei Conrad Felixmüller etwa ließ sich ein ähnliches Phänomen entdecken.[148]
Sogar die Aquarelle Karl Schmidt-Rottluffs wurden weicher

und harmonischer.[149] Mit der Stabilisierung der Weimarer Republik um 1924/25 verlor der Expressionismus in Deutschland seine Bedeutung.[150] Eine sachliche und zum Teil realistische Malweise machte sich breit. Der Mannheimer Kunsthallendirektor Gustav Hartlaub thematisierte diese Entwicklung erstmals 1925 in einer Ausstellung unter dem Titel „Neue Sachlichkeit, Deutsche Malerei seit dem Expressionismus". Damit war ein Terminus für die Stilrichtung gefunden, unter der sich die statischen und nüchternen Darstellungen der alltäglichen Dingwelt zusammenfassen ließen.[151]

Auch Partikel entwickelte eine sachlichere Formensprache. Bei ihm fehlten jedoch die schneidende Schärfe und die harten Konturen, durch die sich die Maler der Neuen Sachlichkeit auszeichnen. Auch ist Partikels Thema nicht mehr die Großstadt, sondern die Landschaft. Man könnte ihn als „expressiven Realisten" bezeichnen, wären da nicht die zahlreichen großfigurigen Frauenporträts der zwanziger Jahre, die auf neoklassizistische Tendenzen hinweisen.[152]

1926 zeigte Partikel auf der Frühjahrsausstellung der Berliner Akademie der Künste das Gemälde „Frau im Felde" (Abb. 80).[153] In einer nur schemenhaft angedeuteten Erntelandschaft sitzt eine Frau mit angewinkelten Knien auf dem Erdboden. Ihr Kopf ist nach links geneigt und sie schaut mit großen melancholischen Augen in die Ferne. Ihre rechte Hand ruht auf dem Boden und stützt mit dem ausgestreckten Arm den Oberkörper ab. Ihr linker Arm liegt zwischen den Beinen und die Hand hält eine kleine Hacke umschlossen. Die Füße sind hintereinander verschränkt, sodass die Dargestellte in einer harmonisch gelösten Haltung erscheint. Um das Haupt trägt sie ein turbanartig gewickeltes helles Tuch. Ein helles Trägerhemd umfängt ihren Oberkörper, wobei ihre rechte Schulter frei bleibt.

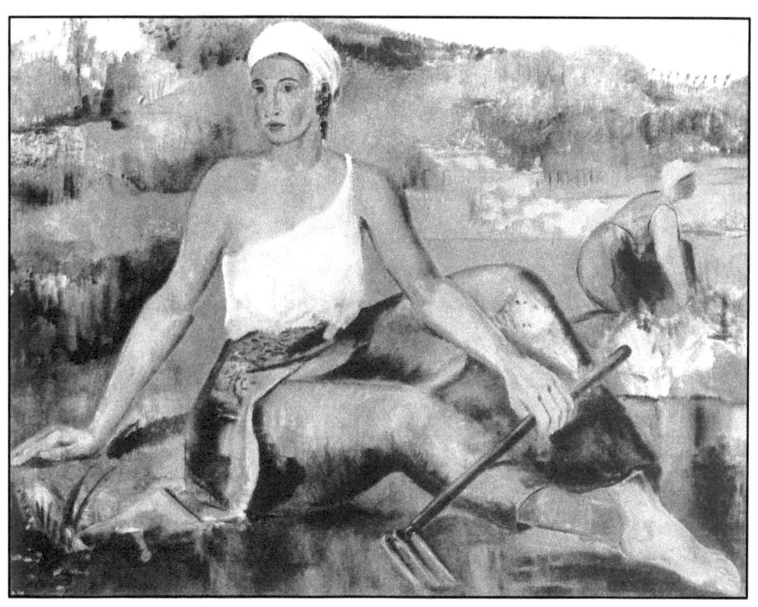

Abb. 80: Frau im Felde, 1926, Öl auf Leinwand, WVZ G143

Ein dunkler langer Rock bekleidet die Beine. Im rechten Mittelgrund ist eine knieende Frau im Profil nur schemenhaft angedeutet. Während die vordere Figur die Bildfläche nahezu ausfüllt - Kopf, Fuß und Hand erreichen jeweils den Bildrand - bleibt der Hintergrund, wie auf Partikels Landschaftsbildern jener Jahre, durch einen weichen, wässerigen, dünnen Duktus eigenwillig unscharf. Ein extrem hoher Horizont ist nur am rechten oberen Bildrand erkennbar. Das Gemälde misst 114 x 149 cm. In diesem Format gibt Partikel die Sitzende nahezu lebensgroß wieder. Damit erreichte er eine eindrucksvolle Monumentalität. *„Alfred Partikel erfreut wieder durch die bukolische Lyrik, in die er, jetzt in größerem Format Figuren und Landschaft hüllt."* [154] So heißt es in einer Ausstellungsbesprechung in der Zeitschrift „Deutsche Kunst und Dekoration". Das Gemälde wurde für die Nationalgalerie in Berlin erworben. 1942 ging es als Leihgabe an ein Ministerium, seitdem ist es verschollen.[155]

Um die gleiche Zeit entstand das Gemälde „Frauen in Landschaft" (Abb. 81). Auch in diesem Bild verwendete Partikel die Figur der Sitzenden. Das Gemälde zeigt in einem extremen Querformat sechs Frauen in einer gartenartigen Landschaft verteilt. Die Komposition ist durch mehrere hintereinander liegende Bildebenen aufgebaut. Die Hauptfigur bildet die halb liegende Frau mit dem sitzenden Kind im linken Bildvordergrund. Ihr Blick geht ähnlich wie bei der „Frau im Felde" (Abb. 80) aus dem Bild heraus. Sie erscheint auch ähnlich gelöst, wie die Figur auf jenem Gemälde. Durch den dunklen Hund getrennt, befinden sich in einer etwas tieferen Bildebene das sitzende Frauenpaar in der rechten Bildhälfte.

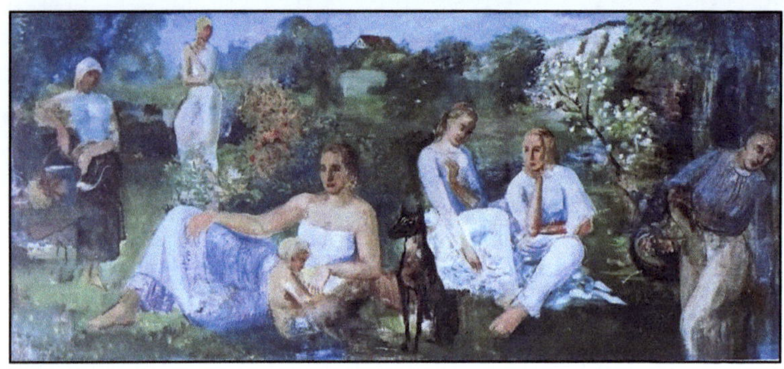

Abb. 81: Frauen in Landschaft, um 1926, Öl auf Leinwand, G147

Während die linke der beiden Figuren mit geneigtem Kopf und Demutsgestus in sich ruhend erscheint, folgt die rechte Figur mit melancholisch gestütztem Kopf dem Blick der liegenden Hauptfigur. In einer weiteren Bildebene steht am linken Bildrand eine Frau, die sich mit ihrem Unterarm auf eine Mauer stützt. In der Hand hält sie einen Eimer. Ihr Kopf ist leicht seitwärts geneigt. Ihr in sich gekehrter Blick geht in die Leere. Schräg hinter ihr, in der nächsten Bildebene, steht eine weibliche Figur im Kontrapost, die Arme um den Körper geschlungen. Auch ihr Kopf ist ruhend zur Seite geneigt. Die letzte

Ebene bildet der Horizont mit einem Häuserdach hinter Buschwerk. Die hellen Gewänder der Figuren kontrastieren stark mit den satten Grüntönen der sie umfangenden Gartenlandschaft. Eine Stimmung voller Ruhe und Ausgeglichenheit könnte dargestellt sein, wäre da nicht die schreitende Figur im äußersten rechten Vordergrund. Mit ihrer seitlich geneigten Körperhaltung drängt sie aus einem schattigen Dunkel ins Bild. Ihre Beine werden vom Bildrand angeschnitten, als ob sie von außen in die Komposition einbricht. Sie bringt Unruhe in die beschauliche Harmonie der in sich ruhenden Gestalten. Der blühende Busch, der wie aus ihrem Korb erwächst, bringt ornamentale Elemente in die ansonsten flächig gehaltene Darstellung.

Partikels Bild gibt Rätsel auf und lädt gleichzeitig zu einer differenzierten Betrachtung ein. Katrin Arrieta weist zurecht auf Paul Gauguins Lebensalter-Bild „Woher kommen wir, was sind wir, wohin gehen wir" von 1897 hin.[156] Auch bei Partikel lassen sich Phasen eines Lebensweges von der weiß gekleideten Figur im Bildhintergrund zur Frau mit Früchtekorb vorne rechts interpretieren.

In all den Jahren hatte Partikel sich immer wieder mit kunsttheoretischen Problemen auseinandergesetzt. So schrieb er über Adolf von Hildebrands „Problem der Form"[157] aus Berlin an Dorothea Partikel: *„Darin werden die Grundzüge der künstlerischen Gestaltung sehr gut präzisiert."*[158] Hildebrand postulierte den klaren Formenaufbau eines Kunstwerks. In einem Brief an Conrad Fiedler hieß es: *„Man teilt sich also das Objekt in lauter Schichten ein, die hintereinander stehen und Alles was in einer Schicht auftritt und liegt, erkenne ich bequem mit einem Distanzgefühl. Dadurch vereinfacht sich das Bild ungemein und ich bin sofort orientiert."*[159] Hildebrand veranschaulicht hier das Wesentliche seines Malerfreundes Hans von Marées, den Partikel seit Jahren verehrte.

Die Bildebenen, die Partikel in seinen Gemälden anordnet, ent-
sprechen den Schichten, von denen Hildebrand schrieb.[160]
Dies stellte bereits Bruno E. Werner fest, als er 1926 bemerkte:
*„Das Schwergewicht von Partikels Malerei liegt bis heute in der Land-
schaft. Meist ist die Bildfläche in Streifen gegliedert. Schichten, die überei-
nander lagern bis zu dem schmalen oder breiten Himmelsband."*[161]

Dieses Kompositionsschema hatte Marées in seinen späten
Werken ab 1880 angewandt, etwa im „Goldenen Zeitalter I"
(Abb. 82).[162] Partikel übernahm jedoch nicht nur diese Gestal-
tungsart. Ebenfalls findet man bei ihm eine gewisse Verhalten-
heit der dargestellten Figuren. Marées vermied in seinen Figurenkompositionen weitgehend jede Handlung und Bewegung.
Vielmehr wird bei ihm *„die Erfahrung eines inneren Alleinseins des
Individuums sichtbar".*[163] Dieses Moment der Vereinzelung des
Individuums ist auch für Partikels Figurenbilder charakteristisch. Mit Ausnahme der Familienbilder finden sich kaum Be-
ziehungen zwischen den dargestellten Figuren.

Bereits in den frühen Grafiken aus der Zeit vor dem Ersten
Weltkrieg sind häufig Personen abgebildet, die dem Betrachter
den Rücken zuwenden („Fußwäsche", Abb. 9; „Die Plätterin",
Abb. 10; „Heuwenderin", Abb. 19). Kommunikation findet
auch hier nicht statt. Gemeinsamkeiten gibt es nicht. Die einzelnen Gestalten werden als isolierte Individuen dargestellt.
Anstatt eines Miteinanders steht ein Nebeneinander. In dieser
Vereinsamung der Figuren zeigt sich ein Bildmuster der post-
expressionistischen Malerei. Während die Figuren in den Bildern der frühen zwanziger Jahre durch aktive Handlungen in
die Bildkompositionen der umgebenden Natur eingebunden
sind, fehlt nun die Integration in die Landschaft. Bei Gruppen-
bildern lässt sich eher eine Reihung von Individuen erkennen.
Kommunikation und situative Handlungen sind eher die Ausnahme.[164]

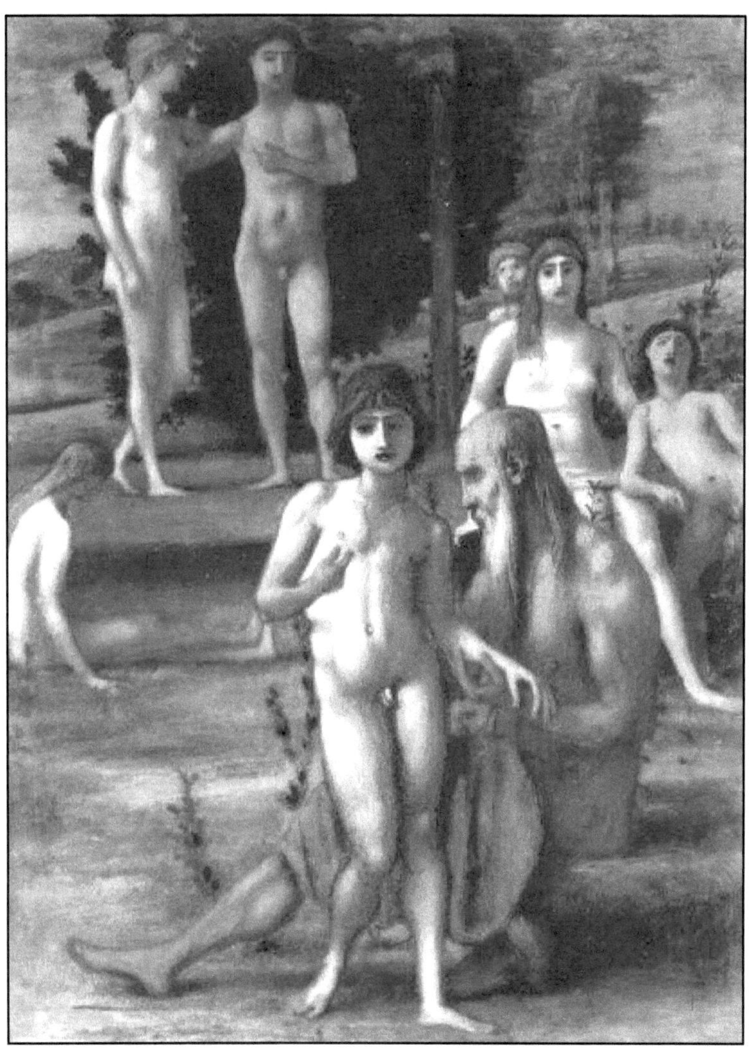

Abb. 82: Hans von Marées, Goldenes Zeitalter (I), um 1880

So kann das Gemälde „Frauen in Landschaft" auch als eine Reihung von Einzelmotiven verstanden werden. Jede Figur wirkt wie eine Skulptur in der gemalten Landschaft. Folglich käme Partikel mit seinen „Skulpturenbildern" dem

Figurenverständnis des Künstlerfreundes und Bildhauers Gerhard Marcks ziemlich nahe.

Ein gewisser Hang zu Einsamkeit und Melancholie spricht aus vielen Briefen Partikels dieser Zeit. Die Tochter Barbara bezeichnete ihn sogar als *„mitunter depressiv"*[165]. 1927 schrieb Partikel aus Berlin an seine Frau: *„ ... malte heute nacht noch bis 2 Uhr an dem großen Bild. Es geht mir sonderbar damit: Einmal gefällt es mir, dann wiederum habe ich keine Lust es zur Ausstellung zu schicken. Wann wird man fertig? Hat man etwas gemacht, so möchte man es wieder über den Haufen werfen. Heute vormittag habe ich mich mit dem Bild wieder ausgesöhnt. Mir geht es mit meinen Bildern, wie mit Menschen, und doch kommt es letztlich nur auf einen selber an. Ich wünschte die Bilder kämen bald fort, damit ich zur Ruhe komme. Ich sehe wieviel mir noch fehlt, um es besser zu machen."* [166]

Das Unsichere, Fragende, nie zur Ruhe Kommende, das aus diesen Zeilen spricht, beschäftigte Partikel sein Leben lang. Aber auch zu deutlichen Entscheidungen konnte er sich durchringen: *„... am Nachmittag habe ich das große Bild, mit dem ich schon seit Wochen auf Hauen und Stechen stand, vernichtet. Es kommt ein Moment, an dem es nicht mehr anders geht, um sich von einer festgefahrenen Idee zu befreien. Ich will in der Natur Erholung suchen, und bin froh den Irrweg erkannt zu haben und dadurch feststellte, einen Schritt weiter gekommen zu sein."* [167]

In den zwanziger Jahren vertiefte sich die Freundschaft zwischen Gerhard Marcks und Alfred Partikel. Marcks besuchte Partikel regelmäßig in Ahrenshoop. 1929 erwarb Marcks ein Haus im Nachbardorf Niehagen. Nun kamen die beiden Künstler in den Sommermonaten noch häufiger zusammen. Die große Sympathie, die sie einander entgegenbrachten, beruhte auf ihrer gemeinsamen Lebenseinstellung, ihrer künstlerischen Überzeugung und der Achtung vor dem Schaffen des anderen.[168]

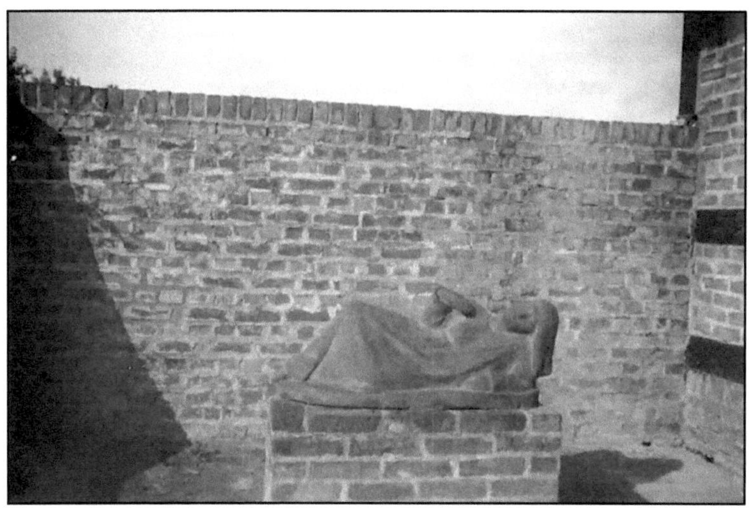

Abb. 83: Gerhard Marcks, Nachtigallendenkmal, 1932, auf Partikels Terrasse

Daneben gab es auch künstlerische Berührungspunkte zwischen den beiden. Marcks' Plastik „Nachtigallendenkmal" von 1932 etwa, das auf einem gemauerten Sockel auf Partikels Ahrenshooper Terrasse stand, hat eine formale Nähe zu Partikels großfigurigen Frauengestalten.[169] Die gleiche Stille und innere Ausgeglichenheit der Figuren ist bei Marcks wie bei Partikel deutlich zu erkennen (Abb. 83).

Ende der zwanziger Jahre sammelte Partikel auf zahlreichen Reisen neue Eindrücke und Anregungen. 1925 reiste er nach Dresden und Aachen, 1926 nach Paris.[170] 1927 malte er für mehrere Wochen in der Eifel. Von diesen Reisen sind nur wenige künstlerische Zeugnisse überliefert. 1928 nahm Partikel mit drei Gemälden an der Präsentation „Zweite Ausstellung Nach-Impressionistischer Kunst aus Berliner Privatbesitz" in der Berliner Nationalgalerie teil.[171]

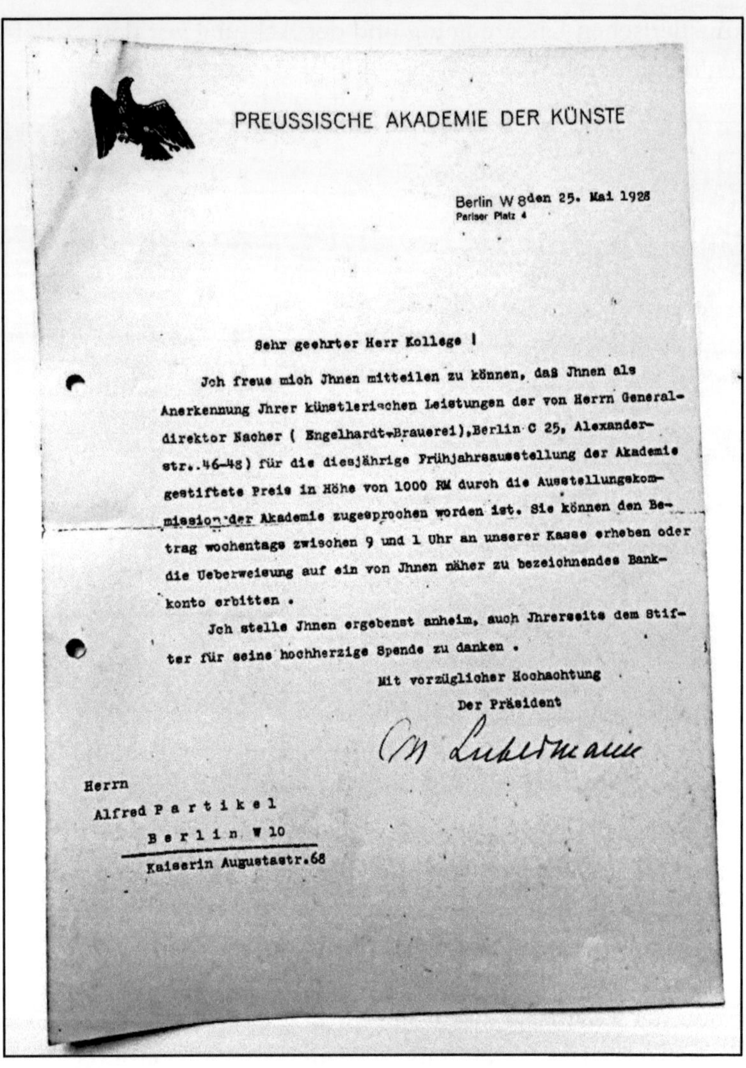

Abb. 84: Brief Liebermanns an Partikel, 25. Mai 1928

Auf der Frühjahrsausstellung der Berliner Akademie des gleichen Jahres wurde er mit einem Preis *„als Anerkennung Ihrer
künstlerischen Leistungen"* ausgezeichnet, wie es in einem Schreiben des Präsidenten, Max Liebermann, hieß (Abb. 84).[172)]

Doch aus Berlin erhielt er zu dieser Zeit keine künstlerischen Anregungen mehr. Die Freunde arbeiteten mittlerweile anderenorts: Scheibe in Frankfurt und Marcks in Halle. Sie hatten den Sprung in die Akademien geschafft, während Partikel noch als freier Künstler sein Auskommen finden musste. *„Berlin hat auf mich noch nie einen so deprimierten Eindruck gemacht wie jetzt … Das ganze Leben ohne Zentrum nur krasser Egoismus und viel, viel Schwindel.“*[173] So schrieb er im November 1928 aus Berlin. *„Ich begann in meinen Radierungen und Zeichnungen zu wühlen und entdeckte dabei viel überflüssiges Zeug. Ich sortierte und siebte, und bald hatte ich mit dem Scheiterhaufen ein herrlich warmes Atelier, denn draußen gießt es in Strömen …“*[174]

Partikel räumte auf. Er hatte sich entschieden, das Berliner Atelier in der Kaiserin-Augusta-Straße 68 aufzugeben. Das Zentrum seines Lebens war Ahrenshoop geworden. Hier lebte er mit seiner Familie - 1927 wurde die Tochter Cornelia (Nele) geboren -, hier arbeitete er, und das Verhältnis zu den Ahrenshooper Nachbarn war über die Jahre herzlich geworden.

In Berlin hielt ihn nichts mehr. *„Ich muß jetzt hier Anfang der Woche alles regeln, so daß ich mit einer gewissen Ruhe abfahren kann, um dann fürs erste von Ahrenshoop aus Pläne zu machen … Es ist zwar zur Zeit eine kritische Situation, doch sie wird und muß überwunden werden.“*[175] Hier offenbarten sich Problembewusstsein, Hoffnung und Entschlossenheit.

In Ahrenshoop fand Partikel die ersehnte Ruhe. Mit Kapitän Henk fuhr er bisweilen frühmorgens zum Fischen. Er genoss den Horizont des Fischlandes mit seinen Gehöften und weiten Feldern, so wie auf dem Aquarell „Gehöft in Ahrenshoop“ erkennbar; ein Bildmotiv (Niemanns Hof), das Partikel, wie zahlreiche andere Künstler auch, mehrfach festgehalten hat (Abb. 85).

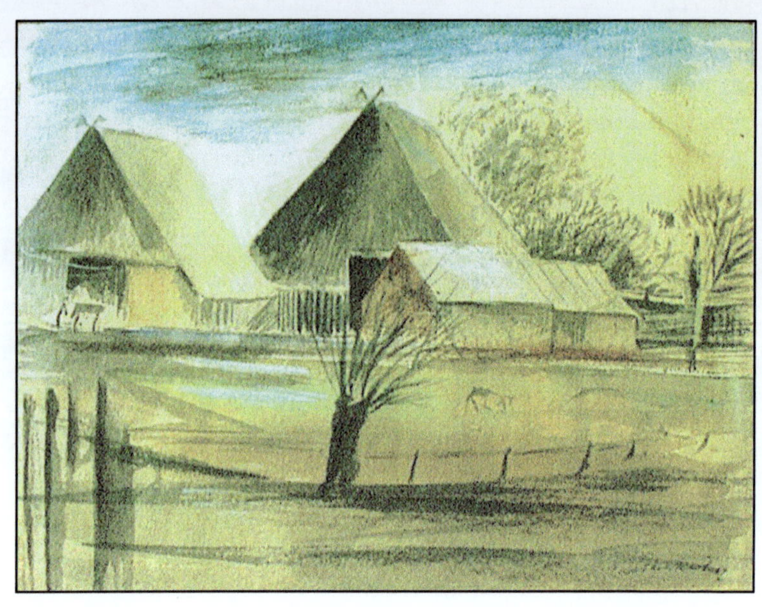

Abb. 85: Gehöft in Ahrenshoop, 1927, Aquarell über Blei, weiß gehöht, WVZ Z50

Marie Luise Kaschnitz beschrieb das Leben im Hause Partikel in ihren in den siebziger Jahren erschienenen Erinnerungen:

„Am Haus mit dem Strohdach, mit dem kurischen Wimpel, wird die Fahrt unterbrochen, tagelang, einmal sogar wochenlang, da läuft man frühmorgens mit Geschrei in die eiskalte Ostsee, darf mit dem Maler Alfred Partikel, seiner Frau und den weißblonden Kindern seeabgewandt, windabgewandt frühstücken, spielt Boccia auf der Düne, begibt sich zu Wanderungen in den kleinen, in den großen Darß ... Als wir wegfahren stehen alle auf der Düne, tiefbraun mit hellen Haaren und winken ...“ [176)]

Dass Partikel in Ahrenshoop die Ruhe fand, um sich seiner Malerei zu widmen, lässt sich unschwer in seinen Bildern erkennen. 1928 entstand das Bild „Hafen im Nebel" (Abb. 86). In atmosphärischer Dichte stellt Partikel die im Hafen liegende Fischerboote dar. Nebelschwaden umfangen die Masten und

Segel. Die Sonne bricht vereinzelt durch den dunstigen Schleier.

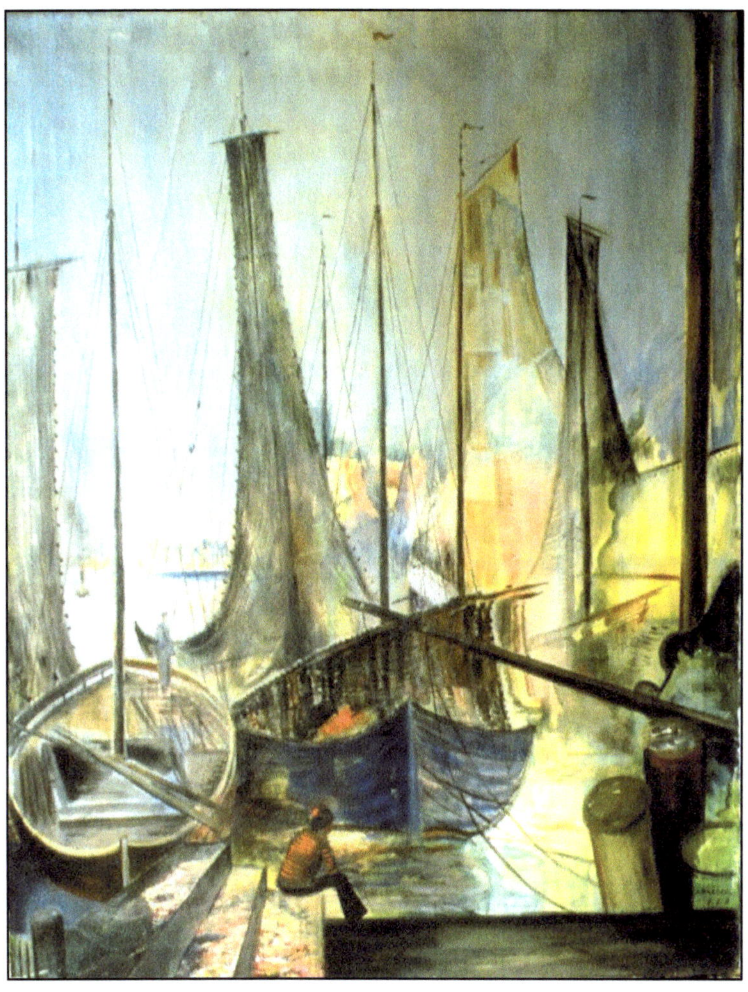

Abb. 86: Hafen im Nebel, 1928, Öl auf Leinwand, WVZ G167

In der Ferne deutet sich bereits an, dass es aufklaren wird. Dies waren die Bildmotive, die den Maler packten. Hier fand er die Sujets, die ihm am nächsten waren.

Auch in seinen Zeichnungen und Skizzen dieser Zeit wird deutlich, dass Landschaftsdarstellungen zunehmend sein Werk bestimmten. Einer Sepiazeichnung aus dem gleichen Jahr zeigt eine vertraute schlichte Landschaft mit Feldern, Bäumen, einem Hof und einer verschwindend kleinen Figur im Bildmittelgrund (Abb. 87). Der Horizont ist hoch gelegt, sodass mit wenigen Pinselstrichen eine weite Ackerlandschaft dargestellt ist.

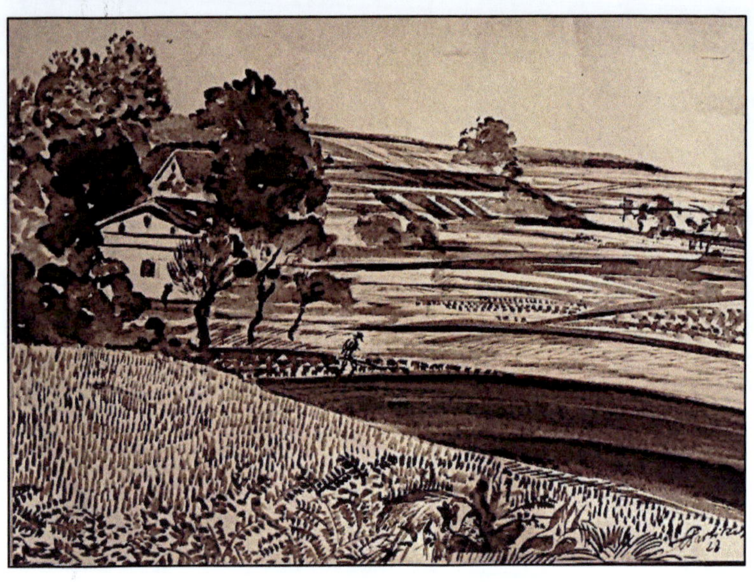

Abb. 87: Ackerlandschaft, 1928, Sepiazeichnung über Kohle, WVZ Z51

Doch sollte es bei der Entscheidung, Ahrenshoop als ständigen Wohnsitz zu nehmen, nicht lange bleiben. In einem Brief vom 25.03.1929 schrieb Partikel an seine Frau Dorothea: *„Du wirst die Karte erhalten haben, auf der ich Dir von dem Besuch und dem evtl. Vorhaben von Direktor Nollau schrieb. Sollte es der Fall sein, daß ich nach Königsberg berufen werde, was alles noch Annahme ist, so sollte man sich doch für alle Fälle die Sache überlegen.“* [177]

Zum Sommersemester 1929 wurde Partikel dann als Nachfolger von Arthur Degner auf die seit fünf Jahren vakante Professur der Landschaftsklasse der Königsberger Kunstakademie berufen.[178]

Der Lehrer

An der Königsberger Akademie

Kurz nach seiner Ankunft in Königsberg berichtete Partikel voller Hoffnung: „ *... ich komme so nach und nach zur Besinnung und finde es jetzt schon richtig schön hier ... Ich habe hier ein Atelier, wie ich es noch nie in meinem Leben hatte. Herrlich einfach, groß und gutes Licht ... Ich bin guter Hoffnung, hier anständig arbeiten zu können, denn die Akademie hat nicht den unangenehmen Beigeschmack von Schule, sondern ist wie ein Atelierhaus auf dem Lande.* “[179] Nur selten war Partikel seit 1913 wieder in Ostpreußen gewesen. Die Eltern lebten nach der Pensionierung des Vaters 1919 weiterhin in Pillkallen, aber eine enge Beziehung bestand nicht mehr.[180] In Königsberg hatte sich seit Partikels Jugendzeiten einiges verändert. Die Stadt hatte sich weiter ausgedehnt, neue repräsentative Gebäude wie der neusachliche Nordbahnhof (1929 in Bau) oder das Haus der Technik (1925) von Hanns Hopp (1890-1971) verliehen der Stadt am Pregel eine moderne Prägung.[181]

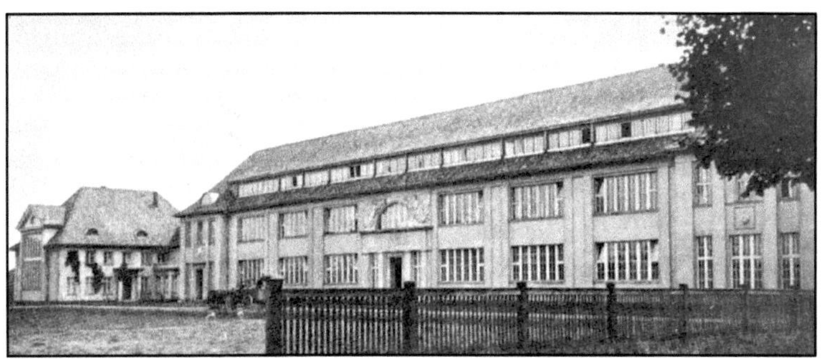

Abb. 88: Königsberger Akademie von Friedrich Lahrs (1909-1919)

Auch die Kunstakademie hatte sich verändert. 1909-1919 war am westlichen Stadtrand in Rathshof ein neues, großzügiges Unterrichtsgebäude nach Plänen des Königsberger Akademielehrers Friedrich Lahrs (1880-1964) errichtet worden. Partikels

Atelier befand sich im Erdgeschoss, im zweiten Raum links vom Portal (Abb. 88).

In diesen Räumen fand sich nun für die kleine Schar Lehrender und Studierender eine weitläufige Arbeitsstätte.[182] Partikel zog mit seiner Familie in einen modernen, weiß getünchten Backsteinbau in der Leostraße 45. Zur Akademie waren es nur ein paar Schritte. Die Ferien und auch die unterrichtsfreien Zeiten verbrachten Alfred und Dorothea Partikel mit ihren Kindern jedoch immer wieder in ihrem Haus in Ahrenshoop.[183]

Das künstlerische Niveau an der Königsberger Akademie hielt sich zu jener Zeit weitgehend in konventionellen Grenzen. Nur zögernd und gemäßigt wurden neue Stilformen aufgenommen.[184] Nach erfolgversprechenden Reformen unmittelbar nach dem Weltkrieg war es nicht gelungen, überzeugende Künstlerpersönlichkeiten als Lehrer an die Akademie zu berufen. Genauso wie Peter Behrens hatten Paul Thiersch und auch Max Pechstein ein Wirken in der Provinz abgelehnt.[185] Lediglich Arthur Degner kam 1920 als expressionistischer Neuerer nach Königsberg. Allerdings blieb er nur für fünf Jahre. Fritz Burmann (1892-1945), der 1925 an die Akademie berufen wurde, galt als der überzeugendste Maler in dem Kollegium, das nur ein gutes Dutzend Lehrer umfasste.[186] Seit 1925 stand der Akademie als Direktor der Verwaltungsbeamte Hermann Nollau (1878-1969) vor.

Nollau engagierte sich im Rahmen der inhaltlichen und organisatorischen Reform der Akademie. Künstlerische Impulse konnte er jedoch ebenso wenig geben wie sein Vorgänger Wilhelm Thiele (1872-1939).[187] Partikel bemerkte diesen Umstand schon bald, und er berichtete im Sommer 1929, nach einem kurzen Aufenthalt an der Ostsee: *„Immerhin frischte ich mich vor der Natur etwas auf, denn die Herren Kollegen tragen wenig oder gar*

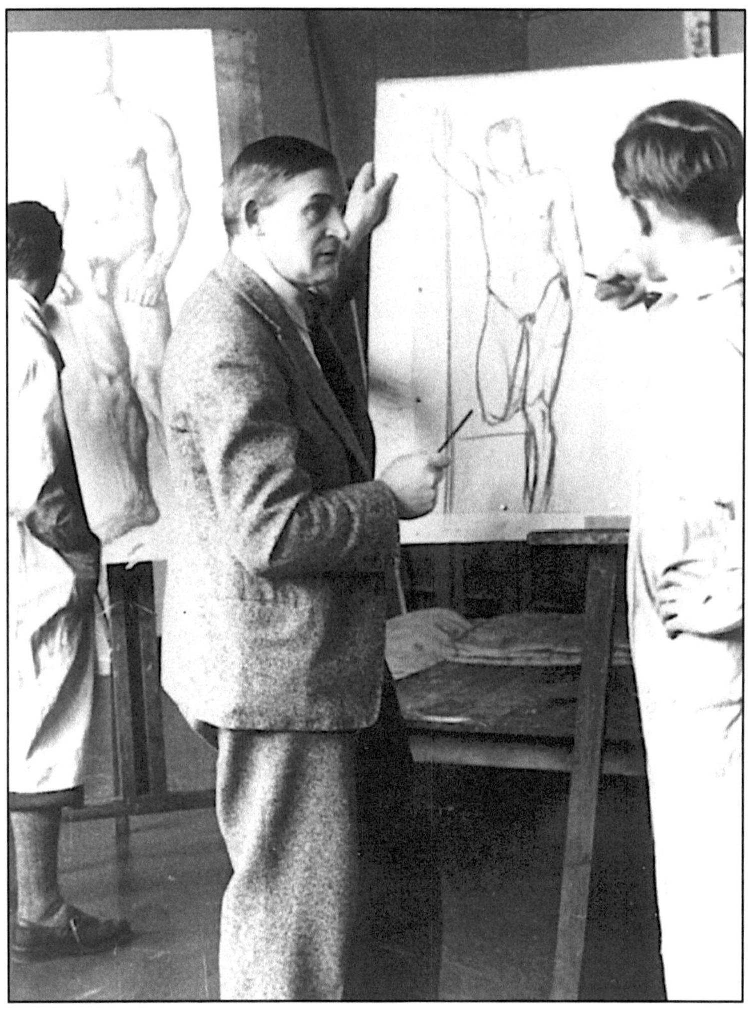

Abb. 89: Alfred Partikel mit Schülern in der Akademie, um 1939

Unter seinen Schülern genoss Partikel eine einhellige Verehrung (Abb. 89). Insbesondere seine liberale Kunstauffassung verschaffte ihm viele Sympathien. Erika Eisenblätter-Laskowski erinnerte sich: *„Obwohl die meisten seiner Schüler sehr in seiner Art arbeiteten, so ließ er auch jede andere Einstellung gelten, was mir an ihm besonders liebenswert und groß erschien."* [189] Da die Anzahl der Schüler nicht sehr groß war, begegnete man sich auch im privaten Bereich, bei Ausfahrten, Akademiefeiern, Stammtischen oder im Hause Partikel, wohin der Professor bisweilen zum Essen bat. Zu seinen Schülern zählten u. a. der spätere Berliner Hochschullehrer Ulrich Knispel, der Maler Bruno Reinbacher sowie die Malerin Ruth Faltin. Inspiriert von Partikels Kunst verstanden sich auch Horst Skodlerrak und der spätere Karlsruher Hochschullehrer Heinrich Klumbies. [190]

Auch aus Königsberg beschickte Partikel weiterhin die Berliner Akademieausstellungen. 1930 stellte er als eines von drei Bildern das Gemälde „Am Strand von Warnemünde" (Abb. 90) aus. [191] Das Bild ist ein Markstein in Partikels Schaffen, da es den Übergang von einer streng komponierten zu einer mehr dekorativen Phase dokumentiert. Dargestellt sind zwei weibliche Figuren, in Badetücher gehüllt. Der Aufbau des Bildes entspricht noch einer strengen Komposition, wie sie in den Bildern der späten zwanziger Jahre zu finden ist. Die Bildfläche ist klar gegliedert, während die Binnenflächen der einzelnen Formen stark differenziert behandelt sind. Das Badetuch der vorderen Figur etwa ist aus vielen kleinen Pinselstrichen zusammengesetzt. Verschiedene Farbtöne überlagern sich. Das Kleid der stehenden Figur ist ähnlich ornamental strukturiert, wobei lasierende Weißtöne dominieren. Auch der weite Strand ist aus einer Vielzahl von Farbtönen zusammengesetzt. Graue, ockerne und grüne Farben werden von weißen und blassgelben Nuancen leicht überdeckt. Die Farben der Wimpel erinnern an die Landesfarben von Pommern, Mecklenburg und Ostpreußen und verweisen damit auf Partikels Wirkungskreis.

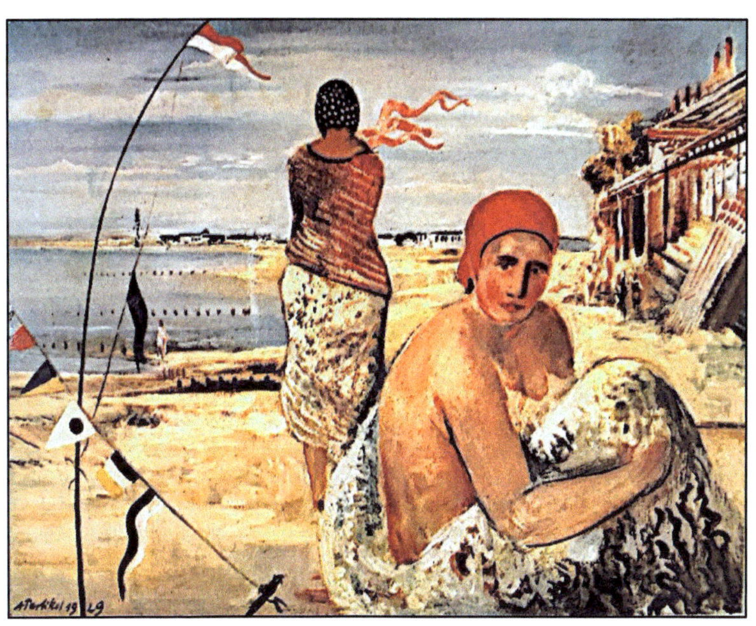

Abb. 90: Am Strand von Warnemünde, 1929, Öl auf Holz, WVZ G176

Das helle Sommerlicht lässt an Gauguins Südseebilder denken. In der völlig abgewandten Figur liegt jedoch ein pathetischer und zugleich fragender Zug. Das Gemälde wird im Sommer 1929 entstanden sein, als Partikel gerade die ersten Monate in Königsberg verbrachte. In den dem Betrachter zu- und abgewandten Figuren zeigt sich die Ungewissheit in seiner persönlichen Situation.

Durch die neue Tätigkeit in Königsberg musste er sich dem liebgewonnenen Ahrenshoop abwenden. Die finanzielle Situation der Familie war zwar erstmals auf Dauer gesichert, aber die Lehrtätigkeit hatte nicht nur ihre Sonnenseiten.[192] Nur allzu gern wendete er sich immer wieder seiner zweiten Heimat in Ahrenshoop zu. Insofern war das Bild nicht nur ein Markstein in Partikels stilistischer Entwicklung, sondern zugleich ein Wendepunkt in seiner persönlichen Situation.

Im Sommer 1929 verbrachte Partikel einige Tage unweit von Königsberg an der samländischen Ostseeküste.[193] Dort entstand das Gemälde „Leuchtturm von Brüsterort" (Abb. 91).

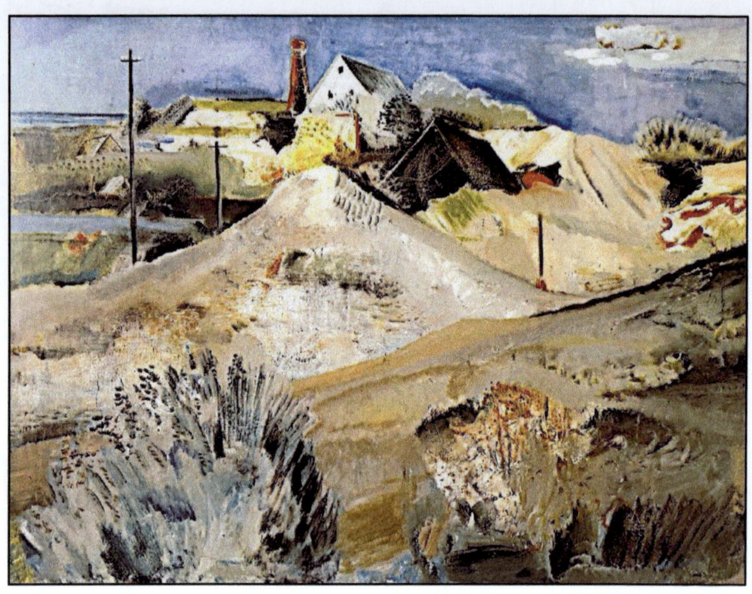

Abb. 91: Leuchtturm vor Brüsterort, 1929, Öl auf Leinwand, WVZ G177

Es zeigt die urtümliche Dünenlandschaft nordwestlich von Königsberg, zwischen Kurischem und Frischem Haff. Der Leuchtturm selbst ist nur in weiter Entfernung am hochgelegten Horizont zu erkennen. Das Bild ist ein reiner Farbakkord. In den vielfach übermalten Farbschichten droht Gegenständliches nahezu zu verschwinden. Partikel benutzte nicht mehr die kräftigen Farbtöne, die er sich in seiner expressionistischen Phase erschlossen hatte, sondern er neigte nun mehr zu gedämpften, kühlen Tönen. Weiß und silbern schimmerndes Grau liegt lasurartig über ockernen, blassgelben und stumpfen grünen und blauen Farbtönen. Die Konturen der Kompositionslinien verwischen zugunsten eines freien Umgangs mit der Farbe.

In der Grafik setzte Partikel bislang weiterhin auf farbige Akzente. Sein Aquarell „Fischerfrauen am Meer" (Abb. 92) lebt von kräftigen blauen und roten Farbkontrasten. Mit wenigen Pinselstrichen hat Partikel eine ergreifende Atmosphäre geschaffen, in der die Spannung zwischen Mensch und Meereslandschaft ihren Ausdruck findet.

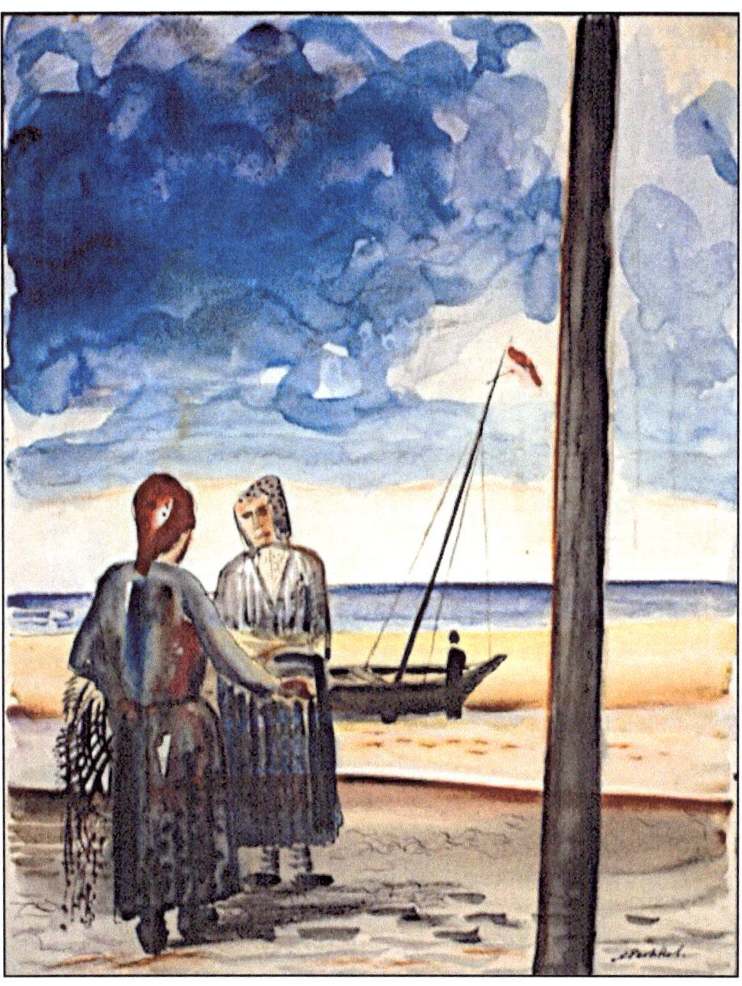

Abb. 92: Fischerfrauen am Meer, um 1930, Aquarell üb. Feder, Kohle u. Rötel, WVZ Z53

In den Werken um 1930 spielen druckgrafische Arbeiten des Künstlers keine Rolle mehr. So ist es auch nicht mehr nachzuvollziehen, welche Werke Partikel 1930 zu einer Ausstellung zeitgenössischer Grafik der letzten fünfzig Jahre im New Yorker Metropolitan Museum of Art einlieferte.[194] Immerhin zählte er neben Feininger, Grosz, Slevogt und anderen zu den neun deutschen Künstlern, die an der Ausstellung teilnehmen konnten.

Vielleicht trug die New Yorker Ausstellung dazu bei, Partikel das Rom-Stipendium an der Villa Massimo für die Zeit vom Herbst 1930 bis zum Frühjahr 1931 zu gewähren. Für das Winterhalbjahr 1930/31 wurde er von seinen Lehrverpflichtungen entbunden und konnte zusammen mit den Malern Werner Gilles, Karl Grossberg, Felix Meseck und Fritz Rhein seinen künstlerischen Interessen unabhängig vom akademischen Alltagsbetrieb nachgehen.[195]

Mit welcher Kraft die italienische Metropole auf Partikel wirkte, zeigt das Gemälde „Rom" (Abb. 93). Aus der römischen Stadtlandschaft wendet sich eine weibliche Figur dem Betrachter zu. Kompositorisch knüpfte Partikel mit dieser Großstadtlandschaft wieder an seine expressionistische Phase an. Der verschachtelte Bildaufbau, die strukturierenden Diagonalen und die wechselnde Perspektive, die in den verschiedenen Ansichten auf das Postament und die vordere Brüstung deutlich wird, verweisen auf Bilderfahrungen der frühen zwanziger Jahre. Die flimmernde Erscheinung der Stadtlandschaft und die nuancenreiche Differenzierung der Binnenflächen, wie in der gesprenkelten Brüstungsplatte, dem matt schimmernden Postament, der bauchigen Kugelvase und dem flauschigen Umhang zeigen hingegen deutlich den ornamentalen Stil Partikels in den Jahren um 1930.

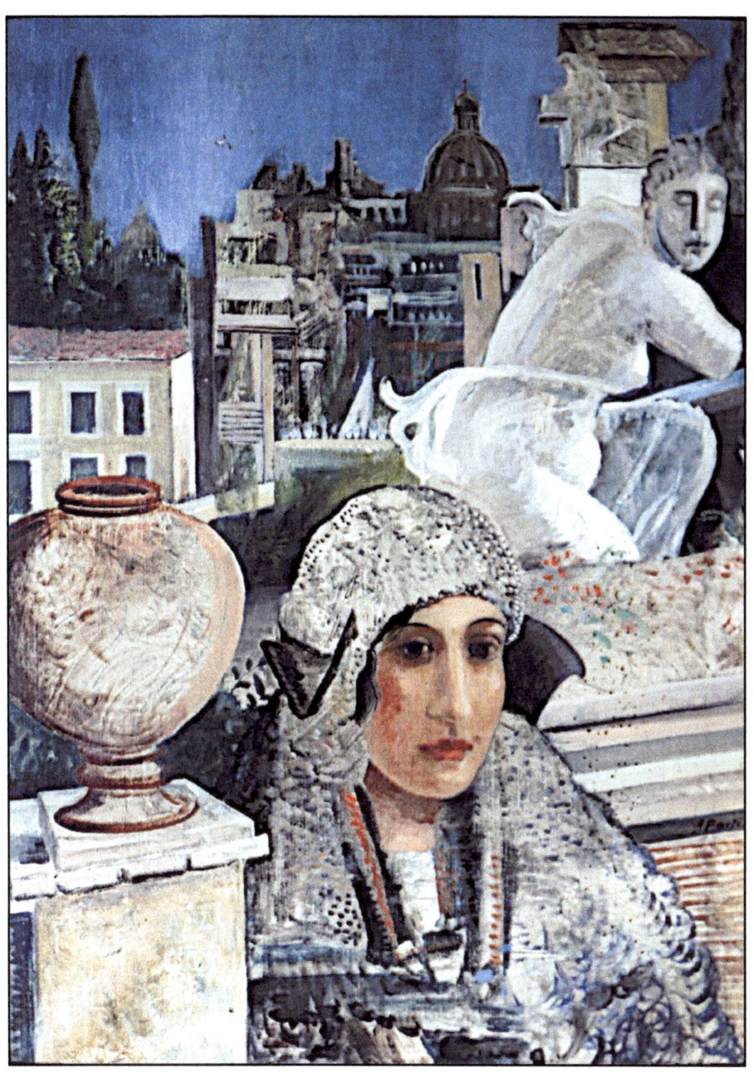

Abb. 93: Rom, um 1930, Öl auf Leinwand, G193, WVZ G193

In der Landschaftsdarstellung beschritt Partikel den gleichen
stilistischen Weg, den er schon vor Rom eingeschlagen hatte.
Wie beim „Leuchtturm von Brüsterort" (Abb. 91) stehen etwa
in dem Gemälde „Sabiner Berge" (Abb. 94) malerische Inten-
tionen vor der Neigung, topografische Vedutenmalerei zu

betreiben. Die Aufteilung der Bildoberfläche in einzelne Bild-
flecken lässt bei dem Motiv bisweilen an Cezannes Komposi-
tionsschemen denken.

Partikel malte nicht nur in Rom. Er reiste nach Olevano und
entlang der Küste bis nach Neapel. Dort entstanden zahlreiche
Werke.[196)] Dorothea Partikel besuchte ihn 1930 für einige Zeit
und genoss die *„unvergeßlichen Wochen"* in Rom.[197)]

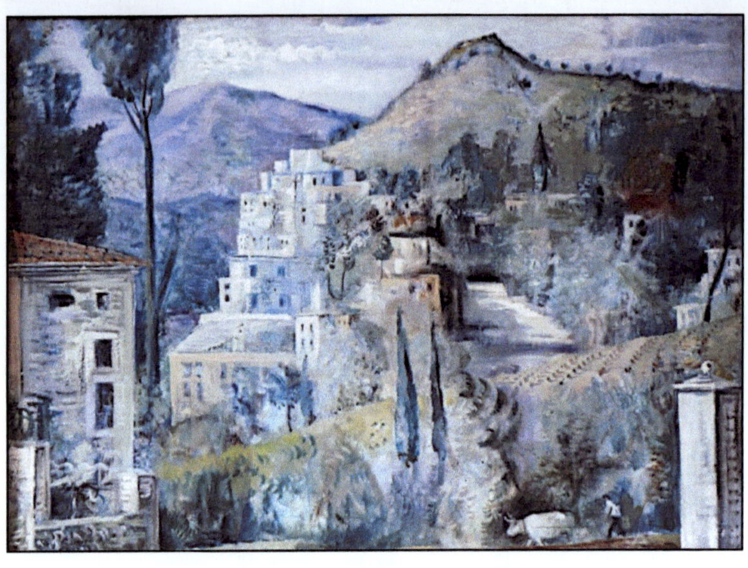

Abb. 94: Sabinerberge, um 1930, Öl auf Leinwand auf Hartfaserplatte, WVZ G194

Im Frühjahr 1931 kehrte Partikel vorzeitig nach Deutschland
zurück. Im Gepäck hatte er Gemälde und Zeichnungen, die er
auf der folgenden Akademieausstellung in Berlin präsentierte
und von denen das Kultusministerium zwei Sepiazeichnungen
für die Nationalgalerie ankaufte.[198)] Dann ging es zurück in den
Königsberger Akademiealltag und - soweit die Zeit es erlaubte
- nach Ahrenshoop. Dort begann Gerhard Marcks sich mit einer Porträtbüste des Künstlerfreundes zu beschäftigen. Nach

der Erstellung verschiedener Skizzen fertigte er zunächst ein Exemplar, mit dem er jedoch nicht zufrieden war.

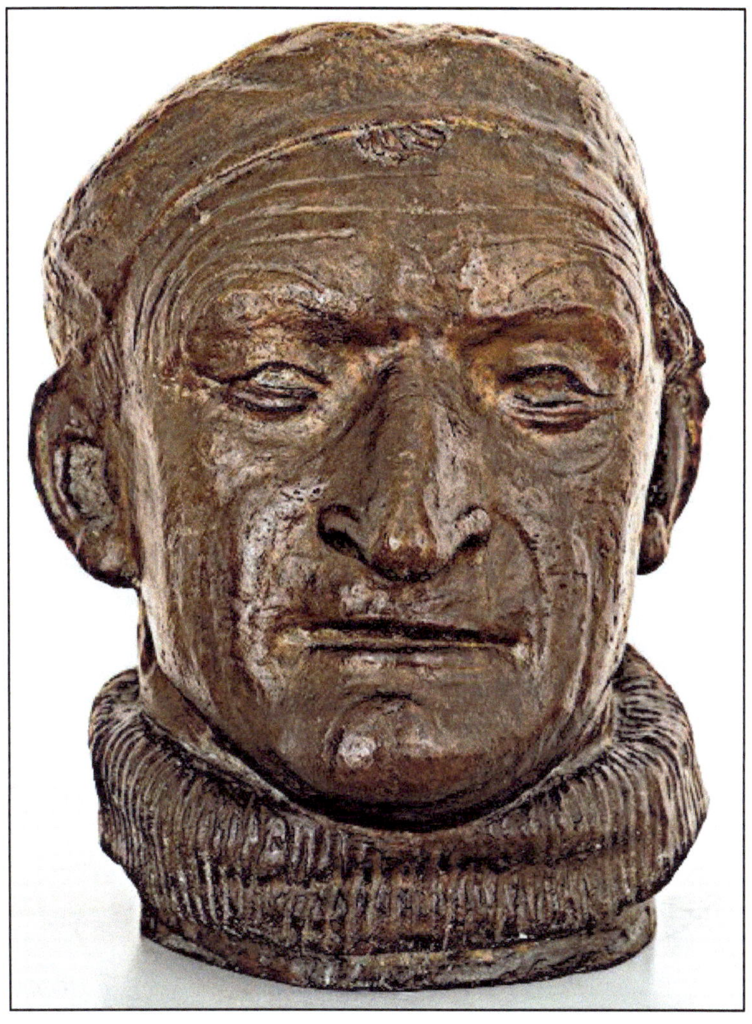

Abb. 95: Gerhard Marcks: Porträtbüste Alfred Partikel, 1931, Bronze

Sodann entstand eine zweite Büste, die sich durch das Fehlen der ansonsten typischen Hals- oder Schulterpartien auszeichnet (Abb. 95). Marcks zeigt den Malerkollegen mit fest entschlossenem Gesichtsausdruck. Ein markantes Antlitz begegnet dem Betrachter. Das von Partikel häufig getragene Barett und der Rollkragenpullover geben dem Dargestellten etwas Naturverbundenes, Zupackendes. Ganz in diesem Sinne hat Marcks den Freund gesehen und immer wieder beschrieben.

Nachdem Ernst Barlach die Büste gesehen hatte, schrieb er anerkennend an Marcks: *„Ich sah kürzlich ein Photo von Ihrem ‚Partikel‘, schon an sich etwas Schönes, und da man weiß, daß alle Photographien viel schlechter sind als die Objekte, so folgt, was ich nicht weiter ausführen brauche.“* [199]

Das Wintersemester 1931/32 sollte zunächst das letzte sein, das Partikel als Lehrer an der Kunstakademie zu Königsberg verbrachte. Am 1. April 1932 wurde die Akademie, wie auch die Anstalten in Breslau und Kassel, auf Grund der Sparmaßnahmen der Reichsregierung geschlossen.[200] Der Schock war groß. Nach all den Wanderjahren hatte Partikel zweieinhalb Jahre zuvor die Berufung nach Königsberg erhalten. Ein fester Kreis von Schülern hatte sich gerade erst um ihn gebildet.

Verbittert schrieb er am 6.1.1932: *„Der einzige Kulturbaum ‚Bildende Kunst‘, der zwischen Berlin und Petersburg blühen sollte, wurde im Spätherbst 1931 entwurzelt ... Es liegt wohl eine tiefe Bedeutung darin, daß manche Dinge erst dann Interesse erwecken, wenn sie aufgehört haben zu sein.“* [201] Doch schon wenige Wochen später konnte Partikel vermelden: *„Ueber Wochen hindurch lag ja eine stetige Ungewißheit über allem, wie sich die Notverordnung an unsrer Akademie auswirken würde. Wenn auch nach Abfahrt der Berliner Commission eine definitive Entscheidung nicht gefallen ist, so kann man doch mit einiger Bestimmtheit sagen, daß ich als Leiter eines Meisterateliers weiter in Königsberg bleiben werde. In welcher Form sich diese Tätigkeit im Einzelnen gestalten wird, wird von den Verfügungen des Ministeriums abhängen, die wir für* *die nächste Zeit erwarten ... So steht nach allem rein äusserlich unsere Position in der heutigen unklaren Situation nicht ungünstig da.* "[202]

In Königsberg konnte der Unterricht zunächst notdürftig aufrecht erhalten werden. Zusammen mit Fritz Burmann, Heinrich Wolff und dem 1929 berufenen Grafiker Franz Marten bildete Partikel ein Kollegium, in dem jedes Mitglied einem Meisteratelier vorstand. Partikel führte weiterhin die Klasse der Landschaftsmaler.[203] Doch das Dienstverhältnis blieb ungeklärt, denn in einem Schreiben der Akademie vom 20.4.1932 hieß es, dass die Schüler *„.... zunächst ihr Studium für sich, gegebf. unter freiwilliger Anleitung ihrer bisherigen Lehrer, fortsetzen"* können.[204]

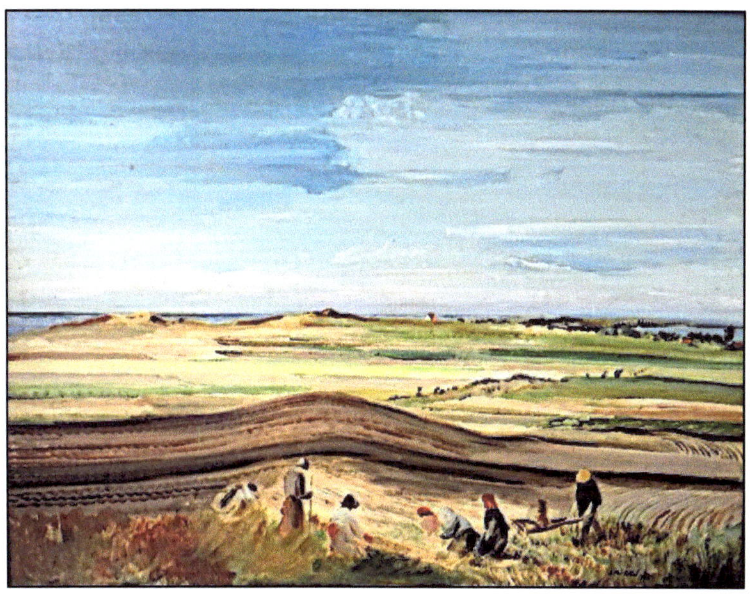

Abb. 96: Landschaft bei Ahrenshoop, 1933, Öl auf Hartfaser, WVZ G217 (Umschlag)

Ein festes Einkommen schien unter diesen Umständen nicht mehr gesichert. Partikel kündigte die Wohnung, packte seine

Koffer und kehrte mit seiner Familie enttäuscht nach Ahrenshoop zurück (Abb. 96).[205]

Kunst unterm Hakenkreuz

Im Sommer 1932 entstand eine große „Ostseelandschaft"
(Abb. 97), die auf der Herbstausstellung der Akademie in Berlin ausgestellt war und kurz darauf von der Nationalgalerie erworben wurde.[206] Das Bild zeigt eine lichte Spätsommerland-
schaft unter blauem Himmel mit der weiten See im Hintergrund. Wiederum tauchen die zugewandte und die abgewandte
Figur im Bilde auf.

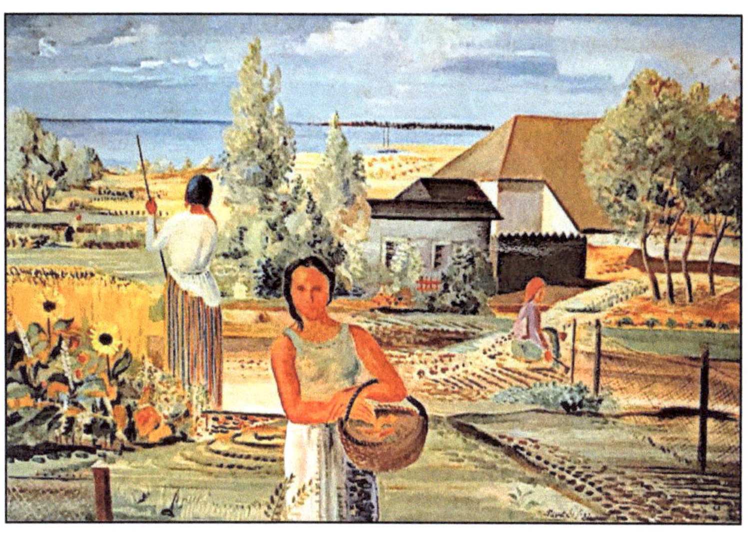

Abb. 97: Ostseelandschaft, 1932, Öl auf Holz, WVZ G207

Die Komposition ist durch eine strenge Reihung von Horizon-
talen und Vertikalen ausgewogen gegliedert. Durch dieses
Kompositionsmuster erfährt das Bild eine eigenwillige Ruhe.
Keine Bewegung ist erkennbar, die Zeit scheint angehalten.
Auch für Partikel schien sie still zu stehen. Sein weiterer Wer-
degang war zu diesem Zeitpunkt nicht abzusehen. Sollte es in
Königsberg   noch   einmal   weitergehen?   Wiederum

verdeutlichen die zugewandte und die abgewandte Figur im Bild die unklare Situation des Künstlers.

Die Situation sollte sich jedoch schon bald klären. Nach der Machtübernahme der Nationalsozialisten wurde mit dem organisatorischen Wiederaufbau der Königsberger Akademie begonnen. Allerdings firmierte die Lehranstalt nun unter dem Namen „Staatliche Meisterateliers für bildende Künste".[207] Die Entscheidung für eine neue Bezeichnung basierte noch auf Überlegungen des preußischen Kultusministeriums. Sie sollte die besondere Verbindung von Kunst und Handwerk hervorheben. Als neuer Direktor wurde das NSDAP-Mitglied Kurt Frick (1884-1963) berufen.[208] Nach Frick, der in Königsberg als Architekt tätig war, sollte die neu organisierte Hochschule *„Künder und Mittler eines starken und gesunden Willens zur deutschen Kunst sein."*[209] Was das zur Folge hatte, das zeigten Fricks Parteigenossen in ihren „Schandausstellungen" von 1933 in Dessau und Nürnberg („Schreckenskammern der Kunst"), Stuttgart („Novembergeist - Kunst im Dienste der Zersetzung"), Mannheim („Kulturbolschewismus") und Karlsruhe („Regierungskunst von 1918 bis 1933"), wo Bilder von Corinth, Liebermann, Munch, Beckmann, Dix und Grosz als „abschreckende Beispiele" zu sehen waren.[210] Der Partikel-Schüler Jo Westerhoff, der wie andere auch gelegentlich ein abstraktes Bild malte, erinnerte sich noch an Fricks Äußerung anlässlich einer Atelierbegehung: *„So werden Sie zukünftig nicht mehr malen, Westerhoff!"*[211]

Mit der Stigmatisierung der modernen Kunst war die zukünftige künstlerische Ausrichtung der Akademie zunächst negativ abgegrenzt. Die positive Definition einer nationalsozialistischen Kunst entwickelte sich erst in den folgenden Jahren durch die nordische Heroenmalerei des Dritten Reiches.[212]

Auf Grund ihrer geopolitischen Lage in Ostpreußen, wurde der Königsberger Lehranstalt eine besondere ideologische Bedeutung beigemessen. Dazu stellte Direktor Frick fest: *„Gerade einer Kunsthochschule in Ostpreußen fällt eine ganz besondere Bedeutung zu, da sie berufen ist, Mittel- und Ausgangspunkt alles Geschehens auf dem Gebiet der bildenden Kunst im Kulturgebiet Ostpreußens zu sein, jenes deutschen Gaues, dem das Reich und seine Führer als das Kulturbollwerk nach dem Osten größte Bedeutung schenken.* “[213] Frick betrieb mit diesen Worten die gleiche ideologische Aufrüstung, wie Goebbels, Göring und Hitler, die in den folgenden Jahren Ostpreußen zum tatsächlichen Aufmarschfeld gegen die Sowjetunion machten.

Neben der Leitung der Anstalt übernahm Frick als Architekt zugleich das Meisteratelier für Baukunst. Als neuer Lehrer wurde lediglich Hans Wissel (1897-1948) für die Bildhauerei eingestellt.[214] Die weitere personelle Besetzung orientierte sich an dem alten Kollegium. Fritz Burmann betreute weiterhin die Maler, Franz Marten die Gebrauchsgrafiker und Heinrich Wolff die Bildgrafiker. Partikel erhielt zum Wintersemester 1933 zunächst einen befristeten Lehrauftrag zur Leitung des Meisterateliers für Landschaftsmalerei (Abb. 98).[215] Dieser wurde später in ein festes Dienstverhältnis umgewandelt. Im Herbst 1933 zog Partikel also wieder nach Königsberg. Diesmal nahm er eine kleine Wohnung in der Hardenbergstraße 26. Die Zukunft war für weiterreichende Investitionen zu ungewiss.[216]

Während die einen wieder ihre Lehrstühle bezogen, mussten die anderen die Hochschulen und Akademien verlassen. Mit dem „Gesetz zur Wiederherstellung des Berufsbeamtentums“ vom 7.4.1933 war es möglich, missliebige Hochschullehrer ihres Amtes zu entheben. Und es waren nicht wenige, die es traf. In Berlin verloren Ludwig Mies van der Rohe, Max Pechstein,

Oskar Schlemmer und Georg Tappert ihre Lehrämter. In Düsseldorf waren es Heinrich Campendonk, Paul Klee, Ewald Matarè und Oskar Moll, in Frankfurt Willi Baumeister und Max Beckmann.[217]

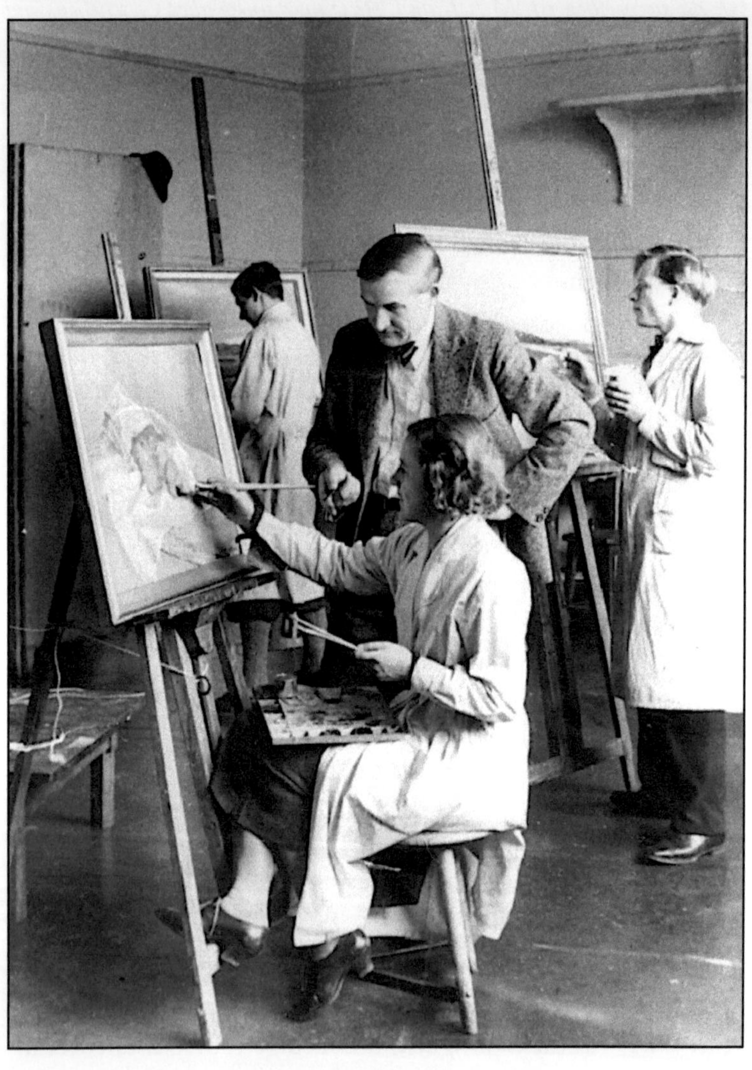

Abb. 98: Alfred Partikel mit Schülern (Ruth Faltin sitzend) an der Akademie, um 1940

Es traf auch Partikels Freund Gerhard Marcks, der als Direktor der Kunstgewerbeschule Giebichenstein in Halle der Entlassung seiner jüdischen Kollegin Marguerite Friedländer mit einem Protest entgegengetreten war.[218] Im Sommer 1933 begegneten sich Marcks und Partikel auf dem Fischland: der eine gerade entlassen, der andere neu berufen. Dies änderte jedoch nichts an ihrer engen Freundschaft. Da Marcks' Haus in Niehagen direkt am Wasser lag, war es zeitweise sehr feucht. Kurzerhand stellte Partikel sein Haus im Winter 1933/34 Gerhard Marcks und seiner Familie zur Verfügung.[219]

Das geistige Klima, das Partikel an der Akademie erwartete, war - bei aller Freundschaft zu den Kollegen, die sich ja schon seit Jahren untereinander kannten - ein anderes geworden. Schon kurz nach Beginn des Semesters, im Oktober 1933, schrieb Partikel an Gerhard Marcks: *„Oft sehne ich mich aus der stickigen Akademie-Luft zu der belebenden Umwelt auf dem Fischland zurück ... Wie vieles muß man jetzt versäumen. Wir waren doch so reich dort.“* [220] Und zur kunstpolitischen Situation bemerkte er sarkastisch: *„Zurück zum 'Handwerk' heißt jetzt allgemein die Parole. Ein Stiefel, wenn er noch so gut gewichst ist, kann allein noch immer nicht tanzen.“* [221]

Der Stiefel tanzte jedoch anders als zunächst erwartet. Am 22.7.1933 eröffnete die Galerie Ferdinand Möller in Berlin in der Lützowstraße eine Ausstellung unter dem Titel „Dreißig Deutsche Künstler“.[222] Ausgestellt waren Werke von Barlach, Nolde, Macke, Marc, Degner, Scheibe und anderen. Auch Partikel war mit zwei Gemälden vertreten.[223] Für Möller gehörte Partikel seit der New Yorker Ausstellung von 1923 noch immer zu den Künstlern, die moderne deutsche Kunst repräsentierten.[224] Die Ausstellung erzeugte bei den nationalsozialistischen Machthabern jedoch Missfallen, insbesondere wegen der Teilnahme expressionistischer Künstler. Auf Anordnung von

Reichsinnenminister Wilhelm Frick wurde sie am 25.7.1933 geschlossen.[225)] Hier wurde ein Exempel statuiert, mit dem gezeigt werden sollte, dass sich auch die bildenden Künste der vollständigen staatlichen Kontrolle zu unterwerfen hatten.

Unter der Aufsicht von Propagandaminister Goebbels wurde im Herbst 1933 die Reichskulturkammer mit der Reichskammer der bildenden Künste gegründet. In dieser berufsständisch organisierten Institution musste jeder bildende Künstler Mitglied werden. Die Nichtmitgliedschaft kam einem Berufsverbot gleich. Mitglied konnte ein Künstler allerdings nur nach der Beantwortung eines inquisitorischen Fragebogens werden, zu dem ab 1936 auch der Nachweis einer „arischen" Abstammung gehörte.[226)] Damit verfügte der Staat über eine weitgehende Kontrolle der Künstlerschaft. Zudem war die Reichskammer der bildenden Künste landesweit organisiert. Als Landesleiter Ostpreußen wurde der Direktor der Königsberger Meisterateliers für bildende Künste, Kurt Frick eingesetzt.[227)]

Partikel schien die Bedrohlichkeit dieser Veränderungen nicht ganz ernst zu nehmen. Im November 1933 schrieb er an Marcks: *„Hier läuft noch alles seinen alten Gang, wenn die Schüler auch von Kopf bis Fuß ein- und umorganisiert werden ... Hoffentlich ist das Organisieren nun bald zu Ende, damit die Leistung wieder spricht."*[228)] Wie viele andere auch verkannte Partikel die Realität. In geradezu naiver Weise schrieb er an Marcks: *„Was hältst Du von den Kulturkammern?"*[229)] Jedoch war für ihn klar, dass die *„Sezession und alle Sonderausstellungen ... damit wohl zu Grabe getragen"* würden.[230)] Partikel hielt die nationalstaatliche Formierung der Gesellschaft für eine lästige, jedoch vorübergehende Erscheinung, der er mit einer inneren Flucht begegnete: *„In dem großen Meer der Volksgemeinschaft rettet man sich vielleicht gerne auf eine Insel persönlicher Empfindungen."*[231)]

Diese Reaktion schlug sich in künstlerischer Hinsicht am stärksten in Partikels Grafik nieder. Bereits zu Beginn der dreißiger Jahre begannen sich Veränderungen abzuzeichnen. Während seine Aquarelle und Zeichnungen bislang eher skizzenhaften Charakter trugen, entwickelten sie sich nun zu eigenständigen Kunstwerken von hoher Qualität. Kennzeichnend für diesen Prozess war die häufigere Verwendung von Sepiatusche und eine damit verbundene dunkle Tönung der Blätter. Hinzu kam eine häufige Kombination von Wasserfarben und Feder.

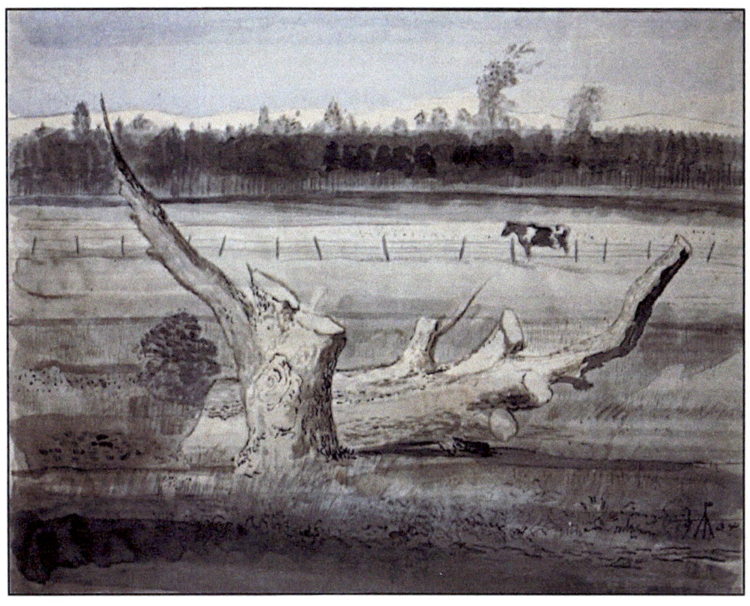

Abb. 99: Baumstumpf, 1934, Federzeichnung, aquarelliert, WVZ Z78

Die erste bekannte Sepiazeichnung stammt aus dem Jahre 1928. Dabei handelt es sich um eine „Ackerlandschaft" (Abb. 87), die mit breitem Pinsel recht malerisch aufgefasst ist. Die Farbe wird dort auf den braunen Sepiaton reduziert. Während Partikels Gemälde seit seiner expressionistischen Phase nach dem Weltkrieg an intensiven Farbkontrasten reich waren, versuchte er nun durch graubraune Schattierungen und wechselnde Befeuchtungsstärken des Papiers malerische Effekte zu erzielen. Mit der aquarellierten Federzeichnung „Baumstumpf" von 1934 setzt jetzt ein Prozess der differenzierten Detailgestaltung ein (Abb. 99).

Die Feinheiten im Bildvordergrund behandelt Partikel nicht ausschließlich mit dem Pinsel. Gräser, Kräuter und Borke werden mit Hilfe der Feder gezeichnet, sodass die Details im Bild stärker hervortreten. Dabei entstehen kurze, wellenförmige Striche, die über- oder nebeneinander gesetzt sind. Partikel differenziert den Bildraum, indem die malerische Wirkung des Blattes durch grafische Feinheiten modifiziert wird. Farblich ist das Blatt dunkel gestimmt. Ein schwarzblauer Vordergrund hellt sich zur Bildmitte graugrün auf, bevor der grauschwarze Wald erneut Dunkelheit in die Komposition bringt. Der hellgraue Himmel birgt eine zarte Blautönung. Die Tendenz zur Farbreduzierung und Verdunkelung behielt Partikel bis zu seinem letzten bekannten grafischen Werk bei. Sie steht in einem deutlichen Kontrast zu den farbintensiven Gemälden.

Partikels Vorliebe zur Detailerfassung lässt sich in seinen Zeichnungen und Gemälden der Zeit um 1935 beobachten. Es entstanden Werke mit Titeln wie „Wiesenpflanzen" (Z87), „Blätter" (Z90), „Gräser" (Z91), „Sumpfgräser" (Z92) oder „Waldboden" (G236 und G237). Hier widmete sich der Maler den kleinsten Teilen der sichtbaren Natur. So entstanden lichtdurchdrungene Studien, die Partikels Liebe zum Detail offenbaren (Abb. 100). Mit diesen Werken erschloss er sich genau die Welt, die er 1933 als seine *„Insel persönlicher Empfindungen"* benannt hatte.[232] Angesichts der Zeitumstände zeigt sich bei diesen Bildern sehr deutlich, dass Partikel ein weitgehend unpolitischer Künstler war. Während jegliche Opposition im Lande unterdrückt wurde, ehemalige Berliner Freunde und

Kollegen ins Ausland emigrierten, die Nürnberger Gesetze zur völligen Aussonderung der jüdischen Bevölkerung erlassen wurden, malte und zeichnete Partikel, als sei das alles ein übler Spuk, der bald ein Ende nehmen würde.

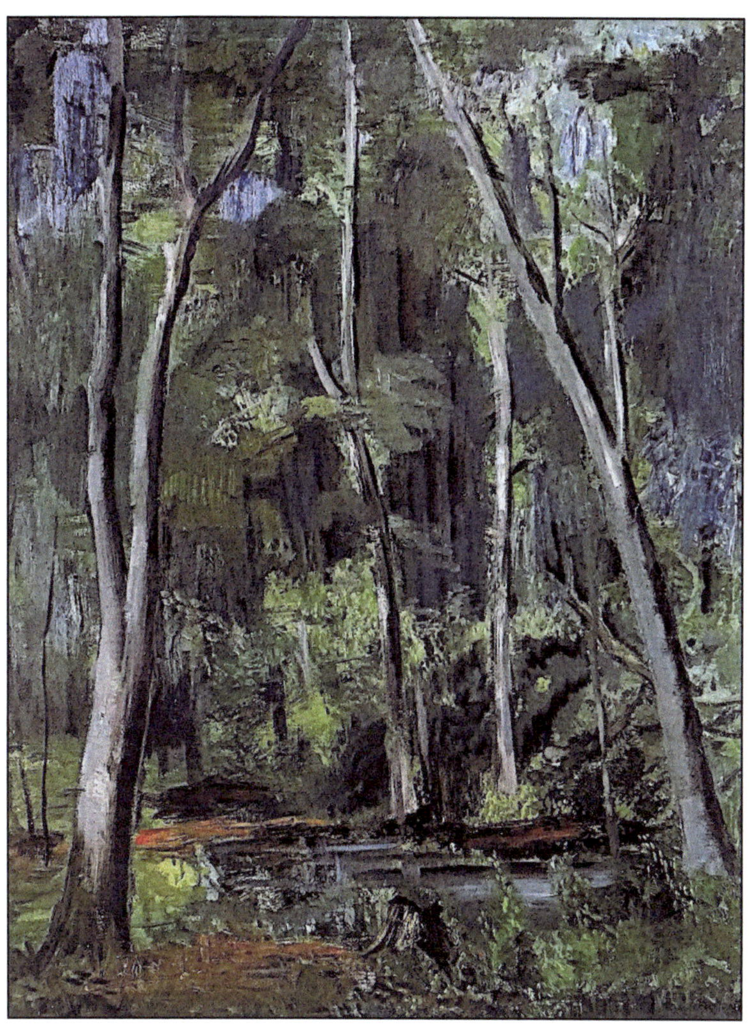

Abb. 100: Waldinneres, um 1936, Öl auf Hartfaser, WVZ G238

Solange Partikel weiter seine Naturstudien trieb und harmlose Landschaftsbilder malte, hatte er für sich und seine Nächsten auch nichts zu befürchten. Seine aktuellen Bilder waren kaum angreifbar. Zwar entsprachen sie nicht dem nationalsozialistischen Ideal von bildender Kunst, sie standen jedoch der verhassten expressionistischen Abstraktion fern genug, um nicht öffentliche Verleumdung zu erwecken.

Ein Gemälde mit dem Titel „Zigeuner im Winter" (G168), das 1928 im Katalog der Berliner Secession abgebildet worden war, konnte auch 1935 noch gedruckt werden. Die Herausgeber der Mecklenburgischen Monatshefte mussten allerdings den Bildtitel ändern. So wurde die gleiche Abbildung kurzerhand mit der Unterschrift „Vor dem Stadttor" versehen.[233]

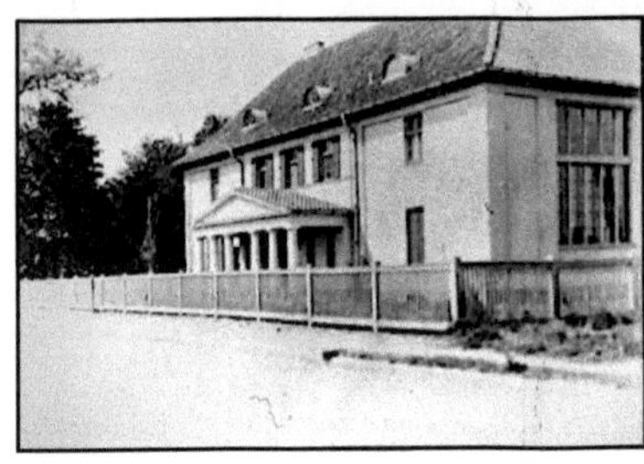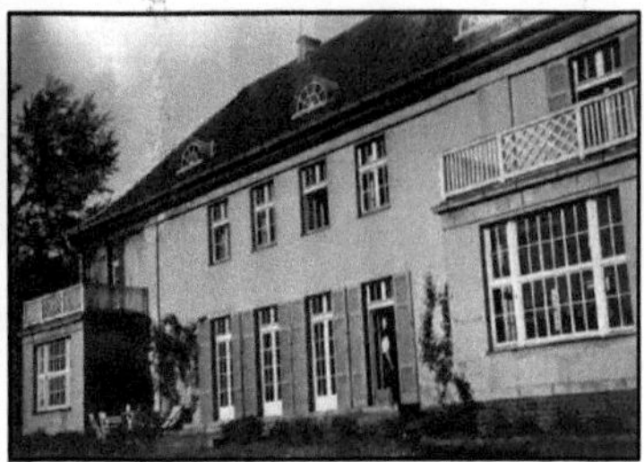

Abb. 101: Professorenhaus in der Dürerstraße 41, Straßenseite und Gartenseite

Das Jahr 1936 brachte Veränderungen in Partikels Leben. An den Meisterateliers schied Fritz Burmann als Lehrer aus. Für ihn wurde der Königsberger Eduard Bischoff (1890-1974) berufen.[234] Burmann hatte eines der großräumigen Professorenhäuser in der Nähe der Kunsthochschule bewohnt. Dieses wurde nun frei, und Partikel zog mit seiner Familie in die Dürerstraße 41, wo er bis 1945 wohnte (Abb. 101).[235]

Im gleichen Jahr boten sich Partikel zwei ungewöhnliche Ausstellungsmöglichkeiten. Zunächst galt es, anlässlich der Olympischen Spiele in Berlin ein Wandbild im Olympischen Dorf zu gestalten. Gerhard Marcks besuchte 1936 Berlin und berichtete darüber an seinen Freund Charles Crodel: *„Gestern haben wir das olympische Dorf mit seinen hunderten deutscher Landschaften in Wandbildern besichtigt. Das einzig anständige hat Partikel gemacht ... Ein nettes Bild, Pferdefries von Trakehnen, eigentlich das originellste, mußte entfernt werden, weil die Gestütswärter Pelze anhaben, was unarisch wirkt. Kulturpolitik wird bei uns von der Angst diktiert.- Im ganzen ein klägliches Resultat der Malerei."* [236] Dem nationalsozialistischen Anspruch nach sichtbarer körperlicher Vollkommenheit war Partikel in seinen Figurendarstellungen nicht nachgekommen.

Diese „Fehlleistung" verhinderte jedoch nicht, dass er im selben Jahr zur Teilnahme an der 20. Biennale in Venedig aufgefordert wurde. Die wenigen Teilnehmer waren zumeist nur mit einem oder zwei Gemälden vertreten. Von Partikel hingegen wurden vier Werke zur Ausstellung geschickt, von denen die Ostseelandschaft von 1932 (Abb. 97) sogar im Katalog abgebildet wurde.[237] Ausschlaggebend dafür war sicherlich auch die Besetzung der deutschen Auswahlkommission. Immerhin saßen neben dem Direktor der Berliner Nationalgalerie, Eberhard Hanfstaengl und dem Reichskultursenator der bildenden Künste, Wackerle, Partikels ehemaliger Lehrer Ludwig Dettmann und sein Königsberger Vorgesetzter, der Direktor der Staatlichen Meisterateliers, Kurt Frick in dem Gremium.[238]

Im September reiste Partikel nach Venedig. Dort malte er ein Bild, das in keiner Weise dem nationalsozialistischen Kunstideal nahekam (Abb. 102). Das luftige Caféhaus-Motiv, das unwillkürlich an van Goghs „Terrasse des Cafés an der Place du Forum in Arles" erinnert, wird durch klare Kompositionslinien streng gegliedert.[239] Während bei van Goghs Gemälde der Fluchtpunkt im Bildzentrum liegt, ist er hier hinter einer dunklen Wand am linken Bildrand verdeckt.

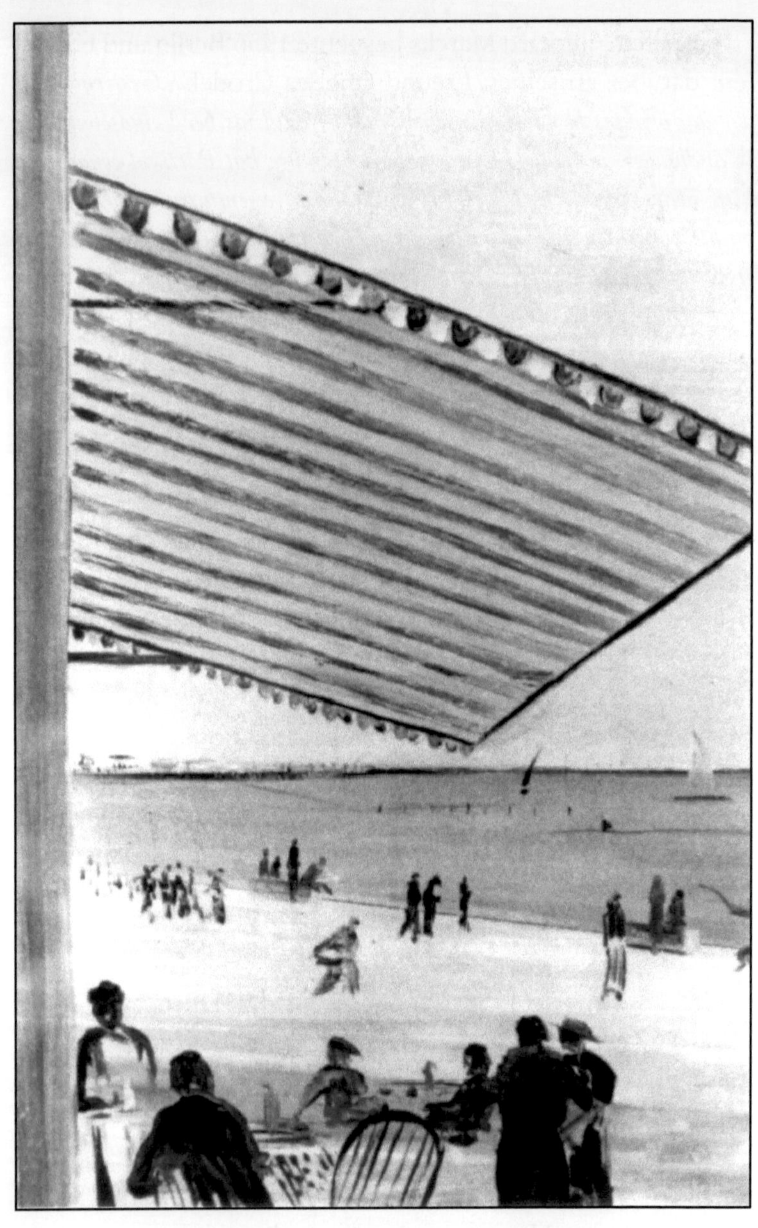

Abb. 102: Venedig, um 1936, Öl auf Leinwand, WVZ G242

Durch die Untersicht auf die Markise wird eine starke perspektivische Verzerrung hervorgerufen, die in einem spannungsreichen Gegensatz zu den Überschneidungen am rechten und unteren Bildrand steht. Die Menschen im Café sind nur durch flüchtige Striche skizziert. Nichts deutet auf die neusachliche Heroenmalerei, wie sie in Deutschland offiziell erwünscht war.

Als Partikel im Herbst 1936 aus Venedig zurückkehrte, stellte er seine Gemälde kaum noch in Berlin aus. Schon seit 1934 nahm er an den offiziellen Berliner Kunstausstellungen bis auf wenige Ausnahmen nicht mehr teil.[240]

Ende des Jahres schrieb er an Eduard Plietzsch nach Berlin: *„Lieber Ede! Man lebt ja noch und der Habicht hat mich noch nicht gefressen. Nun komme ich selten nach Berlin. Je älter man wird, desto langsamer arbeitet man und ist gezwungen etwas ökonomischer mit der Zeit umzugehen ... Die große Dunkelheit, in der man hier steckt behindert einen oft. Jedoch sind große Vorzüge auf der anderen Seite hier auch vorhanden, die besonders darin liegen, daß man zu dieser Zeit Ruhe findet zu innerer Sammlung. Weil man hier ganz auf sich gestellt ist ... Der Sommer ist dann lang genug, um aus unserem Bau herauszukriechen, um die Wahrheiten, die man dort gefunden hat oder finden kann, mit denen zu vergleichen, die einem die Menschen heute vorsetzen.“* [241]

1936 malte Partikel seinen Künstlerfreund Gerhard Marcks (Abb. 103). In leicht zurückgelehnter Haltung ist Marcks in einem Brustbildnis dargestellt. Der Mund ist fest geschlossen, die Augen schauen den Betrachter direkt an. Marcks trägt unter der beigen Jacke ein weißes Hemd und eine dunkle Krawatte. Der Dargestellte hebt sich in hellen Farben von einem schwarz-dunklen Hintergrund ab. Der Mund ist fest geschlossen. Ein leicht melancholischer Zug geht von seinen Augen aus. Eine deutliche Unsicherheit des Dargestellten ist zu spüren.

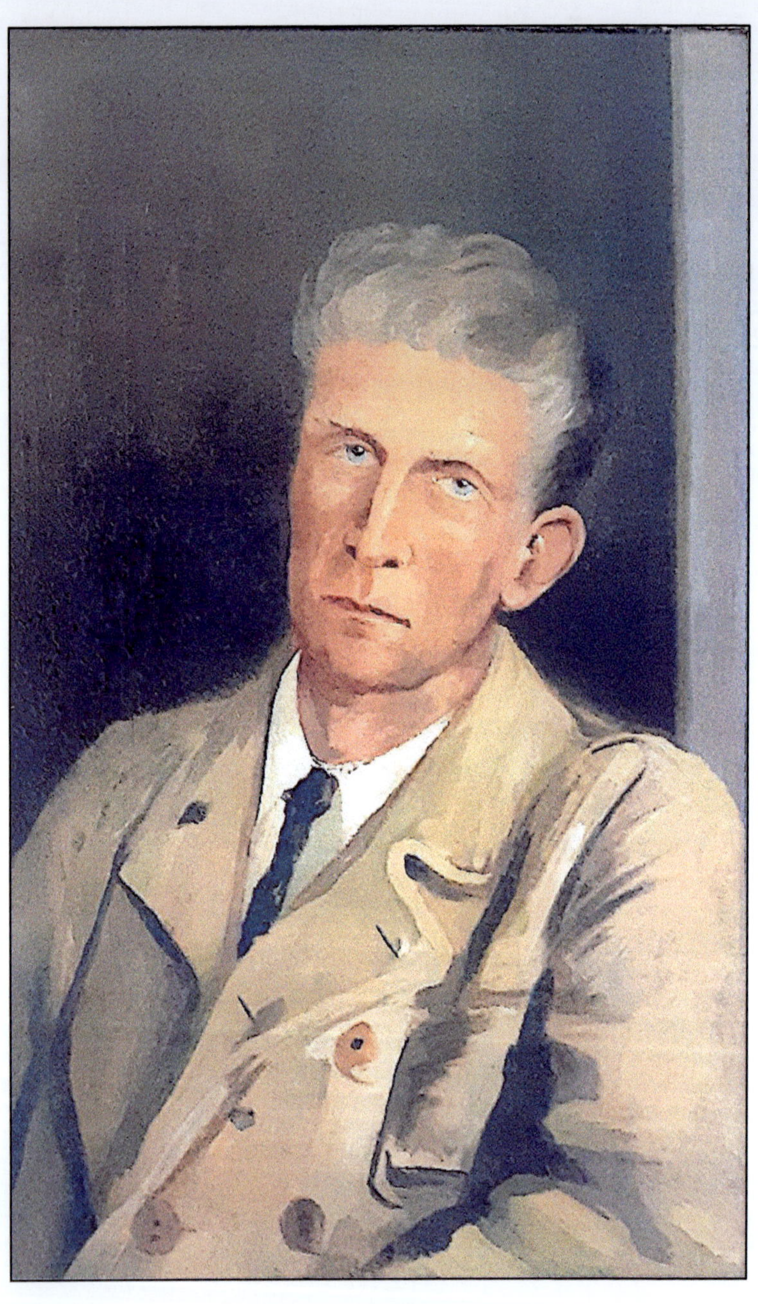

Abb. 103: Bildnis Gerhard Marcks, 1936, Öl auf Hartfaser, WVZ G240

Beide Künstlerkollegen wussten derzeit nicht, wie es mit ihrem künstlerischen Schaffen weitergehen sollte. Zudem war Marcks 1933 in Halle entlassen worden.[242]

Nach den Olympischen Spielen von 1936 verschärfte sich auch im Bereich der bildenden Kunst der Druck der nationalsozialistischen Machthaber. Am 30. Oktober wurde die Moderne Abteilung der Nationalgalerie im Kronprinzenpalais geschlossen. Werke von Barlach, Nolde, Beckmann, Dix, Hofer und zahlreichen anderen Künstlern waren nun den Blicken der Öffentlichkeit entzogen.[243] Am 5. November kündigte Kultusminister Rust gleiche Maßnahmen für die anderen Museen in Deutschland an. Und am 27. November machte Goebbels seinen Erlass zum Verbot jeglicher Kunstkritik bekannt.[244] Auch in der Berliner Akademie der Künste zeichneten sich weitere Veränderungen ab. Bereits im Oktober 1936 hatte der Präsident der Akademie auf eine Verjüngung der Mitgliedschaft gedrungen.[245] Doch erst im Juli 1937 kam es zu den erforderlichen Maßnahmen. Mitglieder wie Dettmann, Hofer und Rohlfs wurden zu „inaktiven Mitgliedern" erklärt, anderen wie Gies, Kirchner, Nolde und Pechstein wurde der Austritt nahegelegt. Zugleich wurden neue Mitglieder berufen. Unter ihnen waren neben dem Architekten Fritz Schumacher und dem Maler Alfred Mahlau auch Gerhard Marcks und Alfred Partikel. Hierüber berichtete die Berliner Börsenzeitung am 15. Juli 1937.[246] Mit gleichem Datum erhielt Partikel die Berufung zum ordentlichen Mitglied der Preußischen Akademie der Künste.[247] Doch bereits am 18. Juli 1937 erreichte die Akademie ein Telegramm des Kultusministers aus München: *„sämtliche neuberufungen in die akademie beduerfen zu ihrer gueltigkeit im einzelnen meine persönliche unterschrift = rust"* [248]

Offensichtlich war im Kompetenzgerangel zwischen Kultusministerium und Propagandaministerium bei der Berufung der neuen Mitglieder eine Fehlentscheidung getroffen worden. Der gewählte Zeitpunkt erforderte zudem schnelles Handeln, denn am 18. Juli 1937 wurde im neu errichteten „Haus der Deutschen Kunst" in München die erste „Große Deutsche Kunstausstellung" eröffnet. Was hier präsentiert wurde, beschrieb der Münchner Gauleiter Wagner im Ausstellungskatalog: „ ... *nur das Vollkommenste, Fertigste und Beste ..., was deutsche Kunst zu vollbringen vermag.* " [249] Tatsächlich waren die Ausstellungsräume angefüllt mit biederer Heimatmalerei, allegorischen und heroischen Heldenstücken.[250] Hinzu kamen die bei führenden Nationalsozialisten beliebten Aktbilder sowie die Porträts der staatlichen Machthaber.[251] Mit dieser Ausstellung definierten sich die kunstpolitischen Zielsetzungen im Dritten Reich.[252]

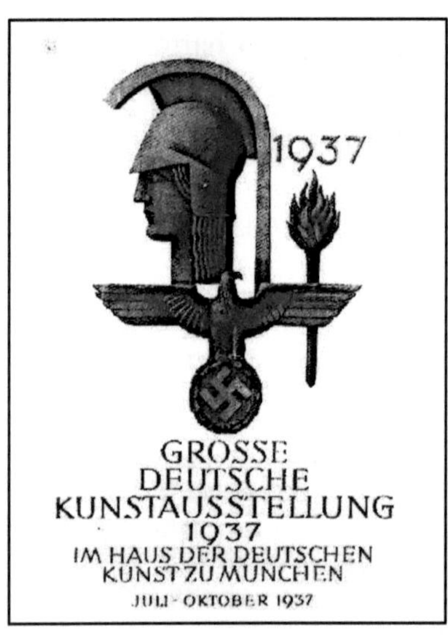

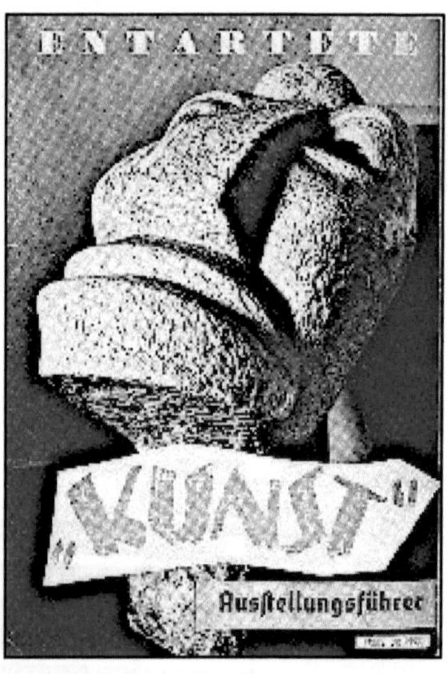

Abb. 104: Plakat Kunstausstellung, Ausstellungsführer „Entartete Kunst" 1937

Der 18. Juli 1937 wurde als „Tag der Deutschen Kunst" mit umfangreichen Feierlichkeiten begangen.[253] Daher wurden auch die Akademieberufungen noch schnell ausgesprochen.

Jedoch waren nicht alle Künstler auf der „richtigen" Ausstellung vertreten. Die Werke von Partikel und Marcks befanden sich nicht im „Haus der Deutschen Kunst" sondern in der Galeriestraße 4, in den Räumen der Gipssammlung des Antiken-Museums, wo am darauf folgenden Tag die berüchtigte Ausstellung „Entartete Kunst" eröffnet wurde (Abb. 104).[254)] Hier waren die Werke der Klassischen Moderne ausgestellt, die innerhalb von nur drei Wochen aus deutschen Museen entwendet worden waren, um die avantgardistische Kunst in Deutschland zu diskreditieren.

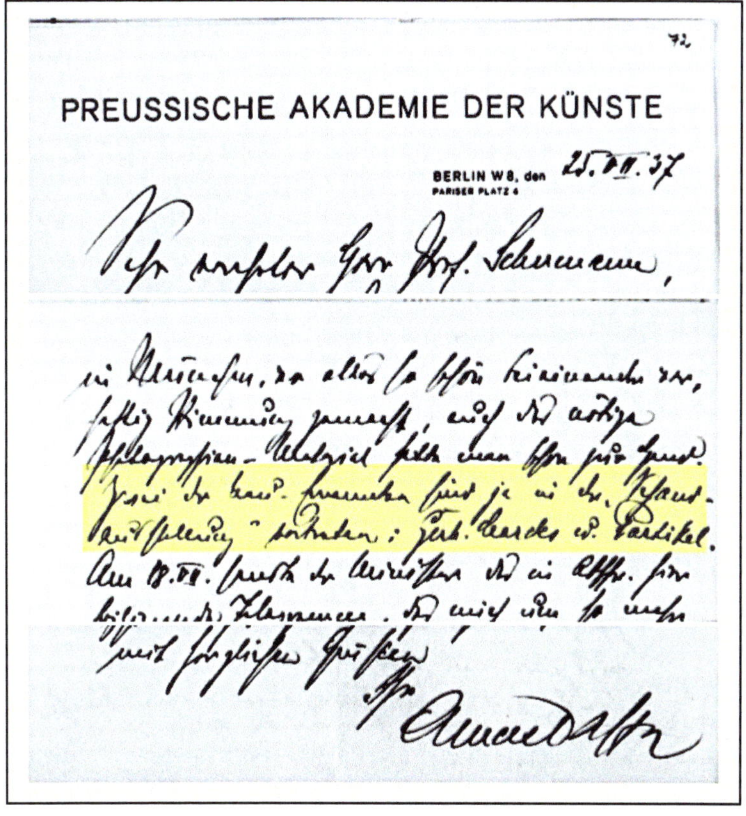

Abb. 105: Amersdorffer zur Münchener Ausstellung „Entartete Kunst" 1937

Für Akademie und Ministerium bahnte sich nun eine peinliche Affäre an. Der Akademiesekretärs Alexander Amersdorffer berichtete über diesen Vorgang eine Woche später an den stellvertretenden Präsidenten der Akademie Georg Schumann: *„Dann kamen die Münchener Kunsttage ... und in ihrem Gefolge eine unliebsame Überraschung: Gegen manche der neuernannten Mitglieder wurde in München, wo alles so schön beieinander war, heftig Stimmung gemacht ... Zwei der Neuernannten sind ja in der 'Schandausstellung' vertreten: Gerh. Marcks u. Partikel.* "[255] (Abb. 105)

Nach dem Telegramm Rusts aus München begab sich Amersdorffer sofort zu einer Besprechung ins Ministerium. Dort wurden ihm aus der Zahl der neuberufenen Künstler dreizehn genannt, damit *„deren Schaffen nochmals genau nachgeprüft werden soll. Von diesen 13 Künstlern ist möglichst umgehend Abbildungsmaterial durch die Akademie zu beschaffen.* "[256] Und so erhielt Partikel ein Schreiben vom 19. Juli 1937, in dem er aufgefordert wurde, umgehend Fotografien seiner Werke einzureichen, weil *„die höheren Stellen vor Aushändigung der Ernennungsurkunde Ihr künstlerisches Schaffen möglichst eingehend kennen zu lernen wünschen.* "[257] Der wahre Sinn des Schreibens sprach sich unter den Künstlern jedoch schnell herum.[258] Während andere neu Berufene unverzüglich die angeforderten Dokumente nach Berlin sandten, antwortete Partikel am 23. Juli 1937 aus Ahrenshoop, dass ihn *„der von höherer Stelle geäußerte Wunsch ... etwas befremdet hat, weil ja meine Berufung nur auf Grund einer genauen Kenntnis meines Werkes erfolgen kann.* "[259] Allerdings sicherte er zu, die entsprechenden Unterlagen *„nach meiner Rückkehr von meiner Studienreise"* zu beschaffen.[260]

Unter der Studienreise verstand Partikel vermutlich seine Fahrt mit Gerhard Marcks nach München, wo beide die Ausstellungen besuchten.[261] Wahrscheinlich konnte Partikel seine Bilder auf der Ausstellung „Entartete Kunst" aber nicht mehr entdecken, denn die Räume VI und VII, in denen auch Marcks' Plastiken standen, waren bereits zwischen dem 19. und 22. Juli 1937 zwecks Umhängung zeitweise geschlossen worden.[262)] Diese Veränderungen in der Aufstellung der Kunstwerke standen vermutlich im Zusammenhang mit den Akademieberufungen. Einen weiteren Hinweis darauf liefert der Ausstellungsraum VII, der mit dem Kommentar *„Solche Meister unterrichten bis heute deutsche Jugend"* versehen war.[263)] Er war den Akademie- und Hochschullehrern gewidmet, deren künstlerisches Schaffen dem nationalsozialistischen Kunstideal nicht entsprach. Von der zweiten Ausstellungswoche an blieb dieser Raum gänzlich geschlossen. Nur mit Sondergenehmigung wurde Zutritt gewährt.[264)]

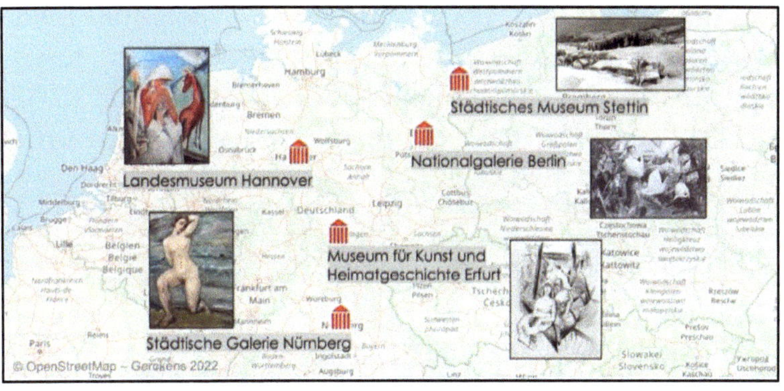

Abb. 106: In deutschen Museen als „entartet" beschlagnahmte Werke Partikels

Die Frage der Neuberufungen ruhte zunächst. Erst im März 1940 unternahm die Akademie einen neuen Vorstoß beim Kultusministerium. Dieses Mal fiel Partikels Name auf die Liste derjenigen Künstler, die *„vielleicht für spätere Berufung in Betracht kommen".* [265)]

Seine Werke auf der Ausstellung „Entartete Kunst" ließen die vorgesehene Berufung nicht mehr zu. Das Ministerium teilte jedoch mit, dass *„die Angelegenheit der Berufung neuer Mitglieder für* *die Abteilung für die bildenden Künste ... erst nach Schluß des Krieges in weitere Erwägung gezogen werden könne."* [266] Damit hatte sich die Akademiefrage erledigt. Für Partikel war die ganze Angelegenheit schon früher abgeschlossen. Bereits Ende Juli 1937 schrieb er aus Ahrenshoop: *„Ich bin jetzt so weit, daß ich mich um diese Dinge nicht mehr kümmern möchte, denn der Gedanke an alle(s) macht einem wenig Lust zur Arbeit."* [267]

Im Rahmen der Beschlagnahmungs-Aktion von Werken „entarteter Kunst" wurden vier Gemälde und eine Lithografie Partikels konfisziert. Dabei handelte es sich bei drei Bildern um Werke seiner expressionistischen Phase nach dem Ersten Weltkrieg (Abb.106).

Das im Victoria and Albert Museum in London vorliegende Verzeichnis der als „Entartete Kunst" aus deutschen Museen 1937 und 1938 beschlagnahmten Werke umfasst rund 16.000 Kunstwerke. Dort sind auch die Werke von Alfred Partikel aufgelistet (Abb. 107-112). [268]

		blumen				
393. "	(16302)	Prophet	P		X	
394.Otto	(12404)	Mädchenbüste	P	———	X	
395.Overhoff	(12221)	Landschaft	A	B ·		
396.Partikel	(12078)	Landschaft	ÖL	Dr.Gurlitt	T	− 11 −

Abb. 107: Berliner Nationalgalerie, Nr. 396, Verz. „Entartete Kunst" von 1942

An der Berliner Nationalgalerie wurde das Bild „Landschaft mit Figuren" (G62) von 1920 beschlagnahmt (vgl. Abb. 107, Abb. 108). Das Gemälde war der Nationalgalerie 1923 von Mathilde Rathenau, der Mutter des ermordeten Außenministers Walter Rathenau, geschenkt worden. [269]

1933 hing es noch als Leihgabe der Nationalgalerie im Dienstzimmer des Ministerialrats Richard Wöllke im

Reichministerium des Innern. Dort wurde es im selben Jahr entfernt. Am 14.10.1937 wurde im Journal der Nationalgalerie vermerkt: „abgegeben Entart. Kunst". [270]

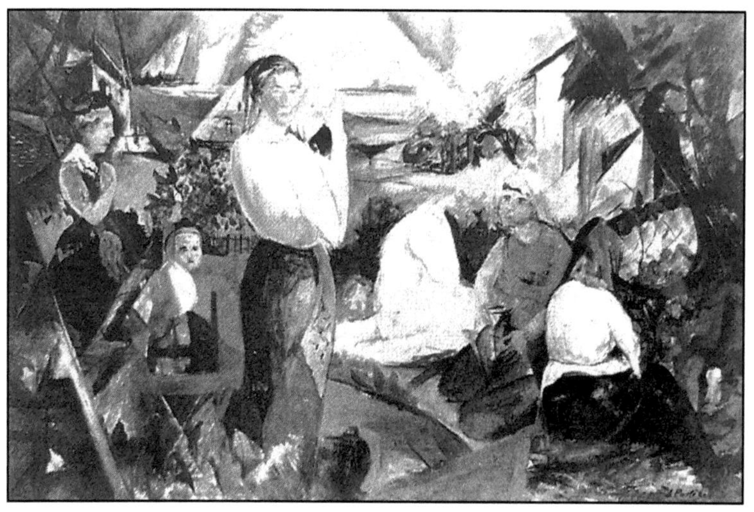

Abb. 108: Landschaft mit Figuren, 1920, Öl auf Holz, WVZ G62, beschlagnahmt

Über die Kunsthändler Karl Buchholz und Hildebrand Gurlitt wurde das Gemälde veräußert. Buchholz und Gurlitt fungierten für die Nazis als Kommissionäre und hatten die Aufgabe, Gemälde ins Ausland zu verkaufen. [271]

| noch Hannover | | | | | − 7 − |
| Landes − Museum | | | | | |
Werk	Techn	S t a n d		Devis	RM
191.Partikel (6999) Frau mit Pferd	ÖL	Böhmer	T		

Abb. 109: Landesmuseum Hannover, Nr. 191, Verz. „Entartete Kunst" von 1942

Im Landesmuseum Hannover wurde 1937 das Gemälde „Frau mit Pferd" (G75) konfisziert (vgl. Abb. 50, Abb. 109). Es war 1927 vom Museum erworben worden. Über den Nachlass des Kunsthändlers Bernhard Böhmer gelangte das Bild 1947 in das Kulturhistorische Museum in Rostock, wo es erst 1990 im

Rahmen der Forschungen über Alfred Partikel als das ver-
misste Hannoveraner Bild identifiziert werden konnte.[272]

97.Panitza (7298) Exotische Blumen	ÖL			
98.Partikel(7248) Knieender Akt	ÖL			
99.Pascin (7272) Weibl. Akt in Rückenansicht	ÖL	Böhmer	T	
	G	Buchholz	V	7
100.Patko (7310) Toilette				

Abb. 110: Städtische Galerie Nürnberg, Nr. 98, Verz. „Entartete Kunst" von 1942

In Nürnberg wurde das Gemälde „Knieender Akt" (G95) beschlagnahmt (Abb. 110). Die Städtische Galerie Nürnberg
hatte das Gemälde im November 1922 aus der Berliner Galerie
Ferdinand Möller erworben.[273] Am 23. August 1937 fiel das
Gemälde der Beschlagnahme zum Opfer, war viele Jahre verschollen und gelangte erst 2021 wieder nach Nürnberg zurück.[274]

228.Nölcken (7676) Schupobeamter	G		X
229. " (7865) Kopf	G		X
230.Partikel(7614) Winterland- schaft	ÖL	Buchholz	K
231.Pechstein			

Abb. 111: Städtisches Museum Stettin, Nr. 230, Verz. „Entartete Kunst" von 1942

Ein weiteres Gemälde wurde im Städtischen Museum Stettin
beschlagnahmt (vgl. Abb. 111; Abb. 112). Hier handelt es sich
um eine „Winterlandschaft", die an den Kunsthändler Karl
Buchholz zur weiteren Veräußerung ging.[275] Zudem wurde die
Lithografie „Drei Frauen mit Reh" (D82) im Museum für
Kunst und Heimatgeschichte der Stadt Erfurt konfisziert
(Abb. 47).[276]

Es waren überwiegend die expressionistischen oder realisti-
schen Bilder Partikels aus den früheren Jahren der Weimarer
Republik, die beschlagnahmt wurden, nicht seine aktuellen

Werke. Ihm erging es ähnlich wie Gerhard Marcks und Conrad Felixmüller.[277)]

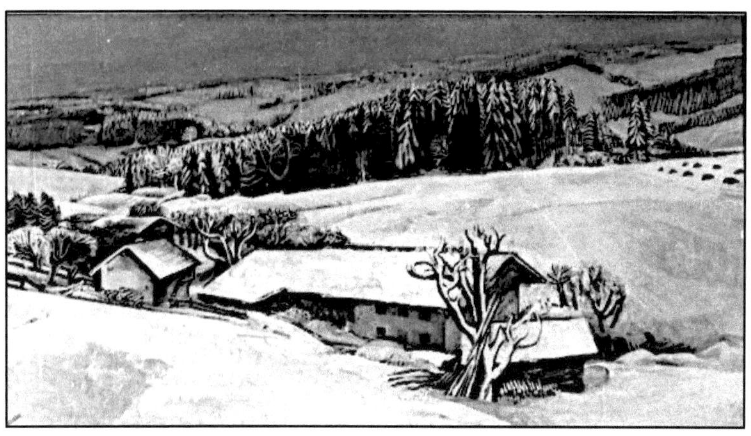

Abb. 112: Winterlandschaft, beschlagnahmt

Dass die Künstler ihren Stil längst weiterentwickelt hatten, war nicht von geringster Bedeutung. Die expressionistische Phase in der Kunstentwicklung der zwanziger Jahre war längst zu einem Endpunkt gelangt. Die nationalsozialistischen Kunstideologen setzten einfach die künstlerische Avantgarde in Deutschland mit der verhassten Weimarer Republik gleich. Damit gelang es ihnen, ihr ideologisches Feindbild in den modernen künstlerischen Strömungen anschaulich werden zu lassen.

Auch in Königsberg wurden Bilder beschlagnahmt. Seit 1927 hatte Alfred Rohde als Direktor der Städtischen Kunstsammlungen begonnen, in Königsberg moderne Kunst zu etablieren. Jedoch auch hier setzte 1937 die Beschlagnahme von Kunstwerken ein. So wurden im Königsberger Museum 240 Werke beschlagnahmt, darunter Gemälde der Akademiekollegen Eduard Bischoff und Fritz Burmann sowie eine Grafikmappe an den Staatlichen Meisterateliers. Partikels Werk blieb von derartigen Aktionen in Königsberg verschont.[278]

Die Vorgänge um die Berufung in die Akademie und die Aktion und Ausstellung „Entartete Kunst" verdeutlichten Partikel jedoch die Radikalität des nationalsozialistischen Systems. Zugleich offenbarten die Geschehnisse aber auch die Widersprüchlichkeiten im Gefüge der staatlichen Kulturpolitik: Einerseits wirkte Partikel als Professor in Königsberg und sollte als neues Akademiemitglied berufen werden, andererseits wurden seine Gemälde in den öffentlichen Sammlungen als „entartet" beschlagnahmt und in München als „abschreckendes" Kunstbeispiel ausgestellt.[279] Ende Juli 1937 schrieb Partikel: *„Vieles unterliegt heute bei der unklaren Situation mehr oder weniger dem Zufall."*[280]

Damit hatte er bis zu diesem Zeitpunkt weitgehend recht. Allerdings wurde die Gründlichkeit des diktatorischen Staates zunehmend perfekter. Anlässlich der Eröffnung der „Großen Deutschen Kunstausstellung" in München kündigte Hitler an: *„Wir werden von jetzt ab einen unerbittlichen Säuberungskrieg führen gegen die letzten Elemente unserer Kulturzersetzung ... Nun aber werden - das will ich Ihnen hier versichern - alle die sich gegenseitig unterstützenden und damit haltenden Cliquen von Schwätzern, Dilettanten und Kunstbetrügern ausgehoben und beseitigt."*[281] Diese Warnung wurde von den Künstlern, die sich noch in Deutschland befanden, verstanden. Partikel schrieb daraufhin treffend: *„Ich fürchte stark, das man uns allen noch an den Kragen gehen wird."*[282]

In diesen Jahren malte Partikel weiterhin und unbeirrt seine Landschaften, so wie er sie sah. 1937 entstand das Gemälde vom Hof Krull auf dem Fischland, unweit von Ahrenshoop (Abb. 113).

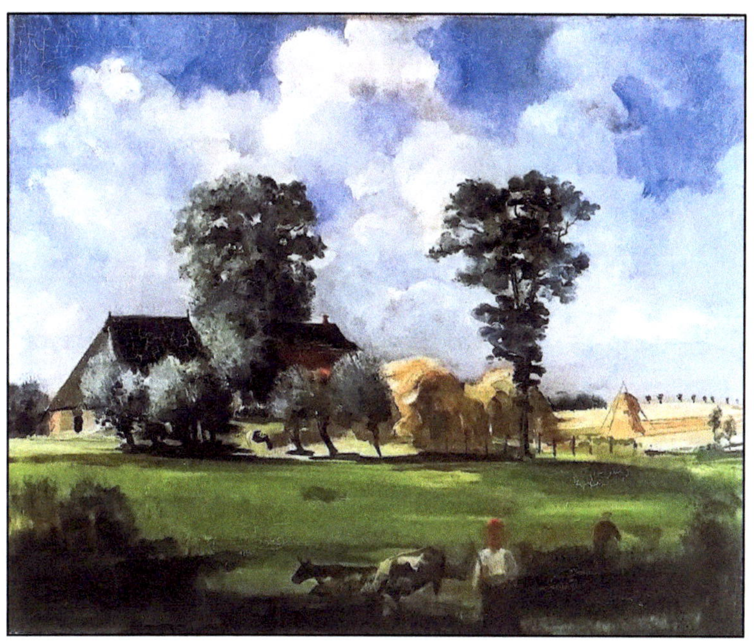

Abb. 113: Hof Krull auf dem Fischland, 1937, Öl auf Leinwand/Hartfaser, WVZ G253

Das Bildmotiv war nun naturalistischer in Szene gesetzt, als noch in der konstruierte „Ostseelandschaft" von 1932 (Abb. 97). Mensch und Tier erscheinen nur noch als Staffage im weiten Landschaftsraum. Mit einer luftigen Malart erzeugt Partikel eine sommerliche Atmosphäre.

Flucht in die Landschaft

Die Ausstellung „Entartete Kunst" war für Partikel eine Warnung. Wie faschistische Kunst auszusehen hatte, zeigte die „Große Deutsche Kunstausstellung". Im Bereich der Landschaftsmalerei hatte die Heimatkunst der Jahrhundertwende, wie sie etwa die Worpsweder Maler pflegten, an Wertschätzung gewonnen. Die Darstellung von heimatlicher Erde unter blauem Himmel, die Sicht auf weites Land und heimische Wälder wurden im Dritten Reich geschätzt. In dieser Bilderwelt waren Partikels Landschaften willkommen. Stilistisch hatte sich seine Malweise seit Beginn der dreißiger Jahre wenig verändert. Der internationale Austausch und die Anregung durch andere Künstler fehlten hierfür. Zu der provinziellen geografischen Lage Ostpreußens kam die intellektuelle Isolierung des Deutschen Reiches hinzu. Ein schöpferischer Austausch war unter den vorhandenen Bedingungen nicht möglich. Damit war jeder Künstler auf sich selbst gestellt.

In gesellschaftlicher Hinsicht schlossen sich Alfred und Dorothea Partikel dem Kreis um den in Königsberg lehrenden Kunsthistoriker Wilhelm Worringer (1881-1965) an. Worringer und seine Frau Marta waren der Mittelpunkt einer bildungsbürgerlichen Gruppe von liberalen Akademikern in Königsberg. Hierzu zählten u.a. Hermann und Mia Brachert, Rufus Flügge und Marianne Flügge-Oeri, Helmuth von Glasenapp, Hanns und Carlotta Hopp, Lina Jung, Claire Ritzki, Lisa von Küchler, Barbara Kayser, Robert und Susanne Liebenthal, Walter F. Otto, Karl Pempelfort, Werner und Gertrud Philipp, Eberhard Sarter, Traute Schellwien, Kurt und Bertl Tiefensee. Man traf sich bei privaten Feiern und gesellschaftlichen Anlässen und besuchte sich regelmäßig gegenseitig.

Dieser Kreis wurde zwar von der Gestapo observiert, bleib aber letztlich vor direkter Verfolgung verschont. [283]

Um 1938 entstand das extrem querformatige Gemälde „Tauschnee in Masuren" (Abb. 114). Die weite Landschaft ruht, kein Mensch ist gegenwärtig. Wie sanfte Wellen führen die Ackerfurchen in die Bildmitte. Kühle Blautöne bestimmen die Farbigkeit. Anders als in den akkuraten Ackerlandschaften des Dekorateurs der Reichskanzlei, Werner Peiner, verzichtet Partikel auf jegliche Dramatik. Einen Bauern mit pferdebespanntem Pflug sucht man vergeblich. Solche Bildmotive waren im offiziellen Dritten Reich besonders geschätzt. Das Thema "Ackerlandschaft" kam dem Kunstideal nationalsozialistischer Bildpropaganda jedoch zumindest in Ansätzen nahe. Da Partikels Landschaften bisweilen einen Zug ins Monumentale erhielten, wurden sie auch von der offiziellen Kunstpropaganda angenommen.

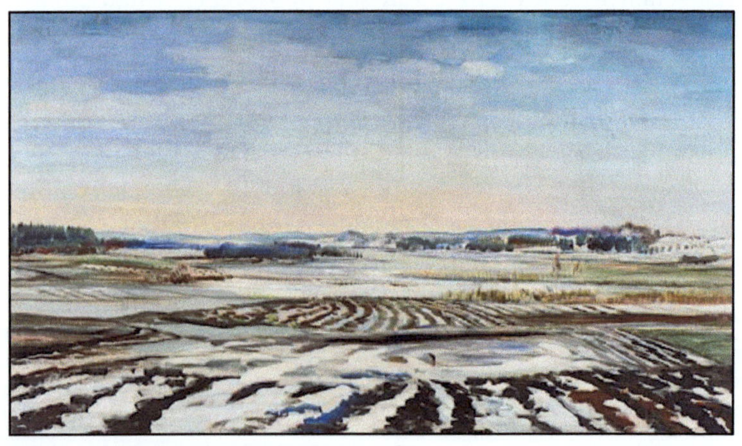

Abb. 114: Tauschnee in Masuren, um 1938, Öl auf Leinwand, WVZ G258

Die Gemälde „Vorfrühlingslandschaft (Tauschnee in Masuren)" von 1937 (G249) - von der Staatlichen Galerie Moritzburg Halle 1948 erworben - und „Pregeltal bei Friedrichstein"

(G267) von 1939 zeigen das gleiche Bildmotiv des durchpflügten Ackers. Gerade diese Gemälde waren es auch, die in den Kunstzeitschriften des Dritten Reichs in diesen Jahren veröffentlicht wurden.[284]

Unabhängig von ideologischen Einflüssen blieb die Landschaftsmalerei der Hauptgegenstand von Partikels Schaffen. Dieser Gattung hatte er sich mit ganzer Hingabe verschrieben. In seinem Nachlass finden sich folgende Sätze unter der Überschrift "Etwas für den Landschafter": *„Der Begriff 'Landschaft' schließt mehr in sich ein als ein blauer Himmel, grüner Baum, rotes Dach usw. In der Landschaft ruht: das Werden und Vergehen der sichtbaren Natur in Verbindung mit dem Menschen. Darin beruht die tiefere Bedeutung der Landschaft überhaupt."* [285] Die etwas umständlich gestalteten Sätze machen deutlich, dass Partikels Stärke nicht in der Formulierung von theoretischen Aussagen lag. Sie zeigen aber die Hingabe gegenüber seinem Schaffen. Die Landschaft wurde für ihn zunehmend zum Fluchtraum. Hier konnte er ohne äußere Einflüsse arbeiten. Hier fand er tatsächlich seine *„Insel persönlicher Empfindungen"*, wie er bereits 1933 formuliert hatte. In der einfachen Natur war für Partikel zugleich ein Stück Utopie eingeschlossen: Hoffnung auf eine bessere Welt.

Als Lehrer versuchte Partikel seine Bilderfahrungen an die Schülerinnen und Schüler weiterzugeben. An Gerhard Marcks schrieb er dazu: *„Ich möchte manches davon meinen Schülern übermitteln, aber leider ahnen fast alle noch nichts davon, wo Größe und Schwere sich in der Kunst treffen müssen, um an dem Fest teilzunehmen, das uns Apoll und Dionysos bereiten. Wer sich freut an der Frucht, vergißt zu leicht den ganzen Baum."* [286] Mit seinen Schülern unternahm er zahlreiche Fahrten durch Ostpreußen, wo vor der Natur gezeichnet und gemalt wurde.[287] Nichts erschien ihm für einen Landschaftsmaler abwegiger als die Arbeit im Atelier.

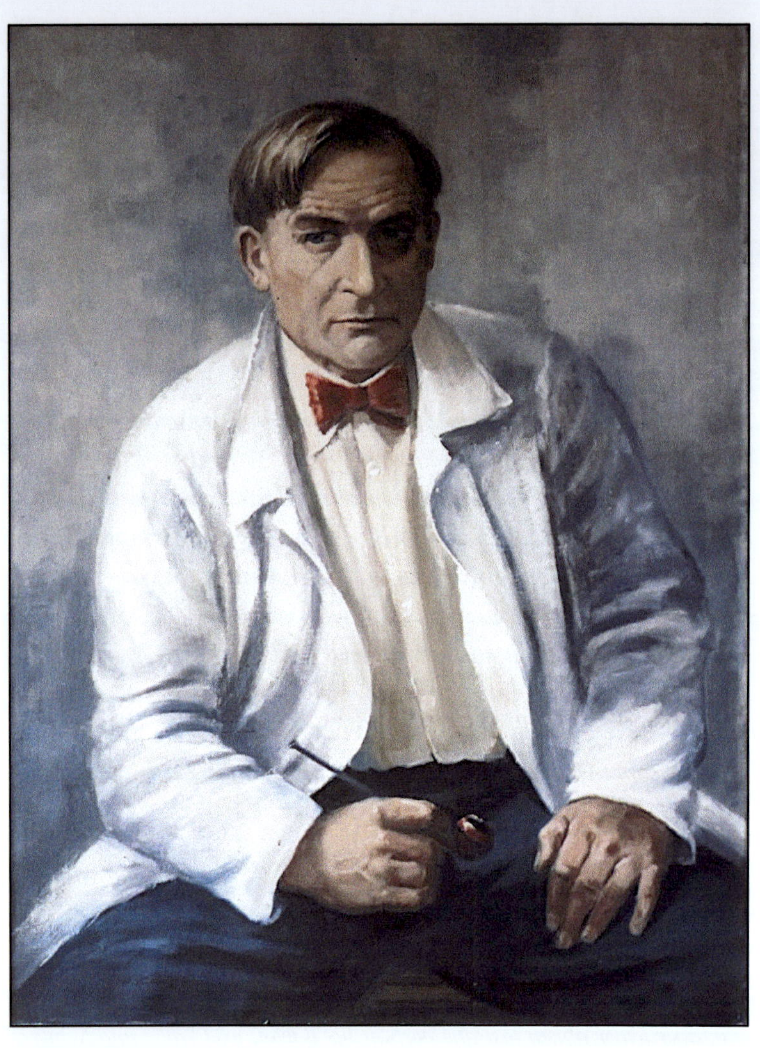

Abb. 115: Herbert Guttmann: Bildnis Alfred Partikel, 1940, Öl auf Leinwand

Sein Schüler Fritz (Pritte) Laschat berichtete, dass sich die Landschaftsauffassung des Lehrers bei vielen Schülern durchsetzte: *„Das kam auch daher, weil wir zusehen konnten, wenn er draußen vor der Natur malte: wie er mit viel Malmittel dünnflüssig und transparent zuerst den Himmel und die Feldpartien seiner Landschaften anlegte, um dann mit starkem Farbauftrag die Bäume, Bauernhöfe, Frauen*

Der Partikel-Schüler Herbert Guttmann (1907-1978) schuf
1940 ein Porträt seines Lehrers (Abb. 115). Der Maler ist sitzend mit weißem Malerkittel und einer roten „Professoren-
Fliege“ dargestellt. Seine kräftige Linke ruht auf dem linken
Bein, in seiner rechten Hand hält er eine Pfeife. Das Antlitz ist
halb verschattet, der aufmerksame Blick leicht nach links ge-
wandt. Die Augenbrauen sind hochgezogen und die Stirn ist
entsprechend in Falten gelegt.

Der Dargestellte erscheint vor einem blau-weißen Hintergrund, der Partikels Vorliebe für die Malerei im Freien zur Geltung bringt. Guttmann porträtierte seinen Lehrer auf diesem
Bild als eine ausdrucksvolle, tatkräftige und energische Persönlichkeit.

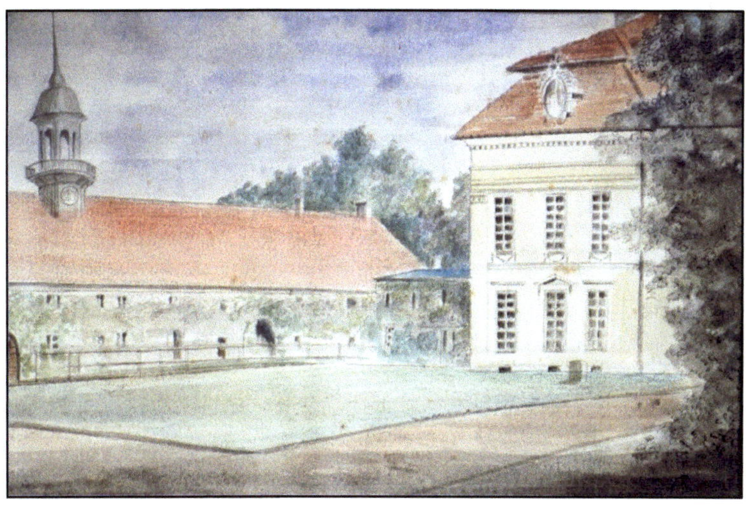

Abb. 116: Schloss Friedrichstein, 1944, Aquarell über Feder, WVZ Z180

Die Fahrten mit den Schülerinnen und Schülern führten in diesen Jahren an das Frische Haff, die masurischen Seen, ins Weichseltal und in die Memelniederungen.[289] Auf Schloss Friedrichstein, dem Sitz der Grafen Dönhoff, wurden in einem Wirtschaftsgebäude Unterkünfte eingerichtet, um Partikel mit seinen Schülerinnen und Schülern ein mehrtägiges Bleiben zu ermöglichen. Hier entstanden zahlreiche aquarellierte Federzeichnungen vom Schloss und der Umgebung (Abb. 116). Aus dieser Zeit stammte auch Partikels Freundschaft zu Marion Gräfin Dönhoff.[290]

Für längere Zeit begab Partikel sich immer wieder allein aufs Land um zu malen. Bereits 1936 hatte er Gerhard Marcks von einer dieser Fahrten geschrieben: *„Lieber Gerhard! Am Dienstag hat mein ... vierwöchiges Räuberleben in Masuren ein Ende. Wie oft mußte ich an Dich denken und wünschte Dich hier, wenn ich früh um 4 Uhr zum Fischen ging, im Schilf die Rohrdommel beschlich und bis zum Abend mit Palette und Bleistift die Seeskerhöhen zur Arbeit durchstreifte. Du solltest nur die Wolken und den Reichtum der Feldblumen hier sehen. Es umfängt einen ein Friede in dieser Einsamkeit ... Manches ist in dieser Zeit entstanden, vieles verworfen, doch das meiste bleibt noch zu tun übrig, das zu finden, was hinter den Dingen einer Landschaft steckt. Ich muß dabei immer wieder Rembrandt bewundern und die große Rubenslandschaft in Berlin.“*[291]

Das Arbeiten vor der Natur sollte jedoch zunächst ein Ende haben. Am 1. September 1939 beschossen deutsche Kriegsschiffe, nur gute hundert Kilometer von Königsberg entfernt, die Westerplatte vor Danzig. Damit war der Weltkrieg ausgebrochen. Am 16.9.1939 wurde Partikel zur Wehrmacht eingezogen.[292]

Der Kriegsdienst dauerte nur kurze Zeit. Schon am 10.12.1939 wurde der Maler von seiner Dienstpflicht entbunden.[293] Die

Gründe hierfür sind unklar. Wahrscheinlich war seine Hörschädigung aus dem Ersten Weltkrieg ausschlaggebend. Andererseits könnte es auch sein, dass man Partikel zu den Künstlern zählte, die aus ideologischen und propagandistischen Gründen weiterhin in ihren Ämtern bleiben sollten und ihren Lehrtätigkeiten nachzugehen hatten.[294]

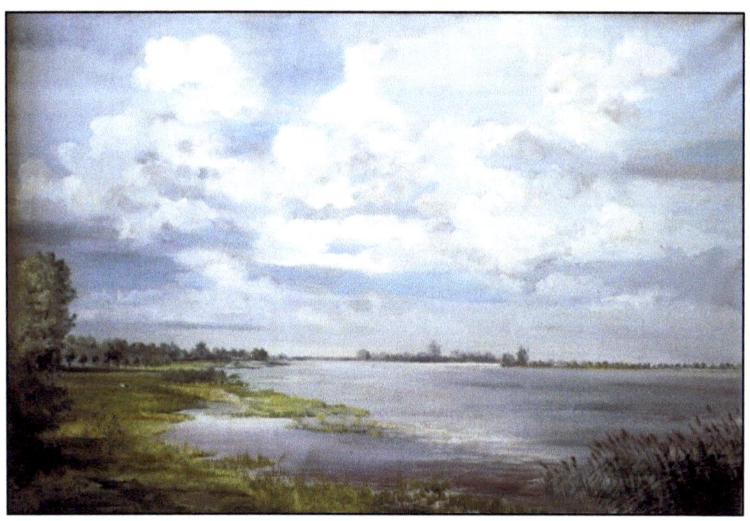

Abb. 117: Am Rußstrom, 1940, Öl auf Leinwand, WVZ G272

Um 1940 entstanden eine Reihe von Flusslandschaften. Das kompositorisch und technisch versierteste Bild darunter war das Gemälde „Am Rußstrom" (Abb. 117). In naturalistischer Weise ist eine weite Niederungslandschaft dargestellt. Die differenzierte Gestaltung der Pflanzen im Vordergrund war auf Partikels Detailstudium um die Mitte der dreißiger Jahre zurückzuführen.

Im folgenden Jahr entstanden dann zwei Gemälde im extremen Querformat, die zusammengehörten: „Morgen über Wanderdüne" (Abb. 118) und „Abend über Wanderdüne" (G290).

Partikel hatte sich im Herbst 1941 für einige Tage in Nidden auf der Kurischen Nehrung aufgehalten.[295] In dieser Zeit waren die beiden Gemälde wahrscheinlich entstanden. Bei unterschiedlichen Lichtverhältnissen zeigen beide Gemälde die gewaltige Dünenlandschaft an der See. Grafiken belegen die sorgsame Auseinandersetzung mit dem Bildgegenstand.

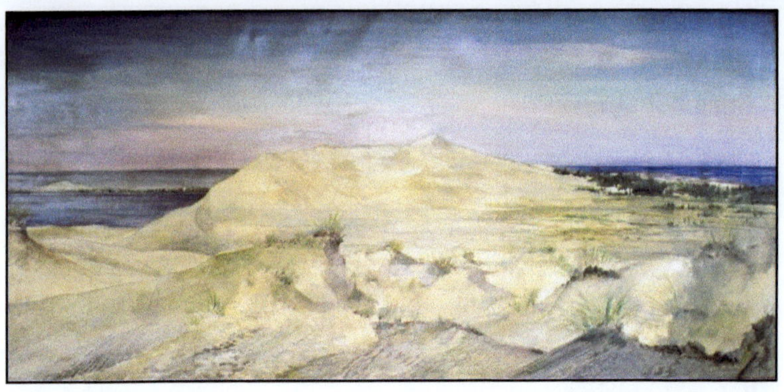

Abb. 118: Morgen über Wanderdüne, 1941, Öl auf Leinwand, WVZ G289

Im Spätsommer 1942 reiste Partikel nach Mannheim, wo der Direktor der Städtischen Galerie, Walter Passarge kurz zuvor das Gemälde „Morgen über Wanderdüne" erworben hatte.[296] Mit dem Ostpreußen Passarge führte er anlässlich der geplanten Ausstellung „Landschaften Deutscher Maler" einen Briefwechsel, der dazu beitrug, dass Partikel auf Einladung der Stadt Mannheim für drei Wochen in Wimpfen am Neckar malen konnte. Hier entstanden zahlreiche Gemälde und Grafiken, die im Oktober in der Mannheimer Kunsthalle ausgestellt wurden und dort verblieben.[297]

In dem romantischen Städtchen am Neckar hatte Partikel sich nicht den malerischen Winkeln und verschachtelten Gassen gewidmet, sondern den weiten Blicken über das Flusstal und die angrenzenden Ebenen. Nach einem kurzen Treffen mit Passarge in Dürkheim reiste Partikel zu Verwandten in den

Schwarzwald, bevor er zum Wintersemester über Berlin und Hamburg wieder nach Königsberg kam.[298]

Im folgenden Sommer des Jahres 1943 hielt Partikel sich für mehrere Wochen auf Vermittlung von Marie Thierfeldt, einer Kunsthandwerkerin der Königsberger Meisterateliers, in dem nordpolnischen Städtchen Lomscha auf.[299] Dort entstanden farbkräftige Aquarelle, die sich in ihren hellen Tönen von den sonstigen düsteren aquarellierten Federzeichnungen abheben (Abb. 119). Welch ein Farbakkord in dieser düsteren Zeit.

Im Herbst 1943 ging Partikel auf Einladung des Reichsarbeitsdienstes nach Straßburg. Anfänglich wollte er die Reise gar nicht antreten. Dann aber bestimmte ihn der *„Gedanke diese Gegend später vielleicht nicht mehr zu sehen, die Reise doch zu machen."*[300] Und Partikel sollte recht behalten.

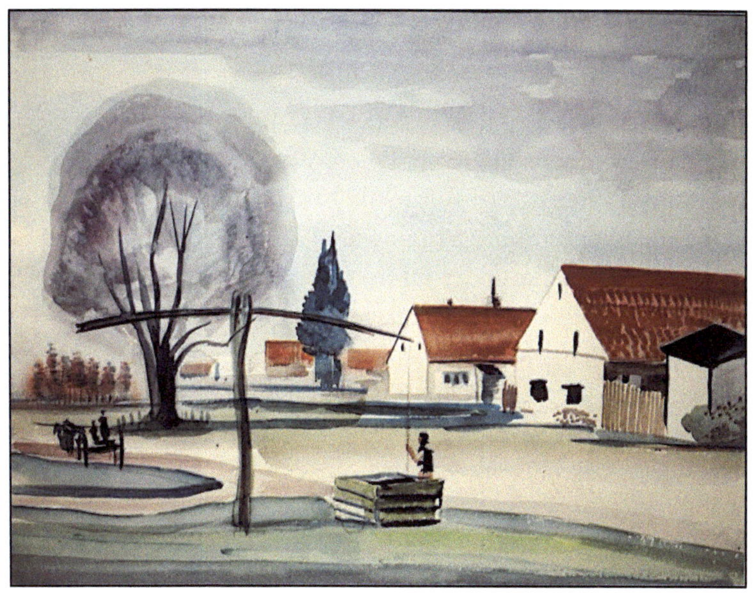

Abb. 119: Dorfstraße im Lomscha, 1943, Aquarell über Blei, WVZ Z164

In dieser Zeit entstand auch das Gemälde „Hof Paetow in Ahrenshoop" (Abb. 120). Partikel malte das Gehöft vom Rande des Schifferberges. Von hier aus erstreckt sich ein weiter Blick über die Boddenlandschaft.

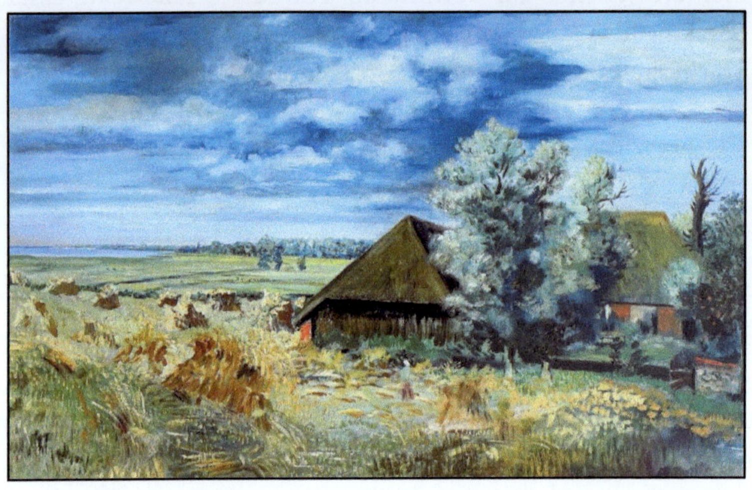

Abb. 120: Hof Paetow in Ahrenshoop, um 1943, Öl auf Hartfaser, WVZ G317

Entstanden ist ein typisches Fischlandbild mit einer weiten Landschaft unter einem bewegten Wolkenhimmel. Der Hof liegt eingebettet in der sommerlichen Natur, versteckt hinter kräftigen Bäumen und gebundenen Garben. Fast unscheinbar ist eine kleine Figur in der Bildmitte zu erkennen. Auf die Darstellung von Personen verzichtete Partikel seit Anfang der dreißiger Jahre weitgehend. Sie kommen lediglich als Staffagefiguren vor. Ansonsten dominiert hier die Natur in kräftigen Farbtönen.

Im selben Jahr begann Partikel wieder druckgrafisch zu arbeiten. Dabei entstanden verschiedene Radierungen, darunter eine „Pregellandschaft", die vom Bildaufbau Anklänge an Rembrandts „Landschaft mit den drei Bäumen" von 1643 zeigt (Abb. 121).[301]

Von dieser Platte druckte Partikel mehrere Blätter, die er mit Widmungen versah und im Laufe des Jahres 1944 an Schüler, Freunde und Bekannte „zur Erinnerung" verschickte.[302)] Partikel verfolgte die militärische Entwicklung in Russland sehr genau. Mit seinen Blättern schien er Abschied von seinen bevorzugten Landschaftsmotiven nehmen zu wollen.

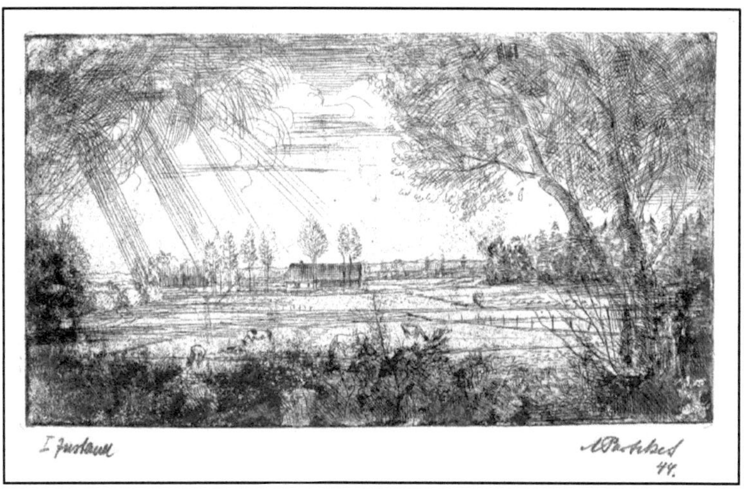

Abb. 121: Pregellandschaft, 1944, Radierung und Aquatinta mit Widmung, WVZ D143

Das Schicksal ereilte auch schon bald ihn und seinen Kreis. An Walter Passarge schrieb er im Frühjahr 1944: „*Von den Berliner Künstlern hört man nur trauriges. Fast alle meine Bekannten sind ausgebombt, Marcks völlig, Kolbe, Scheibe, Schmidt-Rottluff, Mahlau, Kardorff, Rhein u. viele andere.*"[303)] „*Mein Sohn ist jetzt auch wieder in Südrußland.*"[304)] Als Partikel im Frühsommer 1944 die Nachricht erhielt, dass sein Sohn gefallen sei, war er zutiefst erschüttert.

Für seinen Sohn Adrian und dessen Freunde (Gynz von Wolff, Herbert Marcks, Fried und Andreas Wendelstadt, Eike

Schweitzer und Helmuth Klautke), die alle im Krieg ums Leben gekommen waren, formulierte er folgendes Gedicht:

1944 hatte Partikel in Königsberg Kontakt zu dem Kreis um Generalfeldmarschall von Küchler und dem Königsberger Stadtkämmerer Fritz Goerdeler.[305] Als das Attentat auf Hitler am 20. Juli 1944 über den Rundfunk bekanntgegeben wurde, hielt sich Partikel in Ahrenshoop auf. Gerhard Marcks erinnerte sich noch 1974: Der Rostocker Verleger Erichson lud *„noch im Glauben, das Attentat sei geglückt, Partikel und mich zu einer Feier mit Kalbskeule und Wein ein!"*[306] Diese Feier musste jedoch ausfallen.

Im Zuge des totalen Kriegseinsatzes wurden im Herbst 1944 auch die Künstler kriegsverpflichtet. Goebbels ließ jedoch zwei Listen jener Künstler aufstellen, die vom Kriegsdienst und vom Einsatz in der Rüstungsindustrie befreit waren.[307] Auf der Liste A („Liste der Himmlischen") fand sich nur eine kleine Anzahl von Künstlern, die als „unersetzlich" galten, wie etwa Arno Breker, Werner Peiner, Josef Thorak oder auch Wilhelm Furtwängler und Gerhard Hauptmann. Die Liste B („Liste der

Gottbegnadeten") umfasste mehrere hundert Künstler aller Sparten.[308)] Partikel wurde wahrscheinlich aufgrund seiner Kriegsverletzung aus dem Ersten Weltkrieg nicht eingezogen.

Im Oktober 1944 kam die Arbeit in den Königsberger Meisterateliers zum Erliegen. *„Die Akademie ist stillgelegt, und durch die Flure wandern jetzt mit hängenden, blanken Hosenboden Beamte der Regierung."* [309)] Partikel begann sich auf eine Evakuierung aus Königsberg vorzubereiten. Einen Teil seiner Werke verschickte er an Gerhard Marcks nach Niehagen. Ein anderer Teil ging an entfernte Verwandte nach Kniephof bei Naugard in Hinterpommern.[310)]

Gleich darauf reiste Partikel ein letztes Mal nach Masuren. Es galt Abschied zu nehmen: *„Nicht auf höheren Befehl, sondern freiwillig um noch, ehe es zu spät ist, heimatliche Luft nahe meines Geburtsortes zu atmen ... Wenn sich hier die Wolken teilen kann man bis zur Rominter Heide sehen, und es taucht der Goldaper Berg auf, das Wahrzeichen meiner Geburtsstätte ... Hier ... verlebe ich jetzt acht rührige Tage, in denen alle Erinnerungen der Kindheit wach werden."* [311)] Zeichenstift und Aquarellfarben führte Partikel bei dieser Abschiedsfahrt mit sich. Allerdings hatte sich die Landschaft durch die Kriegsereignisse verändert. *„Bis in diese Gegend gehen jetzt schon die Feldbefestigungen, und Panzergräben kannst Du schon in der Nähe von Königsberg feststellen"*, schrieb er an Marcks.[312)] Dies schreckte ihn zunächst ab. *„Noch bin ich nicht an den Punkt gekommen, wo ich sie (die Landschaft) in dieser veränderten Form fassen kann. Ich glaube ich werde in den nächsten Monaten noch viel schwereres zu sehen bekommen, als bisher."* [313)]

Zum Jahresende wurde Partikel dann zum Volkssturm eingezogen und südlich von Insterburg stationiert. An Wilhelm Worringer schrieb er in diesen Tagen: *„Meine Gedanken sind stündlich jetzt bei meinem Sohn. Und sollte mich das gleiche Schicksal*

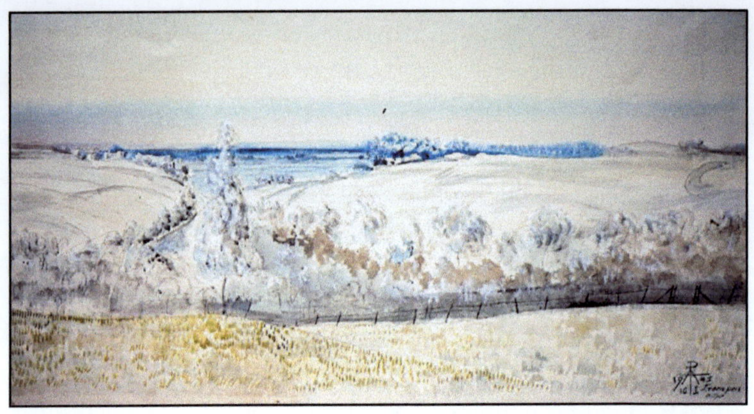

Abb. 122: Landschaft bei Tempere, 1945, Aquarell über Feder, WVZ Z205

Während der Tage beim Volkssturm entstanden im Januar 1945 zahlreiche aquarellierte Federzeichnungen der winterlichen Schneelandschaft, die durch ihren düsteren Stimmungsgehalt und dank einer zarten Farbigkeit zu den eindrucksvollsten Arbeiten Partikels gehören (Abb. 122). Hier nahm der Maler ein letztes Mal Abschied von der ostpreußischen Landschaft, in die er sich so häufig vor äußerer Bedrängnis geflüchtet hatte.

Mitte Januar 1945 begann die Großoffensive der sowjetischen Streitkräfte. Damit wurde Ostpreußen vom Deutschen Reich abgeschnitten. Eine Flucht in den Westen war nur noch über das Wasser möglich. Am 23.1.1945 brachte Partikel seine Frau auf ein Lazarettschiff, das Königsberg kurz darauf verließ. Nachdem sich der Direktor der Meisterateliers, Kurt Frick über Nacht abgesetzt hatte, machte sich Partikel zusammen mit seinem Kollegen Eduard Bischoff auf den Weg gen Westen (Abb. 123).

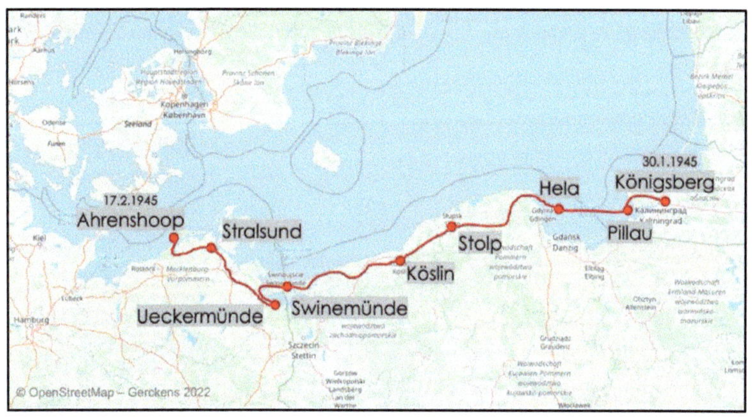

Abb. 123: Alfred Partikels Flucht mit dem Fahrrad im Januar/Februar 1945

In den frühen Morgenstunden des 29.1.1945 verließen sie Königsberg im Schneesturm mit dem Fahrrad.[315] Über Pillau, im Fischkutter nach Hela, weiter über Köslin und Usedom ging die Fahrt. Nach über 600 km auf dem Fahrrad erreichte der Maler am 17.2.1945 Ahrenshoop. Dazu schrieb Gerhard Marcks: *„Hier sind Partikels, er kam zu Rad aus Königsberg, sah aus wie ein gerupfter Adler; aber jetzt ist er fröhlich in der Hoffnung, endlich ganz für sich arbeiten zu können."* [316]

In Ahrenshoop begann man sich auf die schwierige Lebenssituation so gut es ging einzustellen. In einem Brief an seine Tochter Barbara hieß es: *„Mutter hatte das Wohnzimmer schon nett und wohnlich eingerichtet... War schon im Wald, um Holz zu schlagen. Das Atelier habe ich aufgeräumt und ganz wohlig brennt der Atelierofen, den ich gestern mit viel Mühe noch reparieren konnte."* [317]

In Ahrenshoop waren zahlreiche Flüchtlinge gestrandet. Auch die Partikels hatten Flüchtlinge in ihrem Haus aufgenommen. Hierzu zählte die aus Königsberg bekannte Bertl Tiefensee sowie Seka von Achenbach mit ihren Kindern Marina und Thomas. Hierzu schrieb Partikel: *„Auch geht das Zusammenleben mit Frau Tiefensee und Frau v. Achenbach soweit ganz gut. Die*

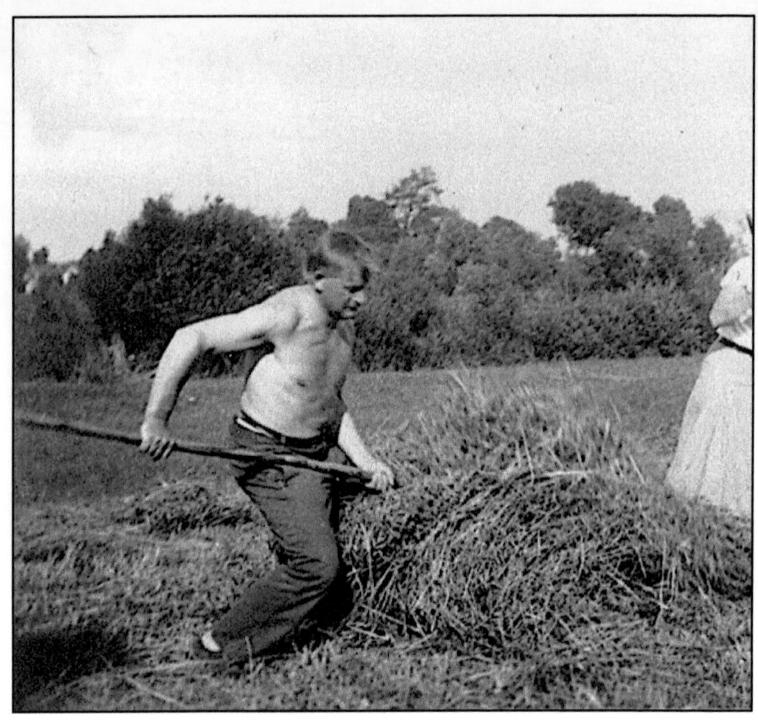

Abb. 124: Alfred Partikel bei der Feldarbeit, 1945

Und wieder machte sich der Maler an die Arbeit. In einem Brief an Tochter Barbara vom 24.2.1945 hieß es: *„Will versuchen zu arbeiten, so gut es geht. Hoffentlich ist die Zeit nicht all zu fern, daß wir hier gemeinsam wieder anfangen die Arbeit aufzubauen. Wie schön wird das werden.* " [319)]

Am 3.5.1945 erreichten die ersten sowjetischen Truppen Ahrenshoop. [320)] Im Dorf wurden mehrere Sperren errichtet, die von den Einheimischen jedoch durch die Gärten umgangen wurden. [321)] In Ahrenshoop wurde eine Kommandantur eingerichtet, in der die Truppen häufig wechselten. Um nicht zwangsverpflichtet zu werden, arbeitete Partikel zunächst beim Bauern auf dem Feld (Abb. 124). [322]

Auf Initiative der Dorfbewohner wurde für die Kinder wieder provisorischer Schulunterricht erteilt, an dem der Maler sich als Lehrer beteiligte.[323] In all dieser Ungewissheit ließ Partikel von seiner künstlerischen Tätigkeit aber nicht ab. *„Man wird nicht sehr pastos malen können und sich mehr auf die Zeichnung beschränken müssen"*, schrieb er angesichts der knappen Malmaterialien im Herbst 1945 an Richard Scheibe, der bei Eduard Plietzsch in Berlin untergekommen war.[324] Und so entstanden vorwiegend aquarellierte Federzeichnungen (Abb. 125).

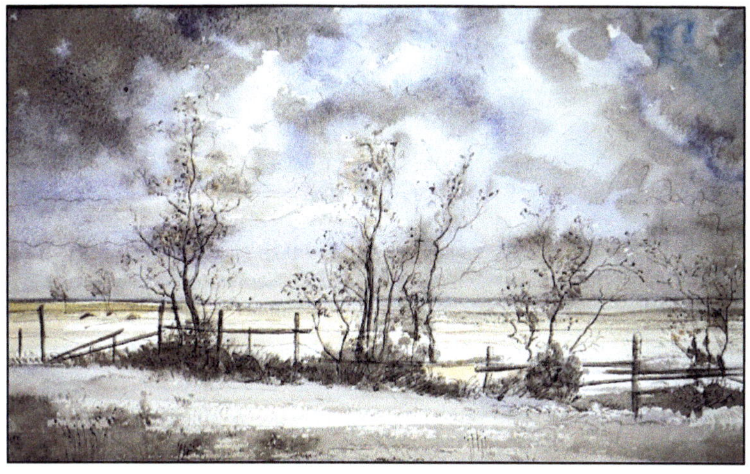

Abb. 125: Wiesen hinter Buschwerk, 1945, Aquarell über Feder, WVZ Z209

„Etwas anders wird das Leben sein als nach dem ersten Krieg anno 1920, als wir noch zusammen in der Kaiserin-Augustastr. wohnten. G. Marcks hat viele Aufforderungen und Anfragen von sich neu vorbereitenden Kunstschulen. Kann sich aber nicht entschließen. Ich glaube, daß man möglichst zu den Kulturfragen abwartende Haltung annehmen muß. Man muß vorerst sehen, daß man nicht verhungert oder erfriert. "[325] So hieß es weiter in dem Schreiben an Richard Scheibe.

193

Im Herbst 1945 malte Partikel das Gemälde „Stillleben mit Flundern" (Abb. 126). Unter seinen verschiedenen Stillleben mit Fischen ist es das qualitätvollste Gemälde.

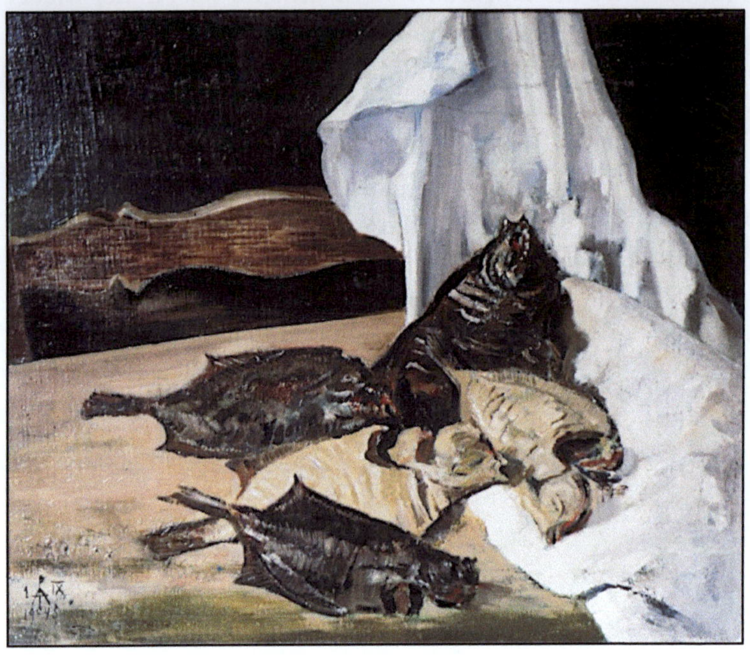

Abb. 126: Stillleben mit Flundern, 1945, Öl auf Hartfaser, WVZ G322

In schonungslosem Realismus werden dem Betrachter die geschlachteten Fischleiber auf einem kargen Holztisch offenbart. Das Einpackpapier liegt noch halb unter ihnen. Die Lehne eines Stuhls auf der linken Bildseite gibt der Komposition den Rückhalt, während sich tiefes Dunkel im Hintergrund ausbreitet. Ein weißes Tuch auf der rechten Bildseite, im Unsichtbaren aufgehängt, wirkt geisterhaft-bedrohlich. Überdeutlich ist das Gemälde unten links am 1. September 1945 datiert. An diesem Tag jährte sich der Kriegsausbruch zum sechsten Mal. Damit steht das Gemälde als Sinnbild für das unsinnigen Blutvergießens, das auch Partikel seinen Sohn gekostet hatte.

Einige Wochen später, am Sonnabend, dem 20.10.1945, verließ Alfred Partikel gegen 9.30 Uhr sein Haus.[326)] Wie am Vortag wollte er im Ahrenshooper Holz Pilze sammeln. Entgegen sonstiger Gewohnheit drehte er sich noch einmal um und winkte Dorothea zu. Viel Zeit hatte er nicht, denn um 12 Uhr sollte sein Unterricht als Lehrer in der provisorisch eingerichteten Dorfschule beginnen. Da er um 11.45 Uhr noch nicht zurück war, machte sich Dorothea Partikel Sorgen und begann ihren Mann im Gehölz zu suchen.

Doch die Suche bleibt erfolglos. Gemeinsam mit dem kommissarisch eingesetzten Bürgermeister Hans Krull begab sie sich zur örtlichen Kommandantur der sowjetischen Streitkräfte. Ein Dorfbewohner, den man unterwegs traf, erzählte, er hätte im Wald Schüsse gehört. Ein Hund und ein Wildschwein sollen geschossen worden sein. Auf der Kommandantur, die zwischen Partikels Haus und dem Ahrenshooper Wald lag, bestritten die Soldaten, geschossen zu haben. Hans Krull und Dorothea Partikel machten sich erneut auf den Weg in das Gehölz. Doch auch diese Suche verlief ohne Ergebnis.

Schnell sprach sich das Ereignis in dem kleinen Dorf an der Ostsee herum. Gegen 17 Uhr trafen sich Freunde und Verwandte des Malers und machten sich nun gemeinsam auf die Suche. Ein Ahrenshooper fand dabei ein totes Schwein, ein anderer wollte gesehen haben, wie ein Wildschwein aus dem Wald hinausgetragen worden sei. Wieder andere berichteten, dass sie am Vormittag zwischen 9 und 10 Uhr ebenfalls im Gehölz gewesen wären und dort drei Soldaten getroffen hätten. Auch Schüsse hätten sie gehört. Nach zwei Stunden endete die Suche, da die Soldaten die Dorfbewohner aus dem Wald hinaustrieben. Von Alfred Partikel fand sich jedoch keine Spur. Die Suche verlief wiederum ergebnislos. Auch die Erkundigungen in den umliegenden Orten erbrachten keinen Hinweis auf den vermissten Maler. Die zuständigen sowjetischen Kommandanten teilten mit, dass Alfred Partikel nicht ohne ihre Kenntnis durch die Straßensperren gelangt sein könnte. Eine Dorfbewohnerin wurde nach Schwerin geschickt, um dort Erkundigungen einzuholen. Sie kehrte jedoch ohne Erfolg zurück. Weder aus dem unweit entfernt liegenden Kriegsgefangenenlager in Barth noch aus den Dienststellen der sowjetischen Geheimpolizei gab es Hinweise auf Partikels Verbleib. Am 26.10. erschien der Rostocker Polizeipräsident in Ahrenshoop. Auch er konnte keine neuen Erkenntnisse mitteilen. Alfred Partikel blieb spurlos verschwunden.

Zehn Wochen später, im November 1945, erhielt der Direktor der Mannheimer Kunsthalle, Walter Passarge von Partikels Tochter Barbara folgende Nachricht: *„Mein Vater, der am 20. Okt. in den Wald zum Pilzesammeln gegangen ist, ist nicht wiedergekommen ... Mutter hat mit Freunden und Leuten aus dem Dorf, den kleinen am Darß gelegenen Wald abgesucht. Eine Durchkämmung des Waldes durch das ganze Dorf wurde von den Russen verboten. - Sie haben nichts gefunden. - Alle Russ. Stellen beteuern von einer Verhaftung nicht zu wissen. Bekannte, die zur gleichen Zeit wie Vater im Wald waren, haben Schüsse fallen hören und haben gleich darauf mit drei Soldaten gesprochen. Es wird viel Wild im Augenblick geschossen. Bei der geringen Ausdehnung des Waldes müßte man Vater gefunden haben, sollte er erschoßen worden sein ... Gerne hätte ich Ihnen etwas Frohes von den Eltern geschrieben, von Vaters Arbeit - nun soll alles zu Ende sein ...*"[327)]

Dorothea Partikel war aufgrund des Verschwindens ihres Mannes bei den sowjetischen Besatzungstruppen keine Unbekannte mehr. Ende Februar/Anfang März 1946 erschienen bei ihr Mitarbeiter des sowjetischen Geheimdienstes.[328)] Man befragte sie nach ihrer Tätigkeit und der Tätigkeit ihrer Eltern im Ersten Weltkrieg. Immerhin war der 1919 verstorbene Großonkel Siegfried Körte bis 1918 Bürgermeister von Königsberg gewesen und ihr Vater, Oswald Körte, hatte eine mehrjährige Militärkarriere hinter sich, bevor er 1898 seinen Abschied genommen und sich mit 46 Jahren der Musikwissenschaft gewidmet hatte. Die Geheimdienstler konfrontierten Dorothea Partikel mit der Aussage, ob Alfred Partikel vorsätzlich von der Roten Armee erschossen worden sei, was sie verneinte. Sie gehe vielmehr von einem Jagdunglück aus. Das Gespräch wurde in russischer Sprache protokolliert und musste von Dorothea Partikel unterzeichnet werden. Angesichts des Beginns der Errichtung von Speziallagern für Verdächtige fühlte sich Dorothea Partikel nun in Ahrenshoop nicht mehr sicher. Sie verließ in den folgenden Wochen das Ostseedorf gemeinsam mit ihrer Tochter Cornelia für immer.

Das Schicksal Alfred Partikels blieb weiterhin unaufgeklärt. In den autobiografischen Romanen von Wolfgang Frank (alias Franz Müller), Agnes-Marie Grisebach, Uwe Johnson, Marina von Achenbach und Jürgen Becker, die u. a. auf dem Fischland spielen, findet Partikels Schicksal am Rande Erwähnung.[329] Marie Luise Kaschnitz erwähnt in ihren Aufzeichnungen und Erinnerungen mehrfach Partikel, etwa in einem Vers ihres Gedichts „Was wissen die Toten".[330] Das Gedicht „Die Straße gen Osten" trägt im Untertitel die Widmung *„Für Alfred Partikel"*.[331] Auch George Grosz mag an Partikel gedacht haben, als er eine Märchenfigur im 13. Kapitel seiner Autobiografie im Darß verschwinden ließ.[332]

Für Alfred Partikels Schicksal verblieben zunächst nur vage Indizien.[333] In Anbetracht der positiven und hoffnungsvollen Schreiben Partikels aus dem Jahre 1945 ist ein Freitod auszuschließen. Auch ein vorsätzlicher Überfall ist nicht wahrscheinlich, da Partikel weder persönliche noch politische Feinde hatte. Angesichts der Wildschweinjagd im Gehölz ist es denkbar, dass der Maler das Opfer eines Jagdunfalls geworden ist.

An jenem Morgen trug Partikel eine dunkelbraune Wolljacke. Die leichte Schwerhörigkeit auf einem Ohr, unter der er seit dem Ersten Weltkrieg litt, hatte mit dem Alter zugenommen. So konnte er möglicherweise nicht reagieren, selbst wenn man ihn von weitem angerufen hätte. Ein Ablauf des Geschehens in dieser Art würde auch die fehlenden Spuren sowie das Verhalten der Soldaten erklären. Gerhard Marcks äußerte im Dezember 1945: *„Hier wurde Partikel von wildernden Russen im Walde erschossen und verschwinden gemacht."* [334] Seine Tochter Brigitte teilte 1989 mit, ihr Vater habe behauptet, Partikels Leichnam sei im Keller der russischen Kommandantur in Ahrenshoop verscharrt worden. [335] Überprüfbare Nachweise hierfür gibt es nicht.

Möglicherweise wurde Partikel auch auf dem Weg zwischen seinem Wohnhaus und dem Gehölz verhaftet. Cornelia Partikel berichtete, dass am selben Morgen ein Zug von Kriegsgefangenen und Verhafteten durch Ahrenshoop kam. Die genauen Umstände zum Schicksal des Malers Alfred Partikel blieben lange Zeit weitgehend im Dunkeln.

Anfang der fünfziger Jahre schrieb Gerhard Marcks an Partikels Ehefrau Dorothea (Abb. 127): *„Heute kann ich Dir ein(e) Foto des Gedenksteins schicken... Sein Denkmal hat sich Alfred selbst errichtet. Doch dieser Stein ist gedacht als Statthalter, dass sein Ahrenshoop ihn nicht vergisst."* [336]

Zugleich ließ er einen kleinen Findling mit der Inschrift „DEM MALER ALFRED PARTIKEL" versehen und vor Partikels Haus, Dorfstraße 32 aufstellen (Abb. 128). Damit kam Marcks einem eher scherzhaften Gedanken Partikels nach, denn in den ersten Tagen des Jahres 1935 hatte er einen Neujahrsgruß von Partikel aus Königsberg erhalten. Marcks bereitete sich gerade auf eine Reise nach Rom vor. Darin hieß es:

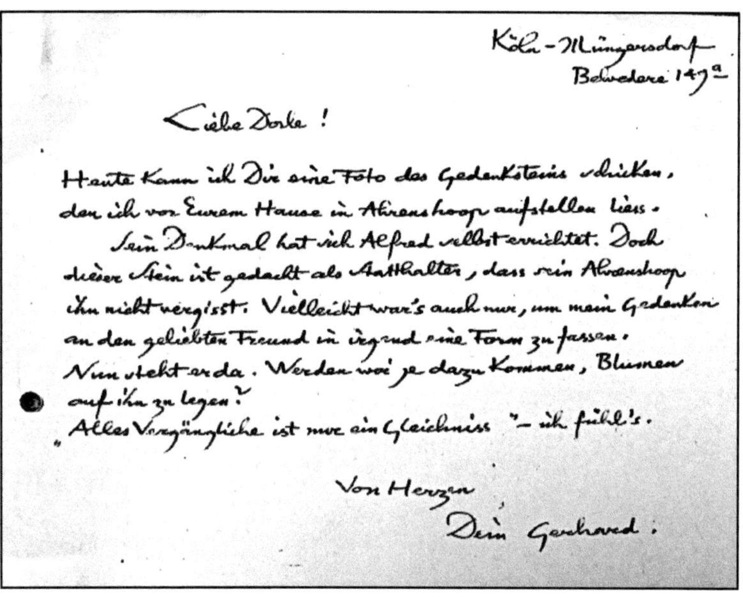

Abb. 127: Brief Gerhard Marcks an Dorothea Partikel, nach 1950

„Dann fahre gut mein Edler und mir wird es leid tun, nicht durch Rom und Umgebung mit Dir wandern zu können. Ich denke dabei an die via Appia antica. Vielleicht baut man die Straße auf dem Fischland mit Monumenten berühmter Zeitgenossen auch einmal so aus! Und sollte ich dann früher abschmieren als Du, dann setze mir zur Erinnerung an gemeinsame Wanderungen einen Meilenstein möglichst Gegend Viehweide mit Sicht auf See und Bodden, Darß ...“ [337)]

Die Dorfstraße im vorpommerschen Ostseebad ist zwar nicht zur Gedenkallee ausgebaut worden, aber Gerhard Marcks hat den eher scherzhaft gemeinten Wunsch des Künstlerfreundes beherzigt.

Vergessen ist Alfred Partikel im ehemaligen Fischerdorf Ahrenshoop zwar nicht, der Gedenkstein vor dem Haus des Malers wurde jedoch nach 1990 entfernt. Die Töchter des Malers haben daraufhin eine kleine Kopie anfertigen lassen und vor dem Ahrenshooper Kunstkaten aufstellen lassen (Abb. 128).[338)]

Der neue Stein trägt auf der oberen linken Seite deutliche Absplitterungen. Ein Zufall mit symbolhafter Bedeutung: Selbst ein schlichter Feldstein zum Gedenken kann im Laufe des Zeitgeschehens Schaden nehmen. Mit diesem Stein bleibt die Erinnerung an den Maler am Ort seines Schaffens zumindest gewahrt.

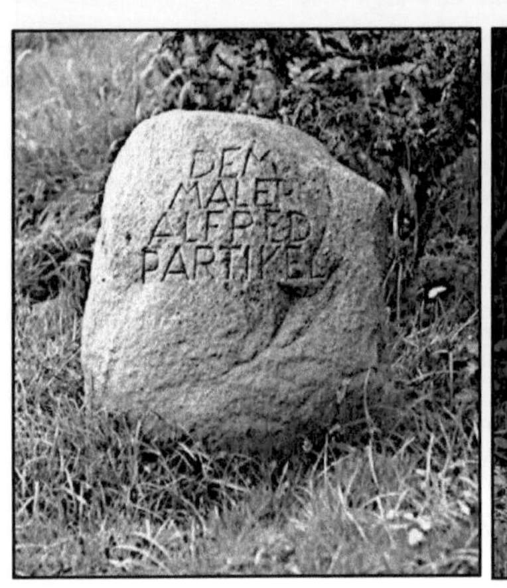

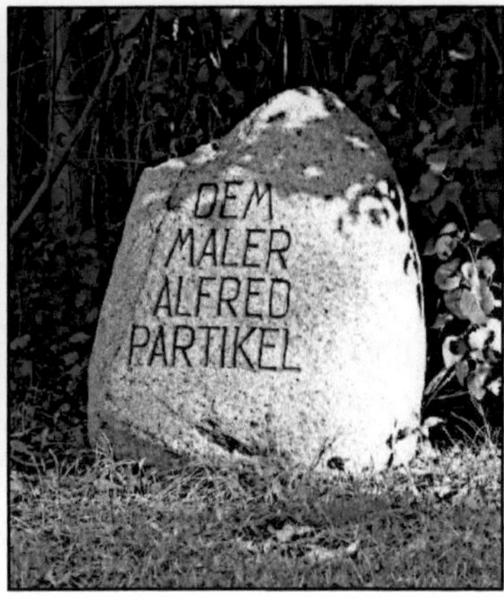

Abb. 128: Gedenkstein, Dorfstraße 32 (li.), 1990 (entfernt) und am Kunstkaten (re.), 2013

Doch damit sollte das letzte Kapitel über Alfred Partikel noch nicht geschrieben sein.

Epilog

Im Januar 2014 erhielt Cornelia Krull, geb. Partikel, den Anruf
eines Bekannten aus Ahrenshooper Zeiten. In dem Telefonat
berichtete Dr. Phillip Kellner, dass er in den Nachkriegsjahren
als Kind in Ahrenshoop eine Entdeckung gemacht habe, über
die er nun, in einem betagten Alter, endlich berichten wolle. In
jungen Jahren habe er aus Furcht und Unsicherheit über diese
Erlebnisse geschwiegen. Nun sei es aber an der Zeit, dass Cornelia Partikel hiervon erfahre.[339)]

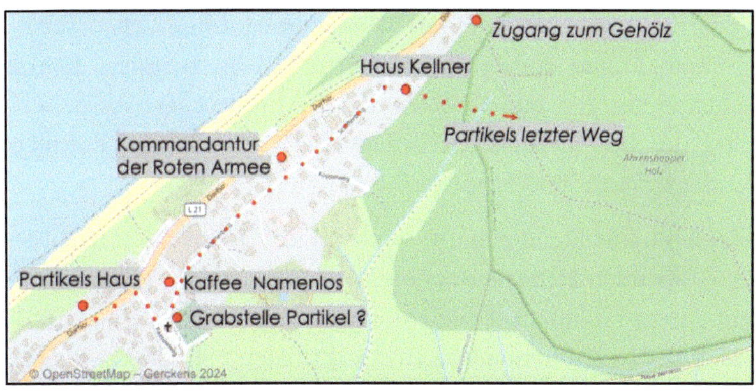

Abb. 129: Orte in Ahrenshoop am 20.10.1945

An dem besagten 20. Oktober 1945 sei er als Achtjähriger auf
dem Weg zum Ahrenshooper Holz von russischen Soldaten
mit dem Hinweis aufgehalten worden, dass im Wald geschossen würde und er allen Leuten sagen möge, dass der Wald ge-
sperrt sei. Auf dem Weg nach Hause traf er den Maler Partikel,
der zum Pilze suchen in den Wald wollte. Der Junge erzählte
von den russischen Soldaten, aber Partikel winkte ab und ließ
sich von ihm einen zweiten Korb zum Pilze sammeln geben
und einen Schleichweg zum Ahrenshooper Holz beschreiben,
wo ein Loch im Zaun sei, durch den man in das umzäunte Gehölz gelangen könne. Der Junge beschrieb folgenden Weg:
Hinter dem Haus gehe es schräg nach links über die Wiese,
dann bis zu den Erlenbäumen diesseits des Waldgrabens, der
über ein paar Baumstämme überquert werden könne. Dann bis

zum Vogelbeerbaum, wo der Wildschutzzaun ein Loch habe, das die Jungen aufgeflochten hätten und immer zum Durchkriechen benutzen würden. Der Junge wollte Partikel noch aufhalten, aber der Maler machte sich bereits auf den Weg. Damit wäre Phillip Kellner der Letzte gewesen, der Alfred Partikel an diesem Samstagvormittag gesehen hat.[340]

Nach diesem Bericht hatte Partikel unzweifelhaft den Vorsatz in das Ahrenshooper Holz zu gelangen. Demnach wäre es auch erklärbar, dass er in das Gehölz gelangt ist, ohne den von russischem Militär abgesperrten Zugang zu überwinden. Damit scheint entgegen zahlreichen anderen Mutmaßungen gesichert, dass der beschriebene Schleichweg in das Gehölz Partikels letzter bekannter Weg gewesen ist.[341]

Doch Phillip Kellner hatte noch mehr zu berichten. Im Mai des folgenden Jahres entdeckte der Junge in einer gemauerten, mit einem Holzdeckel verschlossenen Grube auf dem Grundstück der leerstehenden und verwahrlosten Gaststätte „Kaffee Namenlos" am Schifferberg die menschlichen Überreste einer Person (Abb. 129).

Das Haus war seit Mai 1945 von russischen Militärangehörigen genutzt worden und stand nunmehr leer. Aufgrund der Bekleidung der Person mit einer besonderen gewebten Jacke, die vom Maler bekannt war, ahnte der Junge, dass es sich um den vermissten Alfred Partikel gehandelt haben könnte. Zu Hause erzählte er von seinem Fund, doch man wollte ihm nicht recht glauben. Auch Dorothea Partikel konnte er von seinem Erlebnis nicht erzählen, denn seine Mutter verbot es ihm. Zudem war Dorothea zu dieser Zeit bereits im Begriff Ahrenshoop mit ihrer Tochter Cornelia zu verlassen.[342] Da der barfüßige Phillip sich bei seiner Entdeckung tiefe Schnittwunden am Fuß zugezogen hatte, konnte er in den kommenden Wochen nicht aus dem Haus. Als er dann im Juni den Fundort erneut aufsuchte, fand er das „Kaffee Namenlos" gesäubert vor und die Grube leer.[343)]

Der Bericht von Phillip Kellner ist sehr konkret verfasst und es gibt keinen Grund zur Annahme, dass seine Entdeckung sich so nicht zugetragen haben sollte. Es bleibt jedoch zu fragen, ob es einen Grund gab, dass das „Kaffee Namenlos" samt angrenzenden Gebäudeteilen in den Wochen zwischen Anfang Mai und Anfang Juni 1946 aufgeräumt wurde und damit auch die menschlichen Überreste der gefundenen Person entfernt wurden.

Hinweise hierzu liefern weitere Quellen. Am 8. August 1945 war in Berlin der Kulturbund mit Genehmigung der Sowjetischen Militäradministration (SMAD) mit Johannes R. Becher (1891-1958) als Präsidenten gegründet worden.[344)] Die Gründungskonferenz des Landesverbandes Mecklenburg unter dem Schriftsteller Willi Bredel (1909-1964) erfolgte zwei Wochen später.[345)] In diesem Umfeld entstand die Idee, das Ostseedorf Ahrenshoop zu einem „Bad der Kulturschaffenden" unter der Leitung des Kulturbundes zu machen.[346)] Spätestens im Frühjahr 1946 konkretisierte sich die Idee. Am 7. Mai 1946 schrieb Bredel an Becher: „*Wir haben den ganzen Badeort Ahrenshoop, wie Du weißt eine alte Künstlerkolonie, in der es freilich jetzt kaum noch Künstler gibt, mit Beschlag belegt. Mehrere herrenlose Häuser haben wir sofort in Verwaltung übernommen und setzen demnächst Treuhänder ein... Am nächsten Sonntag haben wir mit Spitzen der Behörden eine zweite Reise nach Ahrenshoop vor, wo wir endgültige Vereinbarungen sofort erledigen wollen.*"[347)]

Diese Vereinbarungen wurden scheinbar entsprechend umgesetzt, denn noch im Mai 1946 veröffentlichte der Ahrenshooper Bürgermeister Hans Brass folgende Mitteilung: „*Am 1. Juni ist Saison-Anfang. Ahrenshoop ist wieder Kurort; als Kurgäste kommen nur Künstler infrage, welche durch den Kulturbund bildender*

Künstler in Schwerin nach Ahrenshoop kommen dürfen. " [348] Das bedeutete, dass zur Wiederaufnahme des Kurbetriebs die Instandsetzung der kriegsbedingt desolaten Infrastruktur dringend erforderlich war. Allerdings schien diese Aufgabe nicht ganz unproblematisch, denn die von der Roten Armee besetzten Gebäude befanden sich in einem schlechten Zustand. Hierzu schrieb Bredel an Becher am 7. Mai 1946: *"... unsere guten Freunde waren in einigen dieser Häuser einquartiert und haben sie in einem recht miserablen Zustand verlassen..."* [349] Unter den „guten Freunden" waren die Soldaten der Roten Armee zu verstehen, die seit dem Vorsommer 1945 in einigen Häusern, wie auch im „Kaffee Namenlos", einquartiert gewesen waren.

Somit erfolgte im Mai 1946 in Ahrenshoop eine umfangreiche Sanierung der Kureinrichtungen. Dies betraf mit großer Wahrscheinlichkeit auch das „Kaffee Namenlos", um den Kurbetrieb kurzfristig im Juni wieder aufzunehmen. Bereits am 29. Mai 1946 textete der Berliner Nacht-Express unter folgender Überschrift (Abb. 130): *„Kulturbund übernimmt Ahrenshoop: Es ist daher von besonderem Interesse, daß es dem Kulturbund zur demokratischen Erneuerung Deutschlands gelungen ist, von der Sowjetischen Militärbehörde die Verwaltung des Badeortes Ahrenshoop zu erwirken... Der Kulturbund wird es schon in diesem Sommer wieder den Kulturschaffenden aller Art aus allen Zonen des Reiches ermöglichen, dort einige Zeit in der freien Natur zur Erholung und zum Schaffen zu verbringen.* " [350]

Dass dieses Vorhaben auch gelang, geht aus einem Schreiben des Sekretärs des Kulturbundes, Heinz Willmann, an den Kulturoffizier und Leiter der Informationsabteilung der Sowjetischen Militäradministration (SMAD) in Berlin-Karlshorst, Sergej Tulpanow vom 14. Juni 1946 hervor. Dort hieß es mit der Bitte um weitere Unterstützung seitens der Militärverwaltung: *„Der Kulturbund für demokratische Erneuerung in Mecklenburg-Vorpommern hat... die Möglichkeit zur Einrichtung von Erholungsheimen und Schaffensstätten für Kulturschaffende ... geschaffen.* " [351]

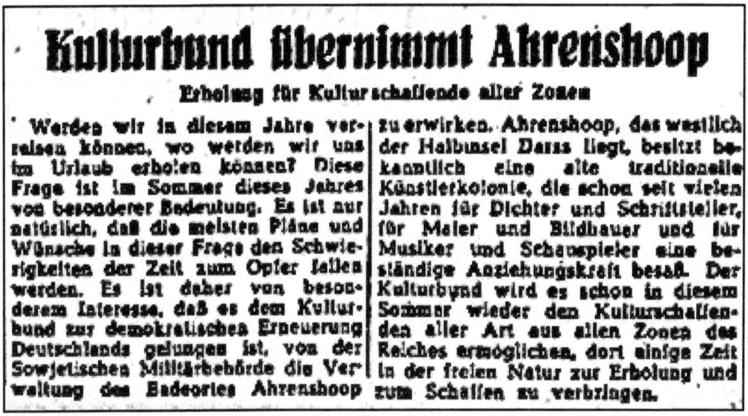

Kulturbund übernimmt Ahrenshoop

Erholung für Kulturschaffende aller Zonen

Werden wir in diesem Jahre verreisen können, wo werden wir uns im Urlaub erholen können? Diese Frage ist im Sommer dieses Jahres von besonderer Bedeutung. Es ist nur natürlich, daß die meisten Pläne und Wünsche in dieser Frage den Schwierigkeiten der Zeit zum Opfer fallen werden. Es ist daher von besonderem Interesse, daß es dem Kulturbund zur demokratischen Erneuerung Deutschlands gelungen ist, von der Sowjetischen Militärbehörde die Verwaltung des Badeortes Ahrenshoop zu erwirken. Ahrenshoop, das westlich der Halbinsel Darß liegt, besitzt bekanntlich eine alte traditionelle Künstlerkolonie, die schon seit vielen Jahren für Dichter und Schriftsteller, für Maler und Bildhauer und für Musiker und Schauspieler eine beständige Anziehungskraft besaß. Der Kulturbund wird es schon in diesem Sommer wieder den Kulturschaffenden aller Art aus allen Zonen des Reiches ermöglichen, dort einige Zeit in der freien Natur zur Erholung und zum Schaffen zu verbringen.

Abb. 130: Berliner Nacht-Express vom 29. Mai 1946

Dieser Brief liest sich wie eine Vollzugsmeldung über die erfolgten Voraussetzungen zur zeitnahen Aufnahme des Kurbetriebs, worunter die grundlegenden Sanierungen zu verstehen sind. Der Kurbetrieb begann dann zum Sommer, sodass die Berliner Zeitung am 7. August 1946 schreiben konnte (Abb. 131): *„Der ‚Kulturbund zur Demokratischen Erneuerung Deutschlands‘ hat Ahrenshoop wieder zu einer Erholungsstätte der schaffenden Künstler gemacht.“*[352]

In Bezug auf das „Kaffee Namenlos“ ist davon auszugehen, dass auch hier entsprechende Aufräumarbeiten stattfanden, war das Haus mit seiner sonnigen Kaffeeterrasse doch eines der attraktiven Aufenthaltsorte für die Kurgäste. Folglich spricht vieles dafür, dass in den Tagen zwischen Anfang Mai und Anfang Juni 1946 die menschlichen Überreste aus der beschriebenen Grube geborgen wurden. Unterlagen oder Berichte hierüber sind allerdings nicht bekannt. Ob es sich bei der aufgefundenen Person um Alfred Partikel gehandelt hat, ist derzeit nicht gesichert. Seine typische Bekleidung kann jedoch als Indiz dafür gelten.

Demzufolge wäre der Maler nach den vorliegenden Berichten über die Ereignisse am 20. Oktober 1945 wohlmöglich im

Ahrenshooper Holz unter ungeklärten Umständen zu Tode gekommen. Da sein Leichnam nie aufgefunden wurde, spricht einiges dafür, dass man ihn auf das bezeichnete Grundstück verbracht und dann in der Grube abgelegt hat. Insofern ist der Bericht des Phillip Kellner hierzu plausibel.

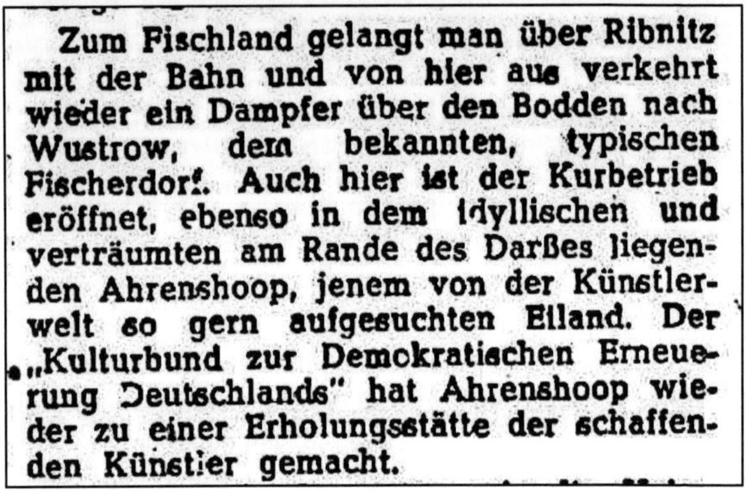

Zum Fischland gelangt man über Ribnitz mit der Bahn und von hier aus verkehrt wieder ein Dampfer über den Bodden nach Wustrow, dem bekannten, typischen Fischerdorf. Auch hier ist der Kurbetrieb eröffnet, ebenso in dem idyllischen und verträumten am Rande des Darßes liegenden Ahrenshoop, jenem von der Künstlerwelt so gern aufgesuchten Eiland. Der „Kulturbund zur Demokratischen Erneuerung Deutschlands" hat Ahrenshoop wieder zu einer Erholungsstätte der schaffenden Künstler gemacht.

Abb. 131: Berliner Zeitung vom 7. August 1946

Doch Kellner hatte noch mehr zu berichten. In der Zeit zwischen dem Auffinden und dem Verschwinden des Leichnams, also zwischen Anfang Mai und Anfang Juni 1946 hatten am Rande des wenige Meter entfernten Schifferfriedhofs Erdarbeiten stattgefunden. Eine Grabstelle war auf- bzw. zu-gegraben worden.[353] Diese Grabstelle war im Frühjahr 1945 am Rande des Friedhofs für zwei russische Soldaten angelegt worden, die hier zu Tode gekommen waren. Anstelle eines Grabsteins wurde dort ein Gedenkstein mit der Aufschrift *„1945"* und ein Gedenkmal mit der Inschrift *„Ruhm den Helden"* in kyrillischer Schrift aufgestellt worden.[354]

Der Gedenkstein ist noch heute erhalten. Ein weiterer, unbezeichneter Feldstein befindet sich direkt daneben (Abb. 132).

Ein Zusammenhang zwischen dem Auffinden des leblosen Körpers im Mai 1946 und dem Grab auf dem Friedhof ist nicht zwingend. Es wäre aber eine Erklärung für den Verbleib des Leichnams. So ist es durchaus möglich, dass die „Aufräumer" des „Kaffee Namenlos" den Leichnam entweder für einen ehemaligen Angehörigen der in dem Gebäude einquartierten Roten Armee gehalten haben und zu den Kriegskameraden in dem vorhandenen Grab auf der gegenüberliegenden Straßenseite verbracht haben. Oder aber sie haben wider besseres Wissen ihren „Fund" stillschweigend verschwinden lassen.[355]

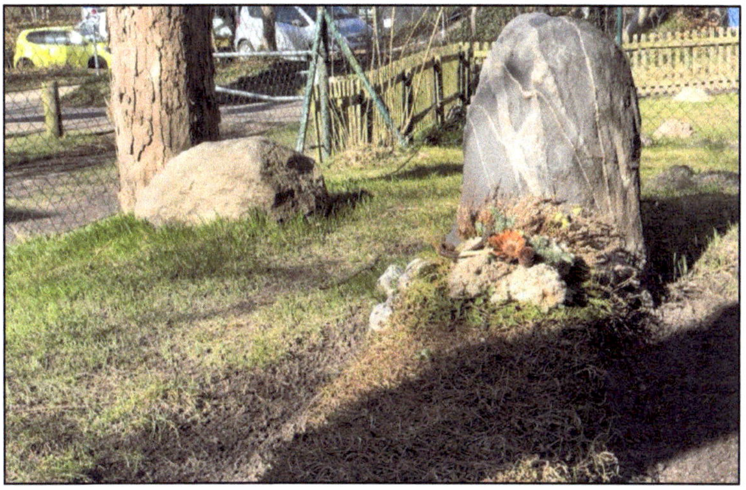

Abb. 132: Anonyme Gräber in Ahrenshoop, 2022 - links Grabstelle Partikel?

In Abwägung aller vorliegenden Dokumente erscheint die Darstellung Kellners insgesamt plausibel. Sie deckt sich weitgehend mit den bislang bekannten Quellen zum Verschwinden des Malers.[356] Somit breiten sich zum Verbleib von Alfred Partikel in den Herbsttagen 1945 zahlreiche Indizien wie ein Mosaik aus, das insgesamt jedoch ein klares Bild entstehen lässt: Seine letzte Ruhestätte hat der Maler mit großer Wahrscheinlichkeit in Ahrenshoop gefunden.

Anmerkungen

1)   MARCKS (1949).

2)   GERCKENS (1990).

3)   GERCKENS (2002).

4)   ARTNET (2025) verzeichnet zwischen 1994 und 2025 allein 90 Auktionsergebnisse, davon handelt es sich zur Hälfte um Gemälde. Vgl. ARTNET (2025), URL: http://www.artnet.de. (Stand: 6.4.2025).

5)   Vgl. ARRIETA (2009).

6)   Vgl. SAUERLANDT (1935), S. 167.

7)   Vgl. STAHL (2017), S. 79; Zu dem als Paravant genutzten Tafeln schrieb Partikel am 25.9.1924 aus Berlin an seine Frau Dorothea: „*... mit dem vierteiligen Sitzschirm bin ich nun wirklich, trotz Maurer und Dachdecker, ein ganzes Stück weitergekommen. Wenn mir auch dieses und jenes nicht gefällt, nähere ich mich doch dem Punkt, der das tragende Gerüst des Ganzen erkennen läßt. Die Studien, die ich damals von Dir gemacht habe, leisten mir dabei gute Dienste. Gestern ist mir auch die sitzende Figur gelungen mit der ich mich mächtig abmühte, bis ich sie ganz wegkratzte und an Hand der Zeichnung noch einmal hinsetzte.*" (Nachlass Partikel).

8)   Vgl. THAMM (2021); Eine Kopie der Inventarkarte aus der Städtischen Galerie Nürnberg befindet sich beim Verfasser; vgl. K-A-NÜRNBERG (2021), S. 210 f.

9)   Vgl. SCHMIDT (1978), S. 60 ff; BLOECH (o. J.), S. 73 ff.

10)   Zum Biografischen vgl. die zum Teil widersprüchlichen Angaben bei KIRRINNISS (1975), S. 1035 f; BRANDTNER (1962), S. 274 ff; MIGNAT (1965), S. 417 f.; Die Angaben wurden durch Hinweise von Frau Barbara Partikel und Frau Cornelia Krull, geb. Partikel am 12.2.1990 in Hamburg-Volksdorf ergänzt bzw. korrigiert.

11)   Zur Königsberger Kunst- und Gewerkschule vgl. KRÜGER (1982); NOLDE (1981).

12)   NOLDE (1981), S. 4.

13)   THIEME/BECKER (1907-1950), Bd. 28, S. 461.

14)   Vgl. NOLDE (1982), S. 73; BERICHT (1905), S. 11. Für frdl. Hinweise danke ich Dr. Günter Krüger, Berlin.

15) BERICHT (1907), S. 8.
16) Zur Königsberger Kunstakademie vgl. KRÜGER (1982) und KRÜGER (1989).
17) Vgl. MARTIUS, S. 385 ff.
18) THIEME/BECKER (1907-1950), Bd. 11, S. 532; VOLLMER (1953-1962), Bd. 6, S. 103.
19) Bereits August Behrendsen und insbesondere Maximilian Schmidt waren mit ihren Königsberger Akademieschülern zum Malen in die Natur gezogen. Seinerzeit überwog jedoch mehr das Entdecken der Landschaft als die künstlerische Umsetzung. Vgl. KRÜGER (1989), S. 119.
20) DETTMANN (1973), S. 36.
21) TIMM (1984), S. 9.
22) Allerdings gab es auch schon Stimmen (Hermann Obrist, Kandinsky), die vor einem Niedergang Münchens als deutsche Kunstmetropole warnten. Vgl. JELAVICH (1982), S. 23.
23) Laut Auskunft von Barbara Partikel am 12.2.1990 in Hamburg-Volksdorf.
24) Vgl. SCHMOLL (1977).
25) Vgl. ALBINUS (1985), S. 188.
26) Vgl. RUHMER (1979).
27) Vgl. WEISS (1982).
28) Laut Auskunft von Barbara Partikel am 12.2.1990 in Hamburg-Volksdorf. Von besonderer Bedeutung waren die Marèes-Ausstellung in Schleißheim und die van-Gogh-Ausstellung bei Brakl in München.
29) Vgl. SCHEIDIG (1971); SCHEIDIG (1960).
30) Vgl. K-A-BREMEN (1978).
31) SCHEIDIG (1960), S. 52.
32) NOSTITZ (1926), S. 169 ff.
33) VAN DE VELDE (1962), S. 195 ff., 242 ff.
34) Harry Graf Kessler hatte als Direktor der Weimarer Kunstsammlungen seit 1902 ein avantgardistisches Ausstellungsprogramm initiiert. Vgl. VAN DE VELDE (1962), S. 249 f; BISMARCK (1988), S. 47 ff.
35) SCHEIDIG (1960), S. 52.
36) Das grafische Linienspiel in den verzweigten Baumwipfeln findet sich auch in zwei Pastellzeichnungen aus der gleichen Zeit; vgl. GERCKENS (1990) WVZ Z1 und Z2.

37) Vgl. auch das Gemälde „Stickende Frauen von 1912 (Abb. 15).

38) Die gewählten Bildthemen sind von Darstellungen französischer Impressionisten wie Degas und Toulouse-Lautrec beeinflusst.

39) Vgl. GUTTZEIT (1972), S. 50.

40) Vgl. ROTERS (1981), S. 247 ff.

41) Vgl. PARET (1983), S. 225 ff.

42) Vgl. PARET (1983), S. 287 ff; ROTERS (1981), S. 249 ff. In Pechsteins Nachlass befand sich ein Gemälde Partikels („Fischernetze"), das 2009 in den Kunsthandel gelangte (lt. Auskunft von Julia Pechstein am 17.3.2022); vgl. ARRIETA (2009), S. 91.

43) Vgl. K-A-BERLIN (1911), S. 58. Die drei Zeichnungen, von denen zwei betitelt sind („Heuwenderinnen" und „Dorfstraße"), sind nicht eindeutig nachweisbar. Eventuell handelt es sich bei der „Dorfstraße" um die gleichnamige Radierung (Abb. 17).

44) Israel Ber (auch Joseph B.) Neumann hatte sein Graphisches Kabinett erst 1911 eröffnet. Vgl. K-A-BERLIN (1986), S. 437.

45) KUNST UND KÜNSTLER, 10 (1912), S. 415.

46) KUNST UND KÜNSTLER, 12 (1914), S. 204, 348; 15 (1917), S. 582; 18 (1920), S. 378 ff; 19 (1921), S. 192; 20 (1922), S. 361.

47) Für den frdl. Hinweis danke ich Dr. Günter Krüger, Berlin.

48) In der Behandlung des Himmels (Abb. 18) lassen sich noch Einflüsse Heinrich Wolffs erkennen.

49) Zu Michelangelos Sixtina vgl. BREDEKAMP (2021), S. 232 f.

50) Vgl. K-A-BERLIN (1912), S. 31. Bei dem als „Heuernte" bezeichneten Gemälde handelt es sich möglicherweise um die Erntedarstellung, die Karl Scheffler 1920 in seinem Aufsatz über Partikel abbildet. Vgl. KUNST UND KÜNSTLER, 18 (1920), S. 379.

51) Vgl. K-A-HILDESHEIM (1984), S. 281 f., Kat.-Nr. 206-215.

52) K-A-BERLIN (1913), S. 36, Nr. 149, 150.

53) Vgl. FMA (2021); vgl. auch die Annonce des Verlags Ferdinand Möller im K-A-BERLIN (1920), S. 64.

54)   Vgl. PARET (1983), S. 311.

55)   Ebenda, S. 329.

56)   Z. B. Max Pechstein, vgl. KRÜGER (1988), „Tanzende Frauen (Reigen)", R 55; „Der Tanz", L 149.

57)   In der Diskussion um die zeitgenössische Kunst in Deutschland hatten die Bilder Edvard Munchs seit 1892 eine wichtige Rolle gespielt. Vgl. PARET (1983), S. 79 ff. Zudem fand im Februar 1914 in der Kunsthandlung Fritz Gurlitt, Potsdamer Straße 113, eine Munch-Ausstellung statt. Das Gemälde Partikels erwarb bezeichnenderweise der Chemnitzer Munch-Sammler Herbert Esche.

58)   Vgl. PARET (1983), S. 330.

59)   K-A-BERLIN (1914), S. 70.

60)   Ebenda, S. 40, Nr. 186; vgl. auch die Radierungen D39 und D40 (GERCKENS 1990).

61)   Kunstsammlungen Chemnitz, 41,5 x 36 cm, Inv.-Nr. 1304, Foto: Kunstsammlungen Chemnitz/Jürgen Seidel (ehem. Nachlass Partikel); vgl. auch Abb. 140.

62)   GRZIMEK (1969), S. 89 ff.

63)   Laut Auskunft von Barbara Partikel am 12.2.1990 in Hamburg-Volksdorf.

64)   Schreiben W. Budelmanns an Dorothea Partikel vom 9.11.1961 (Nachlass Partikel).

65)   Vgl. KUNST UND KÜNSTLER, 15 (1917), S. 582; Abb. S. 577.

66)   Postkarte von Bernhard Hasler (1884-1945) an Alfred Partikel, Blankenburg vom 7.9.1916 (Altonaer Museum in Hamburg, Inv.-Nr. 1985/102).

67)   Brief Arthur Degners aus Arys/Ostpreußen an Alfred Partikel vom 15.6.1918 (Nachlass Partikel).

68)   Ebenda: *„Wenn es Dir nur gelingen könnte aus deiner gefährlichen Situation herauszukommen, ich wünsche es Dir zum Gedeihen der Kunst nur zu sehr, daß Du in Sicherheit wärest."*

69)   Vgl. K-A-BERLIN (1918), S. 77.

70)   Vgl. K-A-BERLIN (1919), Vorwort; vgl. KRATZ-KESSEMEIER (2008), S. 146 ff.

71)   Ebenda, Abb. Nr. 56.

72)   Zur Definition der Idylle Vgl. KLUSSMANN (1986), S. 33 ff.

73)   Vgl. BUCHHEIM (1959), S. 58 ff; SCHUSTER (1985), S. 71 ff.

74)   Vgl. K-A-BERLIN (1980).

75)   Ebenda, S. 16, 89.

76)   39. Ahrenshooper Kunstauktion am 3.8.2013.

77)   Vgl. K-A -BERLIN (1987a), S. 232, Abb. 64.

78)   Vgl. PLIETZSCH (1955), S. 91 ff.

79)   Ebenda.

80)   Zu Eduard Plietzsch pflegte Partikel einen langjährigen Kontakt. Plietzsch galt als exzellenter Kenner des niederländischen Kunstmarktes. Ab 1940 arbeitete er als Sachverständiger und Einkäufer für die Dienststelle Mühlmann unter dem SS-Obergruppenführer, Reichsminister und Reichskommissar für die Niederlande Arthur Seyß-Inquart, um Kunstwerke für die Führungselite des Dritten Reiches (u.a. Hitler, Göring, v. Schirach u.a.) zu beschaffen. Plietzsch galt nicht als Nazi (*„not a party-member, he was even kown to be anti-nazi. Not one letter is signed „Heil Hitler")* VLUG-REPORT (1945), S. 13. Seine außergewöhnlich hohe Vergütung (monatl. 10.000 RM sowie 15 % Provision für Gemäldeankäufe) ermöglichte ihm in dieser Zeit jedoch ein komfortables Auskommen. Vgl. VLUG-RERORT (1945), S. 5, 13 f.; PETROPOULOS (2014), S. 323. Vgl. auch LADENDORF (1962); KÖHLER (1996), S. 112 ff., 175 f. sowie TERLAU (2017).

81)   FECHTER (1950), S. 341 f.

82)   Vgl. PLIETZSCH (1955), S. 98 ff. Im Nachlass Bartnings befanden sich die Gemälde „An der Tränke" (G43), „Drei Akte mit Reh" (G76) und „Zwei Frauen am Gartenzaun" (G135). Auch das Gemälde „Mädchen mit Puppe" (G163) befand sich in Bartnings Besitz (vgl. Anm. 171).

83)   REIDEMEISTER (1986), S. 367.

84)   Vgl. SCHMIDT (1988), S. 88 ff.

85)   Vgl. PLIETZSCH (1955), S. 95 f.

86)   Ebenda, S. 27.

87)   Eine Neubewertung des Nachkriegs-Expressionismus brachte die vom Los Angeles County Museum of Art erarbeitete Ausstellung „Expressionismus, Die zweite Generation, 1915-1925"; K-A-DÜSSELDORF (1989). Auf einen „Stilsynkretismus" in den frühen zwanziger Jahren und die Problematik der kunstwissenschaftlichen Begriffsbildung

wies bereits ROTERS (1983), S. 117 hin: *„Die Kunsthistoriker behelfen sich mit Mischworten, wie Kubo-Expressionismus und Kubo-Futurismus. Die Künstler der zwanziger Jahre selbst haben - wegen der vielen Zacken in den Bildkompositionen - dafür das liebevoll-kollegiale Spottwort Zackezismus erdacht."* Das Problem erkannte bereits Karl Scheffler, der in einer Rezension über Partikels Ausstellung in der Galerie Ferdinand Möller schrieb: *„Partikel versteift sich immer mehr darauf, ... die Bildfläche konstruktiv aufzuteilen mit Hilfe eines ziemlich wohlfeilen Triangualismus. (Da habe ich das Wort für einen neuen Ismus in die Welt gesetzt.)"* KUNST UND KÜNSTLER, 19 (1921), S. 92. Vgl. auch BARRON (1989a), S. 35 ff. und ROTERS (1989), S. 41 ff.

88)   Vgl. LANGNER (1980), S. 50 ff.

89)   Vgl. WEDEWER (1978).

90)   Für den frdl. Hinweis danke ich Dr. Günter Krüger, Berlin.

91)   Vgl. BARRON (1989a), S. 31 ff; WIESE (1976), S. 131.

92)   Vgl. BERGER (1989), S. 15.

93)   Vgl. RUDLOFF (1989), S. 34.

94)   Kubo-futuristische Elemente finden sich bspw. in Marcks Relief „Apokalyptische Reiter" vgl. BUSCH (1977), Nr. 67 und RUDLOFF (1989), S. 34.

95)   Laut Auskunft von Gabriele Seidl, geb. Schweitzer am 4.10.1989 in Gerlingen und Barbara Partikel am 12.2.1990 in Hamburg-Volksdorf.

96)   Laut Auskunft von Gabriele Seidl, geb. Schweitzer am 4.10.1989 in Gerlingen.

97)   KASCHNITZ (1971), S. 155 f.

98)   Zu Siegfried Körte (1861-1919) vgl. LEHNERT (1974).

99)   PLIETZSCH (1955), S. 96.

100)   Vgl. ROTERS (1984), S. 49, 74 ff., 301 ff.

101)   Herbert Esche war einer der ersten Auftraggeber Henry van-de-Veldes in Deutschland. In seine Chemnitzer Villa, die van de Velde entworfen hatte, lud er Partikel im Sommer 1920 zu einer Porträtsitzung ein. Am 15.8.1920 schrieb Richard Scheibe aus Berlin an Sophie Herrmann in Pretzfeld: *„Partikel ist schon den ganzen Sommer mit wechselndem Aufenthalt fort gewesen. Jetzt ist er in Chemnitz, meiner Geburtsstadt, bei H. Esche, den er portraitiert. Sie kennen ihn wohl als Besitzer des ersten Hauses von v. d. Velde."* K-A-BERLIN (1987a), S. 488 f. Ob das Porträt ausgeführt worden ist, ist nicht nachweisbar.

Partikels Aufenthalt ist hingegen in zwei Aquarellen (Z15
und Z16) belegt (GERCKENS 1990); vgl. Abb. 53. Zwischen dem vierzehn Jahre älteren Esche und dem Maler Partikel entwickelte sich eine freundschaftliche Beziehung. Vgl.
RICHTER (2001), S. 57. 2003 berichtete Peter Luchsinger,
ein Enkel Esches über seinen Großvater: *„...er hatte eine enge
Freundschaft... insbesondere auch mit Partikel, den ich selbst einmal
auf einer Ferienreise kennengelernt habe."* LUCHSINGER (2003).
Eine Fotografie aus dem Jahre 1930 zeigt die Familie
Esche/Luchsinger zu Besuch in Ahrenshoop (Abb.145).
Esches Tochter Erdmute wurde später Patentante von Partikels 1923 geborenem Sohn Adrian (lt. schriftlicher Auskunft von Regula Luchsinger, Zollikerberg vom 14.3.2022).
Esche besaß mehr als siebzig Bilder Partikels. Vgl.
GERCKENS 1990, S. 128 ff. Die in Küsnacht bei Zürich
befindliche Sammlung wurde in den neunziger Jahren auf-
gelöst. Ein Werk aus der Sammlung gelangte seinerzeit in
den Besitz von Marion Gräfin Dönhoff.

102) Vgl. K-A-BERLIN (1921), S. 13.

103) Vgl. K-A-BERLIN (1921).

104) KUNST UND KÜNSTLER, 18 (1920), S. 378 ff.

105) Ebenda, S. 379.

106) Ebenda, S. 382.

107) Ebenda, S. 384.

108) KUNSTCHRONIK UND KUNSTWARTE, N.F. 32, Nr.
26 (1921), S. 499.

109) Müller-Kaempff beschrieb anschaulich die „Entdeckung"
Ahrenshoops, das lange Zeit seinen intimen Charakter be-
wahren konnte: *„Im Spätsommer 1889 hielt ich mich auf dem
Fischland auf, um zu malen. Gelegentlich einer Wanderung am Hohen
Ufer lag plötzlich, als wir die letzte Anhöhe erreicht hatten, zu unseren
Füßen ein Dorf: Ahrenshoop. Wir hatten von seiner Existenz keine
Ahnung und blickten überrascht und entzückt auf dieses Bild des Frie-
dens und der Einsamkeit. Kein Mensch war zu sehen, die altersgrauen
Rohrdächer und grauen Dünen gaben dem ganzen Bilde einen tiefen
Zug Ernstes und vollkommener Unberührtheit. So sah Ahrenshoop
damals aus. Nirgends ein öder Nützlichkeitsbau mit Pappdach,
nichts, was den Gesamteindruck störte... Das war ein Studienplatz,
wie ich mir immer gewünscht hatte."* MECKLENBURGISCHE
MONATSHEFTE, 2 (1926), S. 333.

110) Laut Auskunft von Barbara Partikel am 12.2.1990 in Hamburg-Volksdorf.

111) Zu Ahrenshoop als Künstlerkolonie Vgl. BERNITT (1978); GLANDER (1963); K-A-HAMBURG (1978). Seit 1990 sind zahlreiche Publikationen und Reiselektüren zum Dorf Ahrenshoop veröffentlicht worden, so z. B. NEGENDANCK (2011) und KARGE (2017).

112) Brief George Groszs, Ahrenshoop an Eduard Plietzsch, Berlin vom 26.9.1930; zitiert nach KNUST (1979), S. 119 f.

113) Altarstaffel und Gesprenge sind nicht mehr nachweisbar. Über das Verhältnis Scheibe-Partikel gibt die Leipziger Dissertation von GEORGE (1961) keinen weiteren Aufschluss.

114) Vgl. hierzu die interessanten Ausführungen von ARRIETA (2009), S. 18 f. und Anm. 47 ff.

115) KUNST UND KÜNSTLER, 20 (1922), S. 361.

116) Brief Alfred Partikels, Kotka/Finnland an Dorothea Partikel, Ahrenshoop vom 12.8.1922 (Nachlass Partikel).

117) Die Fahrt begann am 1.7.1922 und endete um den 7.9.1922 (Nachlass Partikel).

118) Brief Alfred Partikels, Kotka/Finnland an Dorothea Partikel, Ahrenshoop vom 17.8.1922 (Nachlass Partikel).

119) Brief Alfred Partikels, Kotka/Finnland an Dorothea Partikel, Ahrenshoop vom 9.8.1922 (Nachlass Partikel).

120) Brief Alfred Partikels, Kotka/Finnland an Dorothea Partikel, Ahrenshoop vom 11.8.1922 (Nachlass Partikel).

121) Brief Alfred Partikels, Berlin an Dorothea Partikel, Ahrenshoop vom 21.7.1922 (Nachlass Partikel).

122) Brief Alfred Partikels, Berlin an Dorothea Partikel, Ahrenshoop vom 10.5.1922 (Nachlass Partikel).

123) Brief Alfred Partikels, Berlin an Dorothea Partikel, Ahrenshoop vom 9.5.1922 (Nachlass Partikel).

124) Vgl. CAMPBELL (1978), S. 153 ff; WINDSOR (1981), S. 156 f.

125) Vgl. K-A-MÜNCHEN (1922), S. 228 f; zum Kruzifix von Gies vgl. KACPRZAK (2021), S. 107 f.

126) Vgl. DEUTSCHE KUNST UND DEKORATION, 51 (1922/23), S. 225.

127) Brief Alfred Partikels, Berlin an Dorothea Partikel, Ahrenshoop vom 9.5.1922 (Nachlass Partikel).

128) Im Katalog zur Ausstellung heißt es „*Wandteppich ,Madonna'* *von Alfred Partikel, Berlin, Kaiserin-Augusta-Straße 68, ausgef. v.* *Frau Dr. Schweitzer, Berlin.*"vgl. K-A-MÜNCHEN (1922), S. 229; zu Franziska (Körte) Schweitzer vgl. EPSTEIN (2013).

129) DEUTSCHE KUNST UND DEKORATION, 51 (1922/23), S. 228.

130) Für frdl. Hinweise danke ich Herrn Professor Dr. Tillmann Buddensieg, Bonn und Herrn Professor Dr. Hermann Hipp, Hamburg.

131) Vgl. WINDSOR (1981), S. 156 f.

132) Brief Alfred Partikels, Berlin an Dorothea Partikel, Ahrenshoop vom 7.9.1923 (Nachlass Partikel).

133) Vgl. Menzels Bleistiftzeichnung von 1840. Abb. in K-A-HAMBURG (1982), S. 11. Die Darstellung „Der König am Arbeitstisch" aus Franz Kuglers „Geschichte Friedrichs des Großen", Leipzig 1840, S. 262 zeigt einen ähnlichen Türdurchblick. Vgl. BOCK (1923), Nr. 599.

134) Vgl. BARRON (1989), S. 134 ff.; ROTERS (1984), S. 56 ff., 300; STERNE, S. 143 ff.

135) Vgl. BARRON (1989), S. 135. Vgl. K-A-NEW YORK (1923), S. 14.

136) Vgl. BARRON (1989), S. 131.

137) Vgl. ROTERS (1984), S. 58.

138) K-A-NEW YORK (1923), S. 7.

139) Brief Alfred Partikels, Berlin an Dorothea Partikel, Ahrenshoop vom 10.5.1922 (Nachlass Partikel).

140) Vgl. K-A-MÜNCHEN (1924), S. 30, Nr. 197 („Drei Mädchen am Brunnen").

141) Vgl. ROTERS (1984), S. 74 ff., 301.

143) KUNST UND KÜNSTLER, 21 (1923), S. 243.

143) Brief Alfred Partikels, Berlin an Dorothea Partikel, Ahrenshoop vom 7.11.1923 (Nachlass Partikel).

144) Vgl. GLANDER (1963), S. 35 f.

145) ACHENBACH (2018), S. 67.

146) Vgl. FISCHLAND (1988), S. 11 ff.

147) Vgl. z.B. „Tauwetter auf dem Fischland" (G131); 1925, „Heumahd" (G123), 1925; „Bauerngarten" (G132), 1926.

148) Vgl. GLEISBERG (1982), S. 54 ff.

149) Vgl. THIEM (1989), S. 92.

150) Vgl. BARRON (1989a), S. 38 f.

151) Zur Charakterisierung der Neuen Sachlichkeit vgl. SCHMIED (1969), S. 26.

152) Zur Begriffsprägung „Expressiver Realismus" vgl. ZIMMERMANN (1980).

153) Vgl. K-A-BERLIN (1926), S. 20, Nr. 205 mit Abbildung.

154) DEUTSCHE KUNST UND DEKORATION 58 (1926), S. 300.

155) Das Bild wurde 1927 vom Ministerium für Wissenschaft, Kunst und Volksbildung an die Nationalgalerie überwiesen. Als Leihgabe ging es an den Reichsminister des Innern in Berlin. Seit 1945 gilt es als verschollen. Vgl. LOST ART (2002), ID 257392. Vgl. auch KRATZ-KESSEMEIER (2008), S. 695.

156) ARRIETA (2009), S. 22.

157) Vgl. HILDEBRAND (1918).

158) Brief Alfred Partikels, Berlin an Dorothea Partikel, Ahrenshoop vom 7.11.1923 (Nachlass Partikel).

159) Zitiert nach RUHMER (1987), S. 90.

160) Zu Marées vgl. K-A-MÜNCHEN (1987). Auch Gerhard Marcks beschäftigte sich intensiv mit dem Werk von Marées (vgl. WIEGARTZ 2017, S. 138 f.).

161) DIE KUNST, 53 (1926), Nr. 6, S. 172.

162) Welche Rolle Hildebrands Ordnungsprinzip für Partikel gespielt hat, wird noch zwanzig Jahre später in einem Brief an Gerhard Marcks deutlich, wobei er allerdings einschränkend bemerkte: *„Der Bildhauer wird, durch seinen mehr architektonisch bedingten Arbeitsvorgang, in der Beurteilung von Bildern geneigt sein, in ihnen einen Ordnungsprozess zu suchen, auf den der Maler nicht verzichtet, aber - vielleicht berechtigt - weniger Wert legt."* Brief Alfred Partikels, Didsziddern an Gerhard Marcks, Niehagen vom 5.10.1944; Germanisches Nationalmuseum, Archiv für Bildende Kunst, I C ZR ABK 1168.

163) KUHN (1987), S. 71. Auf Partikels *„Anlehnung an Marées"* verweist auch HELD (1981), S. 62, ohne jedoch weitere Belege anzuführen.

164) Vgl. HELD (1981), S. 61.

165) *„Man sagte von ihm, daß er sehr sensibel gewesen sei, ich denke, er war sogar mitunter depressiv. Zumindest hat er es sich nie leicht gemacht."* Brief Barbara Partikels an den Verfasser vom 14.7.1988.

166) Brief Alfred Partikels, Berlin an Dorothea Partikel, Ahrenshoop, von 1927 (Nachlass Partikel).

167) Brief Alfred Partikels, Berlin an Dorothea Partikel, Ahrenshoop, vom 12.1.1925 (Nachlass Partikel).

168) HAMER (1989), S. 133. 1929 hatte Marcks Partikel als „Der
Bogenschütze" in einer Radierung festgehalten (vgl. HA-
MER (1989), S. 39. Zudem hat Partikel für verschiedene
Plastiken Marcks' Modell gestanden. So entstand 1926 „Der
Denker" (BUSCH (1977), Nr. 148), 1932 zwei Porträtköpfe
(BUSCH (1977), Nr. 232 und 235) und 1945 ein „Ausschau-
ender Fischer" (BUSCH (1977), Nr. 480). Auch die 1927 ge-
borene Tochter Cornelia hat Marcks mehrfach Modell ge-
standen (vgl. BUSCH (1977), Nr. 461, 463, 464, 469, 479,
583).

169) Vgl. BUSCH (1977), Nr. 258.

170) Möglicherweise traf Partikel in Paris mit Gerhard Marcks
zusammen, der sich im Juli 1926 dort aufhielt. Vgl. FREN-
ZEL (1989), S. 382. Der Aufenthalt in Paris schlägt sich allerdings nicht im Werk nieder. Ein Aufenthalt Partikels in
den Niederlanden (vgl. NOLDE (1982), S. 69) ist nicht
nachweisbar.

171) U. a. hatte Otto Bartning ein Gemälde Partikels für diese
Ausstellung zur Verfügung gestellt („Mädchen mit Puppe",
G163). Vgl. K-A-BERLIN (1928), S. 69, Nr. 148-150.

172) Brief Max Liebermanns, Berlin an Alfred Partikel, Berlin
vom 25.5.1928 (Nachlass Partikel); vgl. Archiv der Preußischen Akademie der Künste, Signatur PrAdK, Akte 1254.

173) Brief Alfred Partikels, Berlin an Dorothea Partikel, Ahrenshoop, vom November 1928 (Nachlass Partikel).

174) Ebenda.

175) Ebenda.

176) Zum Ahrenshooper Leben Partikels vgl. die leicht patheti-
sche Darstellung bei Kaschnitz: KASCHNITZ (1973), S. 46.

177) Brief Alfred Partikels, Ahrenshoop an Dorothea Partikel,
Berlin vom 25.3.1929 (Nachlass Partikel).

178) Seit Degner 1925 sein Königsberger Lehramt aufgegeben
hatte, wurde die Landschaftsklasse vertretungsweise von
Fritz Burmann (1892-1945) geleitet. Vgl. KRÜGER (1982),
S. 34.

179) Brief Alfred Partikels, Königsberg an Dorothea Partikel, Ahrenshoop vom 6.5.1929 (Nachlass Partikel).

180) Laut Auskunft von Barbara Partikel am 12.2.1990 in Hamburg-Volksdorf.

181) Vgl. MATULL (o. J.), S. 77 ff.; vgl. auch GAUSE (1971), Bd. 3, S. 87 f. Hanns Hopp erwarb später Partikels Porträt von Gerhard Marcks (Abb. 103).

182) Vgl. KRÜGER (1982), S. 29 f.

183) Laut Auskunft von Barbara Partikel am 12.2.1990 in Hamburg-Volksdorf.

184) TIMM (1984), S. 11. Vgl. KRATZ-KESSEMEIER (2008), S. 99 f.; 120 f.

185) Vgl. KRÜGER (1982), S. 33; KRÜGER (1989), S. 121.

186) Vgl. NOLDE (1982). Vgl. KRATZ-KESSEMEIER (2008), S. 110 f.

187) Vgl. ebenda, S. 69, 71. Vgl. KRATZ-KESSEMEIER (2008), S. 331 ff.

188) Brief Alfred Partikels, Königsberg an Dorothea Partikel, Ahrenshoop vom 8.6.1929 (Nachlass Partikel).

189) Brief Erika Eisenblätter-Laskowskis, Regensburg an Kurt Straede, Altwarmbüchen vom 2.7.1989; Kopie im Besitz des Verfassers. Zudem laut Auskunft von Dr. Fritz (Pritte) Laschat, Rosenheim am 7.10.1989 sowie Horst Skodlerrak, Lübeck-Travemünde und Jo Westerhoff, Lübeck-Travemünde am 11.1.1990.

190) Vgl. NOLDE (1982a).

191) Vgl. K-A-BERLIN (1930), S. 13, Nr. 146. Das Gemälde wurde 1931 von den Städtischen Kunstsammlungen Königsberg erworben. Seit 1944 gilt es als verschollen.

192) Vgl. Brief Alfred Partikels, Königsberg an Dorothea Partikel, Ahrenshoop vom 8.6.1929 (Nachlass Partikel).

193) *„... seit gestern bin ich mit einigen Schülern, die mir allerdings oder gottlob nicht gehören, auf einige Tage nach Rauschen gefahren, das an der Nordküste des Samlands, zwischen Neukuhren und Cranz, liegt... Die Schüler wohnen oder vielmehr hausen in einem halbverfallenen Sommerhäuschen, das Prof. Pfeiffer, dessen Schüler es in der Hauptsache sind, gehört. Die Arbeiten, die sie machen sind schaurig. Ich soll so quasi nach dem rechten sehen, weil noch ein Modell mitgenommnen wurde. Na, ich schau am Tag einmal hinein und erkundige mich nach ihrem Gesundheitszustand... Gegen Abend ging ich weit am Strand*

entlang in Richtung Cranz. Brachte alles in Beziehung zu Ahrens-hoop. Es gibt viel Gleiches, doch hat hier alles einen größeren Zug. " Brief Alfred Partikels, Rauschen an Dorothea Partikel, Ahrenshoop vom 5.6.1929 (Nachlass Partikel).

194)   Vgl. KUNST UND KÜNSTLER, 28 (1930), S. 40.

195)   Vgl. VILLA MASSIMO (1978); vgl. Archiv der Preußischen Akademie der Künste, Signatur PrAdK, Akte 1225.

196)   „Olivenernte in Olevano" (G195); „Weinberge bei Ole-vano" (G196); „Serpentara bei Olevano" (G197).

197)   Brief Dorothea Partikels, Hamburg an Gerhard Marcks, Köln vom 5.12.1957, Germanisches Nationalmuseum, Archiv für Bildende Kunst, 1 C ZR ABK 1168.

198)   Vgl. GERCKENS (1990) WVZ Z57 und Z58; vgl. K-A.-BERLIN (1931), S. 11, Nr. 160, 161.

199)   DROSS (1969), Bd. 2, Nr. 1092, S. 421; vgl. BUSCH (1977), Nr. 235 und 232.

200)   Vgl. KRÜGER (1989), S. 121. Vgl. auch KRATZ-KESSE-MEIER (2008), S. 333 ff.

201)   Aufzeichnungen Alfred Partikels im Nachlass Partikel.

202)   Brief Alfred Partikels, Königsberg an Hedwig Körte, Berlin vom 19.2.1932 (Nachlass Partikel). Vgl. KRATZ-KESSE-MEIER (2008), S. 337 ff.

203)   Vgl. KRÜGER (1989), S. 121 f. Vgl. auch KRATZ-KESSE-MEIER (2008), S. 339 f.

204)   Brief Alfred Partikels, Königsberg an Hedwig Körte, Berlin vom 21.4.1932 (Nachlass Partikel).

205)   Laut Auskunft von Barbara Partikel am 12.2.1990 in Hamburg-Volksdorf.

206)   Vgl. K-A-BERLIN (1932), S. 13, Nr. 143 („Spätsommertag"). RAVE (1949), S. 83 führt das Bild in einem Verzeichnis der 1937 beschlagnahmten Werke der Nationalgalerie auf. Hier liegt wohl ein Irrtum vor, denn das Gemälde ist noch 1941 in der Nationalgalerie verzeichnet und befindet sich auch heute noch im Bestand (Inv.-Nr. A II 787 bzw. A III 787). Grund für die Annahme könnte sein, dass das Gemälde bereits am 11.5.1937 an die Reichskammer für bildende Künste abgegeben wurde, allerdings nicht als beschlagnahmt, sondern zwecks möglicher Ausstellung auf der Weltausstellung in Paris (25.5.-25.11.1937). Eine Ausstellung dort ist nicht nachweisbar. Vielmehr wurde das Werk

am 15.7.1937, also wenige Tage vor der Eröffnung der Ausstellung „Entartete Kunst", wieder zurückgegeben, was in der Nationalgalerie allerdings erst im Rahmen einer Inventarüberprüfung am 16.12.1937 bemerkt wurde. Vgl. „Schriftwechsel mit oder über Alfred Partikel in den Akten der NG (Nationalgalerie)", S. 4 (Nachlass Partikel), Abschrift im Besitz des Verfassers. Hier wird auch auf eine mögliche Identität der Gemälde „Ostseelandschaft" und „Spätsommertag" verwiesen (Journal Nr. 1937/0993, Aktenzeichen Spec. 01, I/NG 40).

207) Die genaue Bezeichnung ist umstritten. KRÜGER (1982) und (1989) spricht von den „Staatlichen Meisterateliers für bildende Künstler", während es in einer Beilage des K-A-DUISBURG (1982) „Staatliche Meisterateliers für die bildenden Künste" heißt. Im K-A.-REGENSBURG (1988) heißt es hingegen „Staatliche Meisterateliers für bildende Künste".

208) Vgl. KRATZ-KESSEMEIER (2008), S. 114; 337. Von 1945 bis 1963 lebte Frick als freischaffender Architekt in Bad Reichenhall. Zur Biografie bei NOLDE (1982), S. 67 ist nachzutragen, dass Frick am 25.1.1945 heimlich Königsberg mit einem Schiff verlassen hatte. Vgl. Brief Alfred Partikels, Ahrenshoop an Barbara Partikel, Stadtoldendorf vom 24.2.1945 (Nachlass Partikel); Tagebuch Eduard Bischoff, 25.1.1945 (Abschrift im Nachlass Partikel).

209) Kurt Frick, Die Staatlichen Meisterateliers zu Königsberg i. Pr., in: Ostpreußische Monatshefte, 15 (1934), H. 1, zitiert nach K-A-DUISBURG (1982), S. 62.

210) Vgl. MERKER (1983), S, 123 f.

211) Laut Auskunft von Jo Westerhoff, in Lübeck-Travemünde am 11.1.1990.

212) Vgl. MERKER (1983), S. 140 ff; vgl. PETROPOULOS (2014), S. 50 ff.

213) Vgl. Anm. 209).

214) Vgl. NOLDE (1982), S. 72. Über Wissel schrieb Partikel an Marcks: „*Letztens sah ich mir auch die Arbeiten von Wissel an. Du kennst wohl Treibarbeiten in Kupfer von ihm. Er kommt vom Goldschmiedehandwerk. Er entwickelt aus dem Material recht gute Formen. Es sind der plastischen Form natürlich Grenzen gezogen. Wenn jemand das Material nicht gerecht behandelt kann leicht ein*

verkrampftes Kunstgewerbe entstehen. Vielleicht liegt seine ganze Kunst in dem Schnittpunkt zwischen Plastik und angewandter Kunst. Doch darin leistet er etwas Gutes." Brief Alfred Partikels, Königsberg an Gerhard Marcks, Ahrenshoop vom 30.11.1933; Germanisches Nationalmuseum, Archiv für Bildende Kunst, I C ZR ABK 1168.

215) Vgl. KRÜGER (1982), S. 35 f. und K-A-DUISBURG (1982), Beilage. Vgl. Brief Alfred Partikels, Königsberg an Gerhard Marcks, Ahrenshoop vom 30.11.1933 (Germanisches Nationalmuseum, Archiv für Bildende Kunst, I C ZR ABK 1168).

216) Vgl. Brief Alfred Partikels, Königsberg an Gerhard Marcks, Ahrenshoop vom 27.10.1933 (Germanisches Nationalmuseum, Archiv für Bildende Kunst, 1 C ZR ABK 1168).

217) Vgl. MERKER (1983), S. 157 f.

218) Vgl. SCHNEIDER (1989), S. 120, HAMER (1989), S. 119.

219) Laut. Auskunft von Cornelia Krull geb. Partikel am 6.10.1990 in Hamburg-Volksdorf; vgl. FRENZEL (1988), S. 78.

220) Vgl. Anm. 216).

221) Ebenda.

222) Vgl. ROTERS (1984), S. 126 f., 303; MERKER (1983), S. 134, BRENNER (1962) S. 26.

223) Vgl. K-A-BERLIN (1933), S. 7, Nr. 47 („Kartoffelernte", G150) und 48 („Blühender Apfelbaum", G219).

224) Ferdinand Möller hatte Partikel erstmals 1920 zusammen mit Richard Scheibe ausgestellt. 1921 gab er die Mappe „Hirtenlieder" (D 53 - D 60) mit 8 Radierungen Partikels heraus. 1923 nahm er seine Werke mit auf die New Yorker Ausstellung, die er zusammen mit Valentiner organisierte. Von 1924 bis 1927 war Partikel in der ständigen Ausstellung bei Möller vertreten (vgl. ROTERS (1984), S. 49, 56, 74, 300 f.). Zur Rolle Möllers bei der Ausstellung vgl. auch BRENNER (1962), S. 24 ff.

225) PETROPOULOS (2014), S. 15 ff.

226) Vgl. MERKER (1983), S. 127; WULF (1983), S. 110 f.

227) Vgl. NOLDE (1982), S. 67.

228) Brief Alfred Partikels, Königsberg an Gerhard Marcks, Ahrenshoop vom 30.11.1933, Germanisches Nationalmuseum, Archiv für Bildende Kunst, 1 C ZR ABK 1168.

229)   Ebenda.

230)   Ebenda.

231)   Ebenda.

232)   Ebenda.

233)   MECKLENBURGISCHE MONATSHEFTE, 21 (1935), S. 423 f.

234)   Vgl. NOLDE (1982), S. 65.

235)   Laut Auskunft von Barbara Partikel am 12.2.1990 in Hamburg-Volksdorf.

236)   Brief Gerhard Marcks', Berlin an Charles Crodel vom 7.4.1936, FRENZEL (1988), S. 90.

237)   Vgl. K-A-VENEDIG (1936), S. 273; MAY (2015), S. 95.

238)   Vgl. K-A-VENEDIG (1936), S. 268; Joseph Goebbels kommentierte die ausgewählten Werke nach einem Besuch der Ausstellung im August 1936: „*Biennale. Bei den Italienern einiges Gute. Aber rar. Bei uns geradezu trostlos. Kein Stück, das sich zu kaufen lohnte. Da werde ich eingreifen.*"Vgl. MAY (2015), S. 97.

239)   Vgl. HULSKER (1977), Nr. 1580.

240)   Frühjahrsausstellung Akademie 1940.

241)   Brief Alfred Partikels, Königsberg an Eduard Plietzsch, Berlin Ende 1936, Altonaer Museum in Hamburg, Inv.-Nr. 1963/305.

242)   Vgl. Anm. 218).

243)   Vgl. HENTZEN (1970), S. 41 f.

244)   Vgl. WULF (1983), S. 127 ff.

245)   Archiv Preußische Akademie der Künste, Signatur PrAdK 1107; vgl. BRENNER (1972), S. 151 ff., Dokument 162.

246)   Archiv Preußische Akademie der Künste, Signatur PrAdK 1107; vgl. auch BRENNER (1972), S. 153 f, Dokument 163.

247)   Ebenda, S. 154, Dokument 164.

248)   Archiv Preußische Akademie der Künste, Signatur PrAdK 1107; vgl. BRENNER (1972), S. 155, Dokument 165.

249)   Zitiert nach BACKES (1988), S. 78.

250)   Vgl. HENTZEN (1970), S. 50.

251)   Vgl. BACKES (1988), S. 77 ff; MERKER (1983), S. 163; LÜTTICHAU (1987), S. 89 ff.

252)   Vgl. BACKES (1988), S. 57 ff.

253)   Vgl. LÜTTICHAU (1987), S. 87 ff.

254)   Vgl. ebenda, S. 103 ff.

255) Archiv Preußische Akademie der Künste, Signatur PrAdK 1107; vgl. BRENNER (1972), S. 26: *„Offensichtlich ohne Rücksprache mit dem Reichserziehungsministerium hingen Werke der neuernannten Akademiemitglieder Marcks und Partikel nicht im „Tempel der Kunst", sondern auf der Schandausstellung ‚Entartete Kunst'."* Vgl. ebenda, S. 157, Dokument 170.

256) Ebenda, S. 155, Dokument 166; vgl. auch WESENBERG (2022), S. 91.

257) Ebenda, Dokument 167.

258) Ebenda, S. 157, Dokument 170.

259) Ebenda, S. 156, Dokument 169.

260) Ebenda.

261) Brief Gerhard Marcks' vom 29.9.1937, FRENZEL (1988), S. 96.

262) Vgl. RAVE (1987), S. 148; LÜTTICHAU (1987), S. 108 ff; ZUSCHLAG (1995).

263) Ebenda.

264) RAVE (1987) berichtet, dass in diesem Raum *„Bilder ohne Namensbezeichnungen"* hingen (S.147). Zudem sei ein *„Teil der Kunstwerke in zwei grossen Räumen des Untergeschosses untergebracht worden"*, die der Öffentlichkeit nicht zugänglich waren (S. 148).

265) Archiv Preußische Akademie der Künste, Signatur PrAdK 1107; vgl. BRENNER (1972), S. 160, Dokument 172.

266) Ebenda, S. 161, Dokument 176.

267) Brief Alfred Partikels, Ende Juli 1937 (Nachlass Partikel).

268) Vgl. VAM (2014).

269) Vgl. FMS (2021), URL: http://emuseum.campus.fu-berlin.de/eMuseumPlus?service=direct/1/ResultDetailView/result.tab.link&sp=10&sp=Scollection&sp=SfieldValue&sp=0&sp=0&sp=3&sp=SdetailView&sp=0&sp=Sdetail&sp=3&sp=F&sp= SdetailBlockKey&sp=2#this() (Stand: 14.12.2021). Vgl. auch „Schriftwechsel mit oder über Alfred Partikel in den Akten der NG (Nationalgalerie)", S. 1 und 4 (Nachlass Partikel), Abschrift im Besitz des Verfassers. Zur Annahme Paul Ortwin Raves, dass auch das Gemälde „Ostseelandschaft" beschlagnahmt worden sei, vgl. Anm. 206); RAVE (1949), S. 83.

270) Vgl. ebenda. Wöllke leitete die Zentralabteilung im Reichsministerium des Innern, wurde 1941 Ministerialdirektor

unter Innenminister Frick und später unter SS-Führer und Innenminister Heinrich Himmler; vgl. JASCH (2012), S. 489.

271) VAM (2014), vol. 1, p. 37; vgl. BACKES (1988), S. 106, 114; MERKER (1983), S. 176; K-A-BERLIN (1992a), S. 179; zu Gurlitt vgl. HOFFMANN (2017); zu Buchholz vgl. TIEDEMANN (2010) und TIEDEMANN (2013).

272) VAM (2014), vol. 2, p. 61; GERCKENS (1990), S. 72; *„Ihre Informationen, das Gemälde „Frau mit Pferd" von Alfred Partikel betreffend, gehen noch weit über unsere hinaus."* (Schreiben des Kulturhistorischen Museums Rostock an den Verfasser vom 18.07.1991); Vgl. LORENZEN (2011); zu Böhmer vgl. HOFFMANN (2010).

273) DER CICERONE, 15 (1923), S. 661.

274) VAM (2014), vol. 2, p. 173; vgl. HENTZEN (1970), S. 57; THAMM (2021); K-A-NÜRNBERG (2021), S. 210 f.

275) Vgl. VAM (2014), vol. 2, p. 199. Zu Stettin vgl. KACPRZAK (2017), S. 302; KACPRZAK (2021), S. 107 ff.

276) Vgl. FMS (2021).

277) Zu Marcks, vgl. TÜMPEL (1989), S. 192 ff.; zu Felixmüller vgl. GLEISBERG (1982), S. 58.

278) Vgl. HÜNEKE (2021), S. 129 ff.

279) Vgl. BACKES (1988), S. 57 ff.; MERKER (1983), S. 142.

280) Brief Alfred Partikels, Ende Juli 1937 (Nachlass Partikel).

281) Zitiert nach WULF (1983), S. 361.

282) Vgl. Anm. 280).

283) Vgl. hierzu die ausführliche Darstellung bei GREBING (2004), S. 170 f. und 190 ff.

284) Vgl. HELLWAG (1939), S. 20; vgl. auch MÜLLER-MEHLIS (1976), S. 44 ff.; THOMAE (1978), S. 361.

285) Nachlass Partikel.

286) Brief Alfred Partikels, Mierunsken an Gerhard Marcks, Niehagen vom 22.6.1936 (Germanisches Nationalmuseum, Archiv für Bildende Kunst, 1 C ZR ABK 1168).

287) Laut Brief Erika Eisenblätter-Laskowskis, Regensburg an Kurt Straede, Altwarmbüchen vom 2.7.1989 (Kopie im Besitz des Verfassers) und Auskunft Barbara Partikels vom 12.2.1990 in Hamburg-Volksdorf.

288) Brief Fritz (Pritte) Laschat, Rosenheim an den Verfasser vom 23.6.1989.

289) Laut Auskunft Horst Skodlerraks in Lübeck-Travemünde am 11.1.1990.

290) Laut Auskunft Dietrich Graf Dönhoffs in Schwebda am 13.10.1989.

291) Vgl. Anm. 286).

292) Laut Tagebuch Alfred Partikels (Nachlass Partikel).

293) Ebenda.

294) Vgl. REIMANN (1971), S. 215.

295) Laut Tagebuch Alfred Partikels (Nachlass Partikel).

296) Bereits am 2.7.1941 hatte Passarge um die Übersendung von Gemälden zwecks Ankauf gebeten. Partikel musste jedoch zunächst antworten, „daß ich z.Zt. nichts rechtes an Bildern hier habe... Vieles ist unterwegs und alle anderen Arbeiten noch nicht zum Abschluß gebracht. "Brief Alfred Partikels, Königsberg an Walter Passarge, Mannheim vom 23.8.1941; Städtische Kunsthalle, Mannheim, Archiv, Akte: Geplante Erwerbungen... 1938/44.

297) Vgl. WESTERMANNS MONATSHEFTE, 87 (1943), Juni, S. 485-488; Allgemeine Zeitung, vom 7.10.1942; Neue Mannheimer Zeitung vom 24./25.10.1942. Kurz nach Partikels Abreise aus Mannheim hatten sich an einem Gemälde Schadstellen im Farbauftrag entwickelt. Darauf schrieb Partikel an Passarge: „Ich sehe mir meine am Neckar gezeugten Rinder mit großer Freude an. Wenn eines von den Kleinen eine aufgesprungene Nase bekommen hat, so werden wir das schon wieder heil bekommen. Die anderen sind dafür gesunder. Dieses Bild hatte nämlich eine etwas fragwürdige Tempera-Untermalung. Es war aber das einzige... "Brief Alfred Partikels, Königsberg an Walter Passarge, Mannheim vom 14.11.1942; Städtische Kunsthalle, Mannheim, Archiv, Akte: Schriftwechsel mit Künstlern.

298) Laut Tagebuch Alfred Partikels (Nachlass Partikel).

299) Laut Auskunft Barbara Partikels vom 12.2.1990 in Hamburg-Volksdorf.

300) Briefentwurf Alfred Partikels, Straßburg vom September 1943 (Nachlass Partikel) .

301) Vgl. SEIDLITZ (1922), Nr. 212.

302) Im März 1944 schickte Partikel ein Blatt mit Widmung an Gerhard Marcks und seinen Schüler Fritz (Pritte) Laschat, im April an Walter Passarge und im August an seinen Schüler Herbert Guttmann.

303) Brief Alfred Partikels, Königsberg an Walter Passarge, Mannheim vom 26.4.1944; Städtische Kunsthalle, Mannheim, Archiv, Akte: Schriftwechsel mit Künstlern 1941/48.
304) Ebenda.
305) Laut Auskunft von Barbara Partikel am 12.2.1990 in Hamburg-Volksdorf. Zum politisch-gesellschaftlichen Leben in Königsberg und Umgebung vgl. GREBING (2004), insbesondere S. 170 f. und S. 190 f. sowie GREBING (2006), S. 22 f.
306) Brief Gerhard Marcks', Köln an Konrad Reich, Rostock vom 5.4.1974; zitiert nach HAMER (1989), S. 108.
307) Vgl. REIMANN (1971), S. 215 ff.
308) Ebenda.
309) Brief Alfred Partikels, Didsziddern an Gerhard Marcks, Niehagen vom 5.10.1944 (Germanisches Nationalmuseum, Archiv für Bildende Kunst, 1 C ZR ABK 1168).
310) Die Bilder, die Partikel nach Kniephof schickte, sind seit 1945 verschollen.
311) Vgl. Anm. 309).
312) Ebenda.
313) Ebenda.
314) Vgl. GERCKENS (1990), B13; Brief Alfred Partikels an Wilhelm Worringer vom 6.11.1944 (Altonaer Museum in Hamburg, Inv.-Nr. 1976/142). Zu Worringer vgl. GREBING (2004).
315) Über die Flucht geben die Tagebuchnotizen Eduard Bischoff (Abschrift im Nachlass Partikel) und ein Brief Alfred Partikels, Ahrenshoop an Barbara Partikel vom 24.2.1945 (Nachlass Partikel) Auskunft. Inwieweit Bischoffs Aufnahme in die Liste der „Gottbegnadeten" und seine Freistellung vom Arbeitseinsatz vom 15.9.1944 durch die Reichskammer der bildenden Künste hierbei eine Rolle gespielt hat, bleibt offen; vgl. K-A-BERLIN (2021).
316) Brief Gerhard Marcks', Niehagen an Lisbeth Caesar vom 9.3.1945; zitiert nach FRENZEL (1988), S. 119.
317) Brief Alfred Partikels, Ahrenshoop an Barbara Partikel vom 24.2.1945 (Nachlass Partikel).
318) Ebenda; vgl. auch ACHENBACH (2017), S. 66 ff. und ACHENBACH (2018), S. 67 ff.
319) Ebenda.

320) Laut Tagebuch Cornelia Partikels (Auszüge in Abschrift im Besitz des Verfassers).

321) Laut Auskunft Gertrud Schmandts, Hamburg vom 2.3.1990.

322) Ebenda.

323) Ebenda.

324) Postkarte Alfred Partikels, Ahrenshoop an Richard Scheibe, Berlin vom 26.9.1945 (Georg Kolbe Museum, Berlin, Nachlass Richard Scheibe).

325) Ebenda.

326) Der beschriebene Ablauf folgt dem Tagebuch Cornelia Partikels (vgl. Anm. 320), den Mitteilungen von Gertrud Schmandt, Hamburg am 2.3.1990 und Cornelia Krull geb. Partikel am 12.2.1990 sowie den Erinnerungen von Marie Seeberg (Auszüge in Abschrift im Besitz des Verfassers).

327) Brief Barbara Partikels, Stadtoldendorf an Walter Passarge, Mannheim vom 11.11.1945 (Städtische Kunsthalle, Mannheim, Archiv, Akte: Schriftwechsel mit Künstlern 1941/48).

328) Unterlagen hierzu im Nachlass Partikel.

329) Vgl. FRANK (1959), S. 386; GRISEBACH (1988), S. 271; JOHNSON (1983), S. 1493; ACHENBACH (2017), S. 77 f.; BECKER (2003), S. 142 ff.

330) Vgl. KASCHNITZ (o.J.), S. 13 f.

331) Vgl. KASCHNITZ (1985), Band 5, S. 59 ff.

332) Vgl. GROSZ (1955), S. 194-211.

333) Vgl. Anm. 326; in einem Brief an seinen Bruder Hans Partikel, datiert am 20.10.1945(!), schrieb Partikel: „*Wir alle stehen ja heute vor einem Nichts, mit dem ich ja immer schon gerechnet habe und (es) mich insofern weniger überrascht hat. Man muß halt wieder mal neu anfangen, wenn es auch in unserem Alter etwas schwieriger sich gestaltet... Doch wollen wir die Hoffnung nicht aufgeben und dran glauben, daß es auch jetzt wieder gelingen wird, wenn auch die Zukunft recht dunkel vor uns liegt.*" K-A-AHRENSHOOP (2019), S. 63.

334) Brief Gerhard Marcks', Niehagen an Richard Fromme vom 11.12.1945, FRENZEL (1988), S. 120.

335) Laut Auskunft von Brigitte Marcks-Geck am 7.10.1989 in Bad Reichenhall.

336) Brief Gerhard Marcks', Köln an Dorothea Partikel, Hamburg-Volksdorf (Nachlass Partikel).

337) Brief Alfred Partikels, Königsberg an Gerharde Marcks, Niehagen vom 31.12.1934 (Germanisches Nationalmuseum, Archiv für Bildende Kunst, I C ZR ABK 1168).

338) Laut Auskunft Barbara Partikel am 12.2.1990 in Hamburg-Volksdorf.

339) Laut Auskunft von Cornelia Krull am 25.1.22 in Hamburg-Volksdorf. Dr. Philipp Kellner wurde 1937 geboren, hat Landwirtschaft an den Universitäten Rostock und München studiert und wurde wissenschaftlicher Mitarbeiter an der Universität Gießen. Kellner hat erstmals 2015 und erneut 2020 unter Mitarbeit von Astrid Beier, Ahrenshoop einen erweiterten Bericht zu den Ereignissen von 1945/46 in Ahrenshoop verfasst (Der Partikelbericht; aktuell auch gedruckt). Kopien befinden sich beim Verfasser. Phillip Kellner hat in einem Telefonat mit dem Verfasser am 13.2.22 alle Angaben bestätigt.

340) Der Partikelbericht (2015) S. 1 f.; vgl. auch ACHENBACH (2017), S. 77.

341) An das Verschwinden Partikels ranken sich seit Jahren Mutmaßungen und Mythen, Erzählungen und Romane unterschiedlichster Art, zuletzt anlässlich der Ausstellung „Das rätselhafte Verschwinden von Alfred Partikel" im Neuen Kunsthaus Ahrenshoop, 2017; vgl. auch Anm. 329).

342) Laut Auskunft von Cornelia Krull, geb. Partikel am 1.2.2022 in Hamburg-Volksdorf.

343) Der Partikelbericht (2015), S. 3 f.

344) Zum Kulturbund vgl. ZIMMER (2019).

345) ZIMMER (2019), S. 72.

346) ZIMMER (2019), S. 74; GRÖSCHNER (2018), S. 58.

347) GRÖSCHNER (2018), S. 58 f.; Auch im Haus Partikel wohnten nach dem Weggang der Familie 1946 Kulturfunktionäre der DDR, so von 1950 bis 1952 u. a. der Musiker und Komponist Hanns Eisler (1898-1962), vgl. DEEG (2018), S. 13.

348) Vgl. SCHULZ (1992), S. 120.

349) Zit. nach GRÖSCHNER (2018), S. 59.

350) Berliner Nacht-Express vom 29. Mai 1946, S. 3.

351) Stiftung Archiv der Parteien und Massenorganisationen der DDR im Bundesarchiv (SAPMO-BArch), DY 27/130; zitiert nach GRÖSCHNER (2004), S. 75.

352) Berliner Zeitung vom 7. August 1946, S. 2 (Beitrag von Eberhardt Bethge).

353) Der Partikelbericht (2015), S. 4.; zum Schifferfriedhof vgl. MAHLFELD (2018).

354) Ebenda. Eine Anfrage bei der Friedhofsverwaltung in Born vom 10.3.2022 blieb bis zur Drucklegung unbeantwortet.

355) Wer an diesem Vorgehen Interesse haben könnte, lässt sich mit den gegenwärtig vorliegenden Quellen nicht klären.

356) Vgl. Anm. 326)

Anhang

Literaturverzeichnis

ACHENBACH (2017) Achenbach, Marina, Ein Krokodil für Zagreb, Hamburg 2017

ACHENBACH (2018) Achenbach, Marina, Der Sommer nach dem Krieg, in: Intelligenzbad Ahrenshoop, Zeitschrift für Ideengeschichte, Heft XII/2, Sommer 2018, S. 63-73

ALBINUS (1985) Albinus, Robert, Lexikon der Stadt Königsberg und Umgebung, Leer 1985

ARRIETA (2009) Arrieta, Katrin, Alfred Partikel, Die „gebrochene Fiktion der Idylle", Berlin 2009

ARTNET (2025) Artnet, URL: https://www.artnet.de

BACKES (1988) Backes, Klaus, Hitler und die bildende Kunst, Köln 1988

BARRON (1989) Barron, Stephanie, The Embrace of Expressionism: The Vagaries of Its Reception in America, in: German Expressionist Prints and Drawings, volume 1, Los Angeles County Museum of Art, Los Angeles 1989, S. 131-149

BARRON (1989a) Barron, Stephanie, Der Ruf nach einer neuen Gesellschaft, Einführung, in: K-A-DÜSSELDORF 1989, S. 11-39

BECKER (2003) Becker, Jürgen, Schnee in den Ardennen, Frankfurt/Main 2003

BERGER (1989)   Berger, Ursel, "Ein völlig unbeschriebenes Blatt", Die künstlerischen Anfänge von Gerhard Marcks in Berlin, K-A-BREMEN 1989, S. 11-27

BERICHT (1905)   Bericht der Königlichen Kunst- und Gewerkschule zu Königsberg i. Pr. 1904/05, Königsberg 1905

BERICHT (1907)   Bericht der Königlichen Kunst- und Gewerkschule zu Königsberg i. Pr. 1906/07, Königsberg 1907

BERNITT (1978)   Bernitt, Johann Joachim, Malerei aus den Künstlerkolonien Ahrenshoop und Schwaan, hg. vom Kulturhistorischen Museum Rostock, Begleitheft 5, Rostock 1987

BISMARCK (1988)   Bismarck, Beatrice von, Harry Graf Kessler und die französische Kunst um die Jahrhundertwende, in: Zeitschrift des deutschen Vereins für Kunstwissenschaft, 42, 1988, Heft 3, S. 47-62

BLOECH (o. J.)   Bloech, Hans, Ostpreußens Landwirtschaft, hg. von der Landsmannschaft Ostpreußen, Leer, o. J.

BOCK (1923)   Bock, Elfriede, Adolph Menzel, Verzeichnis seines graphischen Werkes, Berlin 1923

BRANDTNER (1962)   Brandtner, Fritz; Mietzner, Franz, Professor Alfred Partikel, in: Franz Mietzner, Der Kreis Schloßberg, Würzburg 1962, S. 274 ff

BREDEKAMP (2021)   Bredekamp, Horst, Michelangelo, Berlin 2021

BRENNER (1962)	Brenner, Hildegard, Die Kunst im politischen Machtkampf der Jahre 1933/34, in: Vierteljahreshefte für Zeitgeschichte, Jg. 10 (1962), Heft 1, S. 17-42

BRENNER (1972)	Brenner, Hildegard, Ende einer bürgerlichen Kunst-Institution, Stuttgart 1972

BRÜHL (1991)	Brühl, Georg, Die Cassirers, Streiter für den Impressionismus, Leipzig 1991

BUCHHEIM (1959)	Buchheim, Lothar Günther, Der Blaue Reiter, Feldafing 1959

BUSCH (1977)	Busch, Günter (Hg.), Gerhard Marcks, Das plastische Werk, Mit einem Werkverzeichnis von Martina Rudloff, Frankfurt am Main, Berlin, Wien 1977

CAMPBELL (1978)	Campbell, Joan, The German Werkbund, Princeton 1978

DEEG (2018)	Deeg, Peter, 1950-1952, Hanns und Louise Eisler, in: Intelligenzbad Ahrenshoop, Zeitschrift für Ideengeschichte, Heft XII/2, Sommer 2018, Kulturschaffende am Ostseestrand, S. 12-13

DETTMANN (1973)	Dettmann, Ludwig, Lebenserinnerungen, in: Nordelbingen, Bd. 42, 1973, S. 23-69, Bd. 44, S. 79-106

DROSS (1969)	Dross, Friedrich (Hg.), Ernst Barlach, Die Briefe in zwei Bänden, München 1969

EPSTEIN (2013)	„I Was a Nazi, and Here's Why", in: THE NEW YORKER, May 29, 2013

FRANK (1959)   Frank, Wolfgang, Verklungen Horn und Geläut, Oldenburg, Hamburg 1959

FECHTER (1950)   Fechter, Paul, Am der Wende der Zeit, Gütersloh 1950

FISCHLAND (1988)   Fischland – Darß, Wanderatlas, Berlin, Leipzig 1988, 3. Auflage

FMA (2021)   Ferdinand-Möller-Archiv in der Berlinischen Galerie, URL: https://sammlung-online.berlinischegalerie.de:443/eMP/eMuseumPlus?service=ExternalInterface&module=collection&objectId=181965&viewType=detailView (Stand: 14.12.2021)

FMS (2021)   Ferdinand-Möller-Stiftung, Datenbank zum Beschlagnahmeinventar der Aktion "Entartete Kunst", Forschungsstelle "Entartete Kunst", FU Berlin, URL: https://www.geschkult.fu-berlin.de/e/db_entart_kunst (Stand: 14.12.2021)

FRENZEL (1988)   Frenzel, Ursula, Gerhard Marcks, Briefe und Werke, München 1988

FRENZEL (1989)   Frenzel, Ursula, Chronik zu Leben und Werk von Gerhard Marcks, in: K-A-BREMEN, 1989, S. 381-386

GAUSE (1971)   Gause, Fritz, Die Geschichte der Stadt Königsberg in Preußen, Bd. 1-3, Köln 1965-1971

GEORGE (1961)   George, Magdalena, Der Bildhauer Richard Scheibe, Dissertation Leipzig 1961

GERCKENS (1990) Gerckens, Rainer, Alfred Partikel (1888-1945), Leben und Werk, Dissertation Universität Hamburg 1990 (mit Werkverzeichnis)

GERCKENS (2002) Gerckens, Rainer, Unter weitem Horizont, Das Leben des Malers Alfred Partikel, Hamburg 2002

GLANDER (1963) Glander, Hermann/Venzmer, Erich, Ahrenshoop, Schwerin 1963

GLEISBERG (1982) Gleisberg, Dieter, Conrad Felixmüller, Leben und Werk, Dresden 1982

GREBING (2004) Grebing, Herlga, Die Worringers, Bildungsbürgerlichkeit als Lebenssinn, Berlin 2004

GREBING (2006) Grebing, Helga, In Nidden zwischen 1933 und 1944, gelebte Bildungsbürgerlichkeit als bewusster Protest gegen Nationalsozialismus und Krieg, in: Niddener Hefte/Nidos sasiuviniai, 06/2, S. 14-28

GRISEBACH (1988) Grisebach, Agnes-Marie, Eine Frau Jahrgang 13, Stuttgart 1988

GRÖSCHNER (2004) Gröschner, Annett, Konflikte nach Lage der Akten, Das „Bad der Intelligenz" Ahrenshoop, in: Creutzberg, Gerlinde, Gröschner, Annett, Rensch, Inga (Hg.), Kunststück Ahrenshoop, Rostock 2004

GRÖSCHNER (2018) Gröschner, Annett, Bonzen-Aquarium, in: Intelligenzbad Ahrenshoop, Zeitschrift für Ideengeschichte, Heft XII/2, Sommer 2018, S. 56-66

GROSZ (1955)   Grosz, George, Ein kleines Ja und ein großes Nein, Hamburg 1955

GRZIMEK (1969)   Grzimek, Waldemar, Deutsche Bildhauer des 20. Jahrhunderts, München 1969

GUTTZEIT (1972)   Guttzeit, Emil Johannes, Ostpreußen in 1440 Bildern, o.O. (Leer) 1972

HAMER (1989)   Hamer (Hg.), Detlef, Gerhard Marcks, Bilder aus Niehagen, Briefe nach Mecklenburg, Rostock 1989

HAMER (1989a)   Hamer, Detlef, Die Mecklenburger Jahre, in: 12. Almanach für Kunst und Kultur im Ostseebezirk, Ausgabe 1989, hg. vom Rat des Bezirks Rostock, Abteilung Kultur, S. 9-15

HELD (1981)   Held, Jutta, Kunst und Kunstpolitik in Deutschland 1945-49, Berlin 1981

HELLWAG (1939)   Hellwag, Fritz, Ostpreußische Landschaft von Alfred Partikel, in: Die Kunst für Alle, 55 (1939), Oktober, S. 20-24

HENTZEN (1970)   Hentzen, Alfred, Das Ende der Neuen Abteilung der National-Galerie im ehemaligen Kronprinzen-Palais, in: Jahrbuch Preussischer Kulturbesitz, 8 (1970), S. 24-89

HILDEBRAND (1918)   Hildebrand, Adolf, Das Problem der Form in der bildenden Kunst, Straßburg 1918, 3. Auflage

HOFFMANN (2010)

Hoffmann, Meike (Hg.), Ein Händler „entarteter" Kunst. Bernhard A. Böhmer und sein Nachlass, Schriften der Forschungsstelle „Entartete Kunst", Bd. 3, Berlin 2010

HOFFMANN (2017)

Hoffmann, Meike, Saboteur und Profiteur, Hildebrand Gurlitt als Händler „entarteter" Kunst, in: Fleckner, Uwe; Gaethgens, Thomas W.; Huemer, Christian (Hg.), Markt und Macht, Der Kunsthandel im „Dritten Reich", Schriften der Forschungsstelle „Entartete Kunst", Bd. 12, Berlin 2017, S. 141-165

HÜNEKE (2021)

Hüneke, Andreas, Einzug der modernen Kunst in Königsberg und die Beschlagnahme, in: Hoffmann, Meike; Hüneke, Andreas (Hg.), „Entartete Kunst" in Breslau, Stettin und Königsberg, Schriften der Berliner Forschungsstelle „Entartete Kunst", Paderborn 2021, S. 129-142

HULSKER (1977)

Hulsker, Jan, Van Gogh en zijn weg, Amsterdam 1977

JASCH (2012)

Jasch, Hans-Christian, Staatssekretär Wilhelm Stuckart und die Judenpolitik, München 2012

JELAVICH (1982)

Jelavich, Peter, München als Kulturzentrum: Politik und die Künste, in: K-A-MÜNCHEN (1982), S. 17-26

JOHNSON (1983)

Johnson, Uwe, Jahrestage, Bd. 4, Frankfurt/Main 1983

K-A-AACHEN (1962)	Vom Bild zum Zeichen, Die Sammlung Felix Peltzer, Suermondt-Museum - Museum der Stadt Aachen, Aachener Kunstblätter, hg. von Peter Ludwig, März/April 1962
K-A-AHRENSHOOP (2019)	Gerhard Marcks und Alfred Partikel, Eine Künstlerfreundschaft in Ahrenshoop, hg. vom Kunstmuseum Ahrenshoop, Text von Dr. Katrin Arrieta, Ahrenshoop 2019
K-A-BERLIN (1911)	23. Ausstellung der Berliner Secession, Zeichnende Künste, Berlin 1911
K-A-BERLIN (1912)	24. Ausstellung der Berliner Secession, Berlin 1912 (2. Auflage)
K-A-BERLIN (1913)	Berliner Secession, Herbstausstellung, Berlin 1913
K-A-BERLIN (1914)	1. Ausstellung der Freien Secession, Berlin 1914 (3. Auflage)
K-A-BERLIN (1918)	Freie Secession, Berlin 1918
K-A-BERLIN (1919)	Freie Secession, Sommerausstellung, Berlin 1919
K-A-BERLIN (1920)	Freie Secession, Sommerausstellung, Berlin 1920
K-A-BERLIN (1921)	Freie Secession, Frühjahrsausstellung, Berlin 1921
K-A-BERLIN (1923)	Galerie Lutz, Zweite Sommerausstellung, Berlin 1923
K-A-BERLIN (1924)	Akademie, Frühjahrsausstellung, Berlin 1924
K-A-BERLIN (1926)	Akademie, Frühjahrsausstellung, Berlin 1926

K-A-BERLIN (1926a)	51. Ausstellung der Berliner Secession, Berlin 1926
K-A-BERLIN (1928)	Zweite Ausstellung Deutscher Nach-Impressionistischer Kunst aus Berliner Privatbesitz, National-Galerie, Berlin 1928
K-A-BERLIN (1928a)	Akademie, Frühjahrsausstellung, Berlin 1928
K-A-BERLIN (1930)	Akademie, Frühjahrsausstellung, Berlin 1930
K-A-BERLIN (1931)	Akademie, Frühjahrsausstellung, Berlin 1931
K-A-BERLIN (1932)	Akademie, Herbstausstellung, Berlin 1932
K-A-BERLIN (1933)	Galerie Ferdinand Möller, Dreißig Deutsche Künstler, Berlin 1933
K-A-BERLIN (1935)	Galerie Buchholz, Berlin 1935
K-A-BERLIN (1979)	Max Liebermann in seiner Zeit, Nationalgalerie Berlin, Berlin 1979
K-A-BERLIN (1980)	Arbeitsrat für Kunst 1918-1921, Akademie der Künste, Berlin 1980
K-A-BERLIN (1986)	Expressionisten, Staatliche Museen zu Berlin, Nationalgalerie, Berlin 1986
K-A-BERLIN (1987)	Ich und die Stadt, hg. von Eberhard Roters und Bernhard Schulz, Berlinische Galerie, Berlin 1987
K-A-BERLIN (1987a)	Stadtbilder, Berlin Museum, Berlin 1987
K-A-BERLIN (1989)	Curt Herrmann 1854-1929, Ein Maler der Moderne in Berlin, hg. von Rolf Bothe, Berlin Museum, Berlin 1989

K-A-BERLIN (1992) „Entartete Kunst“, Das Schicksal der Avantgarde im Nazi-Deutschland, hg. von Stephanie Barron, Deutsches Historisches Museum, München 1992

K-A-BERLIN (1992a) Kunst in Deutschland 1905-1937, Die verlorene Sammlung der Nationalgalerie, Berlin 1992

K-A-BERLIN (2021) Die Liste der „Gottbegnadeten“, Künstler des Nationalsozialismus in der Bundesrepublik, Eine Ausstellung des Deutschen Historischen Museums, Berlin, München 2021

K-A-BREMEN (1978) Zurück zur Natur, Die Künstlerkolonie von Barbizon, Ihre Vorgeschichte und ihre Auswirkung, Kunsthalle Bremen, Bremen 1978

K-A-BREMEN (1989) Gerhard Marcks 1889-1981, Retrospektive, hg. von Martina Rudloff, Bremen 1989

K-A-BONN (1989) Deutsche Kunst aus dem Osten, Erwerbungen der Bundesrepublik Deutschland, hg. von Stephan Waetzold, Würzburg 1989

K-A-DÜSSELDORF (1989) Expressionismus, Die zweite Generation, 1915-1925, hg. von Stephanie Barron, Kunstmuseum Düsseldorf, München 1989

K-A-DUISBURG (1982) Kunstakademie Königsberg, 1845-1945, hg. von der Prussia-Gesellschaft e.V. in Duisburg und der Ostdeutschen Galerie Regensburg (=Werk 11 der Prussia-Schriftenreihe) o. O. o. J. (Duisburg 1982)

K-A-ESSEN (1990)	Vincent van Gogh und die Moderne, 1890-1914, Museum Folkwang Essen, Freren 1990

K-A-HAMBURG (1949)	Gerhard Marcks, Plastik, Zeichnungen, Grafik, Kunstverein Hamburg, Hamburg 1949

K-A-HAMBURG (1962)	Bemalte Postkarten und Briefe deutscher Künstler, Altonaer Museum in Hamburg, Hamburg 1962

K-A-HAMBURG (1970)	Kunst und Postkarte, Altonaer Museum in Hamburg, Hamburg 1970

K-A-HAMBURG (1970a)	Gemalte Künstlerbriefe, 26. BAT-Ausstellung, Hamburg 1970

K-A-HAMBURG (1976)	Nidden, Norddeutsche Künstlerkolonien, Altonaer Museum in Hamburg, Hamburg 1976

K-A-HAMBURG (1978)	Ahrenshoop, Darß und Fischland, Norddeutsche Künstlerkolonien III, Altonaer Museum in Hamburg, Hamburg 1978

K-A-HAMBURG (1982)	Menzel der Beobachter, hg. von Werner Hofmann, Hamburger Kunsthalle, München 1982

K-A-HAMBURG (1990)	Altonaer Künstlerverein, 1905-1939, Altonaer Museum in Hamburg, Hamburg 1990

K-A-HANNOVER (1954)	Zeitgenössische Kunst aus Hannoveraner Privatbesitz, Kestner-Gesellschaft, Hannover 1954

K-A-HILDESHEIM (1984)	Max Klinger, Wege zum Gesamtkunstwerk, Roemer- und Pelizaeus-Museum, Hildesheim 1984

K-A-MANNHEIM (1913)

Ausstellung des Deutschen Künstlerbundes, Kunsthalle Mannheim, Mannheim 1913

K-A-MÜLHEIM (1984)

Meisterwerke aus der Ostdeutschen Galerie Regensburg, Malerei und Plastik, Städtisches Museum Mülheim, Regensburg 1984

K-A-MÜNCHEN (1922)

Deutsche Gewerbeschau München 1922, Amtlicher Katalog, München 1922 (2. Auflage)

K-A-MÜNCHEN (1924)

Deutsche Malerei in den letzten fünfzig Jahren, Neue Staatsgalerie, München 1924

K-A-MÜNCHEN (1977)

Die Dreißiger Jahre - Schauplatz Deutschland, Haus der Kunst, München 1977

K-A-MÜNCHEN (1979)

Die Münchner Schule 1850-1914, Bayerische Staatsgemäldesammlung und Ausstellungsleitung Haus der Deutschen Kunst München e.V., München 1979

K-A-MÜNCHEN (1980)

Franz Marc, 1880-1916, Städtische Galerie im Lehnbachhaus, München 1980

K-A-MÜNCHEN (1982)

Kandinsky und München, Begegnungen und Wandlungen 1896-1914, hg. von Armin Zweite, Städtische Galerie im Lenbachhaus, München 1982

K-A-MÜNCHEN (1985)

Delaunay und Deutschland, hg. von Peter-Klaus Schuster, Staatsgalerie moderner Kunst im Haus der Kunst, München, Köln 1985

K-A-MÜNCHEN (1987)

Hans von Marées, hg. von Christian Lenz, Bayerische

Staatsgemäldesammlung, München, Neue Pinakothek, München 1987

K-A-NEW YORK (1923)
A Collection of Modern German Art Introduced by W. R. Valentiner, New York, The Anderson Galleries, New York 1923

K-A-NÜRNBERG (2021)
Luppes Galerie, Die Kunstsammlungen der Stadt Nürnberg in der Weimarer Republik: eine Ausstellung der Kunstsammlungen der Stadt Nürnberg, Stadtmuseum im Fembo-Haus, für die Museen der Stadt Nürnberg bearbeitet und herausgegeben von Andreas Curtius, Petersberg 2021

K-A-REGENSBURG (1984)
Heinrich Wolff, 1875-1940, Druckgrafik, Veröffentlichungen der Ostdeutschen Galerie Regensburg Nr. 4, Regensburg 1984

K-A-REGENSBURG (1988)
Alfred Partikel, Gemälde, Eine Ausstellung zum 100. Geburtstag, hg. vom Museum Ostdeutsche Galerie Regensburg, Veröffentlichung Nr. 5/1988, Regensburg 1988

K-A-REGENSBURG (1988a)
Arthur Degner, Gemälde, Eine Ausstellung zum 100. Geburtstag, hg. vom Museum Ostdeutsche Galerie Regensburg und Christa Lamparter, Veröffentlichung Nr. 3/1988, Regensburg 1988

K-A-REUTLINGEN (1969)
Gemalte Karten und Briefe deutscher Künstler aus der Sammlung des Altonaer Museums in Hamburg, Hans-Thoma Gesellschaft, Reutlingen 1969

K-A-STRALSUND (1958)   Nordostdeutsche Küstenlandschaft von Hackert bis zur Gegen-
wart, Kulturhistorisches Museum
Stralsund, o.O. o.J. (1958)

K-A-VENEDIG (1936)   XX Esposizione Biennale Internationale d 'Arte, catalogo, Venezia
1936

K-A-WEIMAR (1960)   Die Weimarer Malerschule, Direk-
tion der Staatlichen Kunstsamm-
lungen, Weimar 1960

K-A-WIESBADEN (1960)   Deutsche Künstler aus dem Osten, Die Künstlergilde, Städtisches
Museum, Nassauischer Kunstver-
ein, Wiesbaden 1960

KACPRZAK (2017)   Kacprzak, Dariusz, Moderna -
sztuka zwyrodniala ze zbiorów
Muzeum Miejskiego w Szczecinie
w swietle zródel archiwalnych /
Klassische Moderne - Entartete
Kunst aus dem Bestand des Stettiner Stadtmuseums im Licht der ar-
chivischen Quellen, in: Kubiak, Si-
mon P. (Hg.), Szczecinskie a-
wangardy / Stettiner Avantgarden,
Stettin 2017, S. 165-346

KACPRZAK (2021)   Kacprzak, Dariusz, Nicht nur der
Kruzifixus von Ludwig Gies ... Zur
„Entarteten Kunst" aus dem Be-
stand des Städtischen Museums
Stettin, in: Hoffmann, Meike, Hü-
neke, Andreas (Hg.), „Entartete
Kunst" in Breslau, Stettin und Kö-
nigsberg, Schriften der Berliner
Forschungsstelle   „Entartete
Kunst", Paderborn 2021, S. 107-
116

KARGE (2017)

Karge, Wolf, Ahrenshoop: Künstlerkolonie zwischen Meer und Bodden, Fischerhude

KASCHNITZ (o. J.)

Kaschnitz, Marie Luise, Zukunftsmusik, Hamburg o. J.

KASCHNITZ (1971)

Kaschnitz, Marie Luise, Tage, Tage, Jahre, Frankfurt/Main 1971

KASCHNITZ (1973)

Kaschnitz, Marie Luise, Orte, Aufzeichnungen, Frankfurt/Main 1973

KASCHNITZ (1985)

Kaschnitz, Marie Luise, Gesammelte Werke, hg. von Christian Büttrich und Norbert Miller, Bd. 5, Die Gedichte, Frankfurt/Main 1985

KIRRINNIS (1975)

Kirrinnis, Herbert, Alfred Partikel, in: Altpreußische Biographie, Bd. 3, Marburg/Lahn 1975, S. 1035 f.

KLUSSMANN (1986)

Klussmann, Paul Gerhard, Ursprung und dichterisches Modell der Idylle, in: Wedewer, Rolf; Jensen, Jens Christian, Die Idylle, Köln 1986, S. 33-65

KNUST (1979)

Knust, Herbert (Hg.), George Grosz, Briefe 1913-1959, Reinbek 1979

KÖHLER (1996)

Berliner Lebenswelten der zwanziger Jahre, Bilder einer untergegangenen Epoche, photographiert von Marta Huth, hg. vom Bauhaus Archiv Berlin u. d. Landesbildstelle Berlin mit Köhler, Jan T.; Marohn, Jan; Denger, Nina, Frankfurt/Main 1996

KRATZ-KESSEMEIER (2008) Kratz-Kessemeier, Kristina, Kunst für die Republik, Die Kunstpolitik des preußischen Kultusministeriums 1918 bis 1932, Berlin 2008

KRÜGER (1978) Krüger, Günther, Maler aus Ostpreußen, in: museum, 2/1978, S. 36-39

KRÜGER (1982) Krüger, Günther, Zur Geschichte der Königsberger Kunstakademie, in: K-A-DUISBURG, S. 7-39

KRÜGER (1988) Krüger, Günther, Das druckgraphische Werk Max Pechsteins, hg. vom Pechstein Archiv, Hamburg, Tökendorf 1988

KRÜGER (1989) Krüger, Günther, Zur Geschichte der ostdeutschen Kunstakademien, in: K-A-BONN 1989, S. 117-128

KUHN (1987) Kuhn, Rudolf, Beobachtungen zu Figur und Komposition in der modernen Erneuerung einer antiken Malerei durch Marées, in: K-A-MÜNCHEN 1987, S. 71-86

LADENDORF (1962) Ladendorf, Heinz, Eduard Plietzsch 1886-1961, in: Wallraf-Richartz-Jahrbuch, 24 (1962), S. 415-420

LANGNER (1980) Langner, Johannes, Iphigenie als Hund, Figurenbild und Tierbild bei Franz Marc, in: K-A-MÜNCHEN 1980, S. 50-73

LEHNERT (1974) Lehnert, Siegfried Körte, in: Altpreußische Biographie, Bd. 1, Marburg/Lahn 1974, S. 351 ff.

LORENZEN (2011)

Lorenzen, Heidrun, Verfemte Moderne, Kunstwerke aus der Aktion Entartete Kunst der Nationalsozialisten im Kulturhistorischen Museum Rostock, Schriften des Kulturhistorischen Museums Rostock, NF 5, Rostock 2011

LOST ART (2022)

Deutsches Zentrum für Kulturgutverluste, URL: www.lostart.de [Stand: 18.01.2022].

LUCHSINGER (2003)

Interview der Henry-van-de-Velde-Gesellschaft mit Peter Luchsinger 2003, URL: http://www.vandevelde-sachsen.de/templates/HvdV_Zeitzeugen.tpl.php (Stand: 20.6.2022)

LÜTTICHAU (1987)

von Lüttichau, Mario-Andreas, „Deutsche Kunst" und „Entartete Kunst", Die Münchner Ausstellungen 1937, in: SCHUSTER (1987), S. 83-118

MAHLFELD (2018)

Mahlfeld, Konrad, Der Schifferfriedhof in Ahrenshoop, Künstlergräber und Kunstwerke, unter Mitarbeit von Astrid Beier, Fischerhude 2019

MARCKS (1949)

Marcks, Gerhard, Der Maler Ostpreußens, In memoriam Alfred Partikel, in: Die Zeit, 29.9.1949, S. 5. Reprint, in: Sigill, Blätter für Buch und Kunst, Otto Rohse Presse Hamburg, Hamburg o. J., S. 7-8

MARTIUS (1959)

Martius, Lilli, Die schleswig-holsteinische Malerei im 19. Jahrhundert, Neumünster 1959

MATULL (o. J.)   Matull, Wilhelm, Damals in Königsberg, München o. J.

MAY (2015)   May, Jan, Eberhard Hanfstaegl als deutscher Kommissar auf der Biennale von Venedig 1934 und 1936, in: May, Jan; Meine, Sabine (Hg.), Der Deutsche Pavillon, Berlin 2015, S. 85-100

MERKER (1983)   Merker, Reinhard, Die bildenden Künste im Nationalsozialismus, Köln 1983

MIGNAT (1965)   Mignat, Johannes, Der Kreis Goldap, Würzburg 1965

MÜLLER-MEHLIS (1976)   Müller-Mehlis, Reinhard, Die Kunst im Dritten Reich, München 1976

NEGENDANCK (2011)   Negendanck, Ruth, Künstlerkolonie Ahrenshoop: Eine Landschaft für Künstler, 2. Auflage, Fischerhude 2011

NEUMANN (1912)   Neumann, J. B., Moderne Graphik, Berlin 1912

NOLDE (1981)   Nolde, Ingeburg, Aus der Geschichte der Königsberger Kunst- und Gewerkschule, in: Festschrift 190 Jahre Kunst- und Gewerkschule Königsberg (Pr), 1790-1980, hg. vom Freundeskreis der Kunst- und Gewerkschule Königsberg und der Stiftung Haus des Deutschen Ostens Düsseldorf, o. O. o. J. (1981)

NOLDE (1982)   Nolde, Ingeborg, Biographien der Direktoren und Lehrer, in: K-A-DUISBURG (1982), S. 65-72

NOLDE (1982a)   Nolde, Ingeborg, Biographien der Schüler, in: K-A-DUISBURG (1982), S. 73-94

NOSTITZ (1926)   Nostitz, Helene von, Aus dem alten Europa, Leipzig 1926 (3. Auflage)

PARET (1983)   Paret, Peter, Die Berliner Secession, Frankfurt/Main, Berlin,Wien 1983

PETROPOULOS (2014)   Petropoulos, Jonathan, Artists under Hitler, Yale University Press, New Heaven, London 2014

PFEFFERKORN (1970)   Pfefferkorn, Rudolf, Arthur Degner, Monografien der Künstlergilde Eßlingen, Bd. 16, München 1970

PFEFFERKORN (1972)   Pfefferkorn, Rudolf, Die Berliner Secession, Berlin 1972

PLIETZSCH (1955)   Plietzsch, Eduard, "... heiter ist die Kunst" München, 1955

RAVE (1949)   Rave, Paul Ortwin, Kunstdiktatur im Dritten Reich, Hamburg 1949

RAVE (1987)   Rave, Paul Ortwin, Kunstdiktatur im Dritten Reich, hg. von Uwe M. Schneede, Berlin 1987

REIDEMEISTER (1986)   Reidemeister, Leopold, Wiederaufbau-Wiedergutmachung, Ein Bericht, in: Werner Haftmann, Verfemte Kunst, Köln 1986, S. 367-374

REIMANN (1971)   Reimann, Viktor, Dr. Joseph Goebbels, Wien, München, Zürich 1971

RICHTER (2001)

Richter, Tilo, Herbert Eugen Esche, Ein Lebensbild, Zürich 2001

ROTERS (1981)

Roters, Eberhard, Großstadt-Expressionismus, Berlin und der deutsche Expressionismus, in: Deutscher Expressionismus 1905-1920, München 1981, S. 247-261

ROTERS (1983)

Roters, Eberhard (Hg.), Berlin 1910-1933, Die visuellen Künste, Berlin 1983

ROTERS (1984)

Roters, Eberhard, Galerie Ferdinand Möller, Berlin 1984

ROTERS (1989)

Roters, Eberhard, Vorkrieg-Krieg-Nachkrieg, Expressionismus in Berlin zwischen 1912 und 1922, in: K-A-DÜSSELDORF, S. 41-59

RUDLOFF (1989)

Rudloff, Martina, „Die Persönlichkeit bejahen…", Der künstlerische Weg von der Kriegszeit bis zum Bauhaus, in: K-A-BREMEN (1989), S. 28-53

RUHMER (1967)

Ruhmer, Eberhard (Hg.), Arthur Degner, Mensch und Werk, München 1967

RUHMER (1979)

Ruhmer, Eberhard, Kunst im Zeichen der Secession, In: K-A-MÜNCHEN (1979), S. 89-102

RUHMER (1987)

Ruhmer, Eberhard, Marées und die reine Komposition, in: K-A-MÜNCHEN (1987), S. 87-96

SAUERLAND (1935)

Sauerland, Max, Die Kunst der letzten 30 Jahre, Berlin 1935

SCHEIDIG (1960)   Scheidig, Walther, Annalen zur Geschichte der Kunstschule und des Kunstlebens in Weimar, in: K-A-WEIMAR (1971), S. 11-61

SCHEIDIG (1971)   Scheidig, Walther, Die Geschichte der Weimarer Malerschule 1860-1900, Weimar 1971

SCHMIDT (1978)   Schmidt, Hermann, Die Landwirtschaft von Ostpreußen und Pommern, Marburg/Lahn 1978

SCHMIDT (1988)   Schmidt, Silvia, Bernhard Koehler – ein Mäzen und Sammler August Mackes und der Künstler des „Blauen Reiter", in: Zeitschrift des deutschen Vereins für Kunstwissenschaft, 42, 1988, Heft 3, S. 76-91

SCHMIED (1969)   Schmied, Wieland, Neue Sachlichkeit und Magischer Realismus in Deutschland 1918-1933, Hannover 1969

SCHMOLL (1977)   Schmoll, gen. Eisenwerth, Helga, Die Münchner Debitsch-Schule, in: Kunstschulreform 1900-1933, hg. von Hans M. Wingler, Berlin 1977, S. 68-92

SCHNEIDER (1989)   Schneider, Katja, Zwischen schöpferischem Handwerk und freier Kunst, Paul Tiersch und Gerhard Marcks in Halle, in: K-A-BERLIN (1989), S. 100-121

SCHULZ (1992)   Schulz, Friedrich, Ahrenshoop, Die Geschichte eines Dorfes zwischen Fischland und Darss, Fischerhude, 1992

SCHUSTER (1985)

Schuster, Klaus-Peter, Delauney und Deutschland, in: K-A-MÜN-CHEN (1985), S. 69-80

SEIDLITZ (1922)

Seidlitz, Woldemar von, Die Radierungen Rembrandts, Leipzig 1922

STAHL (2017)

Auktionshaus Stahl, Katalog zur Auktion am 24.04.2017, S. 77

STERNE (1980)

Sterne, Margaret, The Passionate Eye, The Life of William R. Valentiner, Detroit 1980

TERLAU (2017)

Terlau, Katja, Annotierte Auktionskataloge von 1933-1945 im Kunsthistorischen Institut der Universität zu Köln und der Kunsthändler Eduard Plietzsch (1886-1961), in: art market studies, Kunstmarktforschung, Kunsthistorisches Institut, Universität zu Köln, 25.04.2017, S. 1–29, URL: http://amskoeln.hypotheses.org/files/2016/08/2017-04-25-Terlau-Annotierte-Auktionskataloge.pdf (Stand: 20.06.2022)

THAMM (2021)

Thamm, Andreas, Alfred Partikel, Schuld und Rettung in: ZEIT online, 17.10.2021, URL: https://www.zeit.de/kultur/kunst/2021-10/alfred-partikel-entartete-kunst-fund-knien-der-akt-nazis (Stand: 11.12.2021)

THIEM (1989)

Thiem, Gunther, Dokumentation zu Leben und Werk, in: Karl Schmidt-Rottluff, Retrospektive, hg. von Gunther Thiem und Armin Zweite, Kunsthalle Bremen, München 1989

THIEME/BECKER

Thieme, Ulrich; Becker, Felix, Allgemeines Lexikon der (1907-1950) bildenden Künstler, Bd. 1-37, Leipzig, 1907-1950

THOMAE (1978)

Thomae, Otto, Die Propaganda-Maschinerie, Bildende Kunst und Öffentlichkeitsarbeit im Dritten Reich, Berlin 1978

TIEDEMANN (2010)

Tiedemann, Anja, Eine „Insel im braunen Meer", Die Galerie Buchholz in Berlin, in: Steinkamp, Maike; Haug, Ute (Hg.), Werke und Werte, Über das Handeln und Sammeln von Kunst im Nationalsozialismus, Schriften der Forschungsstelle „Entartete Kunst", Bd. 5, Berlin 2010, S. 83-102

TIEDEMANN (2013)

Tiedemann, Anja, Die „entartete" Moderne und ihr amerikanischer Markt, Karl Buchholz und Curt Valentin als Händler verfemter Kunst, Schriften der Forschungsstelle „Entartete Kunst", Bd. 8, Berlin 2013

TIMM (1984)

Timm, Werner, Der Graphiker Heinrich Wolff, in: K-A-REGENSBURG (1984), S. 5-12

TÜMPEL (1989)

Tümpel, Christian, Gerhard Marcks zwischen Ächtung und Achtung, in: K-A-BREMEN (1989), S. 192-223

VAN DE VELDE (1962)

van de Velde, Henry, Geschichte meines Lebens, München 1962

VAM (2014)

Victoria and Albert Museum, „Entartete" Kunst: digital reproduction of a typescript inventory prepared by the Reichsministerium für Volksaufklärung und Propaganda, ca. 1941/1942 (V&A NAL MSL/1996/7) London, Victoria and Albert Museum, January 2014, Vol I and II (Harry-Fischer-Liste), URL: http://wwwvam.ac.uk/entartetekunst (Stand: 28.2.2022)

VILLA MASSIMO (1978)   Deutsche Akademie Villa Massimo Rom, Der Direktor der Deutschen Akademie Villa Massimo Rom im Auftrag des Bundesministeriums des Inneren (Hg.), Bonn 1978

VLUG-REPORT (1945)   Vlug, Jean, Confidential OSS report on the Nazi looting organisation, Dienststelle Mühlmann, completed in December 1945 by Jean Vlug of the Royal Netherlands Army for the Fine Arts (Special Services) section of the Dutch Restitution Committee, URL: https://www.lootedart.com/web_images/pdf/Vlug%20Report%201%20pp%2005440%20to%202005496.pdf (Stand: 20.6.2022)

VOLLMER (1953-1962)   Vollmer, Hans, Allgemeines Lexikon der bildenden Künstler des 20. Jahrhunderts, Bd. 1-6, Leipzig 1953-1962

WEDEWER (1978)   Wedewer, Rolf, Landschaftsmalerei zwischen Traum und Wirklichkeit, Köln 1978

WEISS (1982)   Weiss, Peg, Kandinsky und München, Begegnungen und Wandlungen, in: K-A-MÜNCHEN (1982), S. 29-83

WESENBERG (2022)

Wesenberg, Angelika, Kampf um die Kulturhoheit, Hans-Werner von Oppen, Museumsreferent 1933-1937, in: Jahrbuch der Berliner Museen, Bd. 62, Berlin 2022, S. 73-92

WIESE (1976)

Wiese, Stephan von, Graphik des Expressionismus, Stuttgart 1976

WIEGARTZ (2017)

Wiegartz, Veronika, Mensch und Maß – Antike und Gegenwart, Die Freundschaft zwischen Gerhard Marcks, Werner Gilles und Oskar Schlemmer, in: Blümm, Antje; Bestgen, Ulrike (Hg.), Wege aus dem Bauhaus, Gerhard Marcks und sein Freundeskreis, Weimar 2017, S. 124 - 140

WINDSOR (1981)

Windsor, Alan, Peter Behrens, Architect and Designer, London 1981

WULF (1983)

Wulf, Joseph, Die bildenden Künste im Dritten Reich, Frankfurt/Main, Berlin, Wien 1983

ZIMMER (2019)

Zimmer, Andreas, Der Kulturbund in der SBZ und der DDR, Eine ostdeutsche Kulturvereinigung im Wandel der Zeit zwischen 1945 und 1990, Wiesbaden 2019

ZIMMERMANN (1980)

Zimmermann, Rainer, Die Kunst der verschollenen Generation, Düsseldorf, Wien 1980

ZUSCHLAG (1995)

Zuschlag, Christoph, „Entartete Kunst", Ausstellungsstrategien im Nazi-Deutschland, Worms 1995

Zeitschriften

AACHENER KUNSTBLÄT-
TER

12/13 (1924/25), S. 25

DAS BILD

6 (1936), S. 364; 11 (1941), S. 194 f.

DER BILDEREINRAHMER UND VERGOLDER

11 (1925), S. 4

DER CICERONE

5 (1913), S. 73, 683, 800; 11 (1919), S. 463; 15 (1923), S. 362, 393, 661; 12 (1920), S. 382

DER DEUTSCHE IM OS-
TEN

4 (1941), S. 269 ff.; 6 (1943), S. 218 ff.

DER KUNSTWANDERER

2 (1921), S. 189; 1930, Heft 4, S. 246; 5 (1923), S. 299, 468; 8/9 (1926/27), S. 469; 10/11 (1928/29), S. 41

DER QUERSCHNITT

5 (1925), S. 91

DEUTSCHE KUNST UND DEKORATION

32 (1913), S. 157; 50 (1922), S. 190; 51 (1922/23), S. 225; 54 (1924), S. 247, 261; 56 (1925), S. 266; 58 (1926), S. 300, 317, 320 f.; 59 (1926/27), S. 219; 60 (1927), S. 205; 62 (1928), S. 112, 344; 66 (1930), S. 269 f.

DIE KUNST

51 (1924/25), S. 309, 325; 53 (1925/26), S. 169 ff.; 55 (1926/27), S. 332; 57 (1927/28), S. 298, 307; 59 (1928/29), S. 345; 61 (1929/30), S. 313; 65 (1931/32), S. 60, 64; 77 (1938), S. 190 ff.

DIE KUNST FÜR ALLE

41 (1925/26), S. 168; 43 (1927/28), S. 307; 44 (1928/29), S. 345, 352; 45 (1929/30), S.

	313; 47 (1931/32), S. 60, 64; 48 (1932/33), S. 95; 51 (1935/36), S. 51, 54, 56; 55 (1939/40), S. 20 ff.; 59; 56 (1940/41), S. 3; 59 (1943/44), S. 60 ff.
DIE KUNST UND DAS SCHÖNE HEIM	49 (1951), Heft 1, S. 13 f.
DIE KUNSTAUKTION	3 (1929), S. 12
DIE WELTKUNST	5 (1931), S. 7, 10, 13; 9 (1935), Nr. 24, S. 4; Nr. 49, S. 8; Nr. 50, S. 3; Nr. 51/52, S. 5; 10 (1936), Nr. 1, S. 5; Nr. 41/42, S. 4; Nr. 50, S. 3; Nr. 51/52, S. 5; 11 (1937), Nr. 1, S. 5; Nr. 2, S. 3; Nr. 5, S. 2; 12 (1938), Nr. 50, S. 8; Nr. 51, S. 2, 3; Nr. 52, S. 5; 13 (1939), Nr. 11, S. 2; Nr. 13, S. 4; Nr. 16, S. 4; 14 (1940), Nr. 52, S. 4; 15 (1941), Nr. 1/2, S. 2
DIE WERKSTATT DER KUNST	12 (1913), Heft 38, S. 526
HEIDELBERGER ANZEIGER	1936, Nr. 143 vom 22.06.1936, S. 5
INTERNATIONALE SAMMLERZEITUNG	15 (1923), S, 110; 24 (1932), S. 191
JUGEND	25 (1920), S. 418, 742; 27 (1922), S. 774; 28 (1923), S. 587;
KUNST DER NATION	1 (1933), Nr. 2, S. 3; 2 (1934), Nr. 1, S. 2; Nr. 2, S. 3
KUNST UND KÜNSTLER	10 (1912), S. 415; 12 (1914), S. 204, 206, 348; 15 (1917), S. 577, 582; 17 (1919), S. 480; 18 (1920), S. 378 ff.; 19 (1921), S. 192; 20 (1922), S. 361, 363; 21 (1923), S. 243, 274 f.; 25 (1927), S. 313; 26

	(1928), S. 274; 27 (1929), S. 116; 28 (1930), S. 40, 386
KUNSTCHRONIK	N.F. 26 (1915), S. 481; N.F. 28 (1917) H. 40, S. 463; N.F. 32 (1920/21), Nr. 26, S. 499;
KUNSTCHRONIK UND KUNSTMARKT	55 (1920), S. 375; 56 (1920), S. 248; 58 (1922/23), S. 251, S. 549
KUNSTHANDBUCH	9 (1930), Bd. 2, S. 746
KUNSTMARKT	12 (1915), S. 160, 164; 13 (1916), S. 32, 56, 57, 132; 15 (1916), S. 64; 14 (1917), S. 54
KUNSTNACHRICHTEN	3 (1914), S. 52 f.
MECKLENBURGISCHE MONATSHEFTE	1 (1925), S. 502, 538; 2 (1926), S. 333 ff., 516, 539; 4 (1928), S. 3; 6 (1930), S. 254; 11 (1935), S. 423 f.
MEDIZINISCHE WELT	4 (1930), Nr. 36, S. 1271, 1307 f.
MITTEILUNGEN DER GE-SELLSCHAFT FÜR VER-FIELFÄLTIGENDE KUNST	1915, Heft 4
SAMLEREN, KUNST-TIDSKRIFT	5 (1928), S. 1, 70
VELHAGEN & KLASINGS MONATSHEFTE	41/1 (1926/27), S. 688, 696; 44/1 (1929/30), S. 152, 239; 48/1 (1933/34), S. 52, 119 f.
WESTERMANNS MONATS-HEFTE	151 (1931/32), Heft 901, S. 1 ff.; 169/ 170 (1940/41), S. 304; 1942/43, S. 485 ff.
ZEITSCHRIFT FÜR BIL-DENDE KUNST	N.F. 25 (1914), Heft 11, S. 312

Personenverzeichnis

Das Werk

Das 1990 bekannte Werk umfasst 724 Nummern, darunter 341 Gemälde, 222 Zeichnungen und Aquarelle, 143 Druckgrafiken (134 Radierungen, 6 Lithografien, 3 Holzschnitte) 13 bemalte Briefe und Karten sowie 5 verschiedene Arbeiten (GERCKENS 1990). Zahlreiche Werke sind nur durch Fotografien aus dem Nachlass bekannt. Ein wesentlicher Teil des Gesamtwerkes muss als verschollen betrachtet werden. Nach 1990 sind weitere Werke im Kunsthandel aufgetaucht. Auch künftig ist mit einem Anwachsen des bekannten Oeuvres zu rechnen.

Das Werk Alfred Partikels ist in über neunzig Orte in Deutschland, der Schweiz, Österreich, Italien, Frankreich, Großbritannien und den USA verstreut. In folgenden öffentlichen Sammlungen sind Werke nachgewiesen: Kunstmuseum Ahrenshoop, Geheimes Staatsarchiv, Berlin; Georg Kolbe Museum, Berlin; Kupferstichkabinett, Berlin; Nationalgalerie, Berlin; Bremer Kunsthalle; Kunstsammlungen Chemnitz; Kulturzentrum Ostpreußen, Ellingen; Kleist-Museum, Frankfurt/Oder; Kunstmuseum Moritzburg Halle (Saale); Altonaer Museum in Hamburg; Hamburger Kunsthalle; Niedersächsisches Landesmuseum, Hannover; Ostpreußisches Landesmuseum, Lüneburg; Städtische Kunsthalle, Mannheim; Kunstsammlungen der Stadt Nürnberg; Ost- und Westpreußenstiftung in Bayern, Oberschleißheim; Potsdam Museum; Kunstforum Ostdeutsche Galerie Regensburg; Kulturhistorisches Museum Rostock; Kunsthalle Rostock; Von der Heydt-Museum, Wuppertal; Detroit Institute of Arts; Harvard Art Museums, Cambridge, MA; The Metropolitan Museum of Art, New York; Fine Arts Museums of San Francisco.

Signatur und Datierung

Partikel signiert mit „A Partikel", ab 1925 auch mit einem Monogramm aus den Buchstaben „AP". Frühe Druckgrafik wird gelegentlich mit einer Ligatur aus „AP" signiert. Einige grafische Blätter aus dem Nachlass sind mit einem Monogramm-Stempel versehen.

Die Datierung erfolgt neben der Signatur entweder durch die Endziffern der Jahreszahl (z. B. A Partikel 34), durch die ganze Zahl (z. B. A Partikel 1934) oder links und rechts vom Monogramm (z. B. 19 AP 34).

Ausstellungen

Gelistet sind alle Ausstellungen und Ausstellungsbeteiligungen zwischen 1911 und 1989.

1911	Berlin	Berliner Secession, 23. Ausstellung
1912	Berlin	Graphisches Kabinett J. B. Neumann, 11. Ausstellung
1912	Berlin	Berliner Secession, 24. Ausstellung
1912	Berlin	Berliner Secession, 25. Ausstellung
1913	Berlin	Secession, Herbstausstellung
1913	Dresden	Galerie Arnold
1913	Leipzig	Kunstverein, Stätten der Arbeit
1913	Mannheim	Deutscher Künstlerbund
1914	Berlin	Freie Secession, 1. Ausstellung
1914	Berlin	Graphisches Kabinett J. B. Neumann
1915	Berlin	Graphisches Kabinett J. B. Neumann
1917	Berlin	Freie Secession, 3. Ausstellung
1918	Berlin	Freie Secession
1919	Berlin	Kunstausstellung, Abteilung Freie Secession
1919	Berlin	Freie Secession, Sommerausstellung
1920	Berlin	Galerie Ferdinand Möller
1920	Berlin	Freie Secession, Sommerausstellung
1921	Berlin	Große Berliner Kunstausstellung, Abteilung Freie Secession
1921	Dresden	Galerie Emil Richter, Norddeutsche Sezession
1921	Berlin	Freie Secession, Frühjahrsausstellung

1922	München	Deutsche Gewerbeschau, Dombau-hütte
1922	Berlin	Akademie, Frühjahrsausstellung
1923	New York	Anderson Galleries, A Collection of Modern German Art
1923	Berlin	Galerie Lutz
1923	Berlin	Galerie Ferdinand Möller
1924	Berlin	Akademie, Frühjahrsausstellung
1924	Berlin	Akademie, Herbstausstellung
1924	Berlin	Kleine Galerie, Neue Wilhelmstraße
1924	München	Neue Staatsgalerie, Deutsche Malerei in den letzten fünfzig Jahren
1925	Aachen	Suermondt Museum
1925	München	Secession, Glaspalast
1925	Berlin	Akademie, Frühjahrsausstellung
1925	Berlin	Akademie, Herbstausstellung
1926	Berlin	Berliner Secession, 51. Ausstellung
1926	Berlin	Akademie, Frühjahrsausstellung
1926	Berlin	Akademie, Herbstausstellung
1926	Berlin	Galerie Casper
1926	München	Jahresausstellung im Glaspalast
1927	Berlin	Akademie, Frühjahrsausstellung
1927	Berlin	Galerie Ferdinand Möller
1927	Berlin	Salon Casper
1927	Berlin	Schloß, Ostpreußenkunst
1927	Dresden	Sächsischer Kunstverein
1928	Bautzen	Kunstverein
1928	Berlin	Berliner Secession, 53. Ausstellung

1928	Berlin	Nationalgalerie, Zweite Ausstellung Deutscher Nach-Impressionistischer Kunst aus Berliner Privatbesitz
1929	Altona	Altonaer Künstlerverein, Kunstausstellung Altona
1929	Berlin	Akademie, Frühjahrsausstellung
1929	Berlin	Ausstellung der Kunstkammer
1930	Berlin	Akademie, Frühjahrsausstellung
1930	New York	Metropolitan Museum of Art, Zeitgenössische Grafik der letzten fünfzig Jahre
1930	Rostock	Kulturhistorisches Museum, Vereinigung Rostocker Künstler
1930	Berlin	Galerie Hartberg, Alfred Partikel/Richard Scheibe
1931	Lübeck	Behnhaus, Die Ostsee im Bilde
1931	Berlin	Galerie Hartberg
1931	Königsberg	Kunsthalle am Wrangelturm
1931	Berlin	Akademie, Frühjahrsausstellung
1931	Berlin	Akademie, Herbstausstellung
1932	Berlin	Akademie, Herbstausstellung
1933	Berlin	Galerie Ferdinand Möller, Dreißig Deutsche Künstler
1933	Königsberg	Kunstverein Königsberg, Romantik und Gegenwart in Ostpreußen
1934	Berlin	Akademie, Frühjahrsausstellung
1935	Berlin	Galerie Buchholz
1935	Königsberg	Schloß
1935	Berlin	Nationalgalerie, Neuerwerbungen
1936	Venedig	20. Biennale

1936	Berlin	Galerie Buchholz
1936	Heidelberg	Heidelberger Kunstverein, Deutsche Kunst der Gegenwart
1936	Königsberg	Kunsthalle am Wrangelturm, Vier Jahre ostpreußisches Kunstschaffen
1937	Mannheim	Städtische Kunsthalle
1937	München	Entartete Kunst
1937	Berlin	Galerie Buchholz
1938	Berlin	Galerie Buchholz
1938	Königsberg	Staatliche Meisterateliers, Alfred Partikel und seine Schüler
1939	Berlin	Galerie Buchholz
1939	Hannover	Kunstverein
1939	Königsberg	Kunstverein Königsberg, Ostpreussenkunst
1940	Berlin	Galerie Buchholz, 50. Ausstellung, Alfred Partikel/Karl Rössing
1940	Mannheim	Städtische Kunsthalle, Deutsche Aquarellisten der Gegenwart I
1940	Berlin	Akademie, Frühjahrsausstellung
1940	Dessau	Gemäldegalerie, Alfred Partikel/ Fritz Burmann/ Elisabeth Voigt
1941	Berlin	Verein Berliner Künstler, Kleine Kollektion
1942	Mannheim	Städtische Kunsthalle, Deutsche Zeichner der Gegenwart
1942	Mannheim	Städtische Kunsthalle, Deutsche Landschaftsmalerei der Gegenwart
1943	Königsberg	Kunstverein Königsberg, Ostpreußenkunst
1946	Berlin	Zeughaus, Erste Deutsche Kunstausstellung der Deutschen

		Zentralverwaltung für Volksbildung in der sowjetischen Besatzungszone
1948	Halle	Galerie Henning, Ausstellung Zeitgenössischer Kunst
1949	Hamburg	Galerie der Jugend, Alfred Partikel
1949	Hamburg	Hamburger Kunstverein, Gerhard Marcks
1949	Bremen	Kunsthalle, Gedächtnisausstellung Alfred Partikel
1950	Düsseldorf	Kunsthalle, Ostdeutsche Bildkunst
1954	Hannover	Kestner Gesellschaft, Zeitgenössische Kunst aus Hannoveraner Privatbesitz
1955	Berlin	Schloß Charlottenburg, Ostdeutsche Kunst der Gegenwart
1955	Duisburg	Städtisches Kunstmuseum, Ausstellung zur 700-Jahrfeier der Stadt Königsberg
1956	Oldenburg	Landesmuseum, Studio-Ausstellung Alfred Partikel
1958	Stralsund	Kulturhistorisches Museum Stralsund, Nordostdeutsche Küstenlandschaft von Hackert bis zur Gegenwart
1959	Berlin	Galerie Schüler, Gedächtnisausstellung Alfred Partikel
1959	Wiesbaden	Städtisches Museum, Deutsche Künstler aus dem Osten
1962	Aachen	Suermondt-Museum, Vom Bild zum Zeichen, Die Sammlung Felix Peltzer
1962	Hamburg	Altonaer Museum in Hamburg, Bemalte Postkarten und Briefe Deutscher Künstler
1969	Reutlingen	Hans-Thoma-Gesellschaft, Gemalte Karten und Briefe deutscher Künstler

		aus der Sammlung des Altonaer Museums
1970	Hamburg	Altonaer Museum in Hamburg, Kunst und Postkarte
1970	Hamburg	26. B.A.T.-Ausstellung, Gemalte Künstlerbriefe, Aus den Sammlungen des Altonaer Museums in Hamburg
1976	Hamburg	Altonaer Museum in Hamburg, Nidden, Norddeutsche Künstlerkolonien (auch 1977 Regensburg, Ostdeutsche Galerie Regensburg)
1978	Hamburg	Altonaer Museum in Hamburg, Ahrenshoop, Darß und Fischland, Norddeutsche Künstlerkolonien III
1982	Duisburg	Prussia-Gesellschaft, Theater der Deutschen Oper, Kunstakademie Königsberg (auch 1983 Regensburg, Ostdeutsche Galerie Regensburg; 1983 Konstanz, Städtische Galerie; 1983 Ellingen, Ostpreußisches Dokumentationszentrum; 1983 Ravensberg, Städtische Galerie)
1984	Berlin	Georg Kolbe Museum, Hommage a Richard Scheibe
1984	Mülheim	Städtisches Museum, Meisterwerke aus der Ostdeutschen Galerie Regensburg, Malerei und Plastik (auch 1984 Höxter, Museum Höxter-Corvej; 1984 Solingen, Deutsches Klingenmuseum)
1985	Hamburg	Altonaer Museum in Hamburg, Wiedersehen und Wiederentdecken
1986	Berlin	Stiftung Deutschlandhaus Berlin, Große Ostpreußen
1988	Rostock	Kulturhistorisches Museum Rostock, Malerei aus den Künstlerkolonien Ahrenshoop und Schwaan (auch

		1990 Ribnitz-Damgarten, Bernstein-Museum)
1988	Regensburg	Ostdeutsche Galerie Regensburg, Alfred Partikel, Gemälde, Eine Ausstellung zum 100. Geburtstag
1989	Niebüll	Richard-Haizmann-Museum, Alfred Partikel, Landschaften
1989	Bonn	Wissenschaftszentrum, Staatliche Museen Preußischer Kulturbesitz, Berlin, Deutsche Kunst aus dem Osten, Erwerbungen der Bundesrepublik Deutschland (auch 1990 Cappenberg, Schloß; 1990 Berlin, Museum Dahlem)
1989	Köln	Josef-Haubrich-Kunsthalle, Gerhard Marcks (1889-1981), Retrospektive (auch 1989 Berlin, Nationalgalerie; 1989 Bremen, Gerhard-Marcks-Haus)

Lebensstationen

Ernst Fritz Adolf Partikel wird am 7. Oktober 1888 als drittes von sechs Kindern in Goldap/Ostpreußen geboren. Die Eltern sind der Amtsgerichtssekretär Adolf Partikel (geb. 12.9.1857 Wenzkau, Kr. Berent/Westpreußen, gest. 4.12.1945 Belgard/Pommern) und Anna Auguste Partikel, geb.

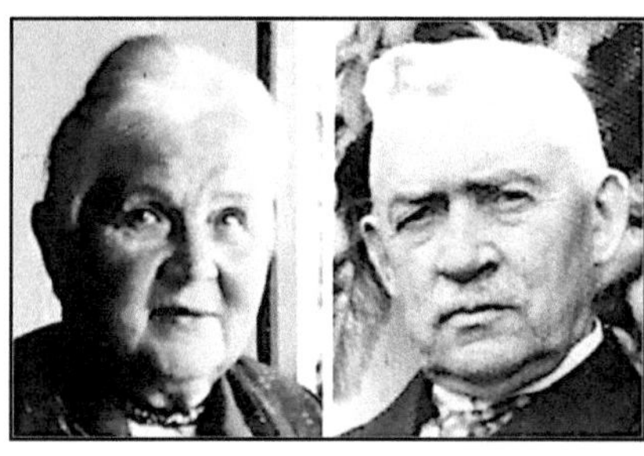

Abb. 133: Alfred Partikels Eltern Auguste und Adolf Partikel

Kausch (geb. 23.9.1858 Szittkehmen, Kr. Goldap/Ostpreußen, gest. 3.1945 Schlawe/Pommern). Der Vater übernimmt in den neunziger Jahren den Gasthof des Schwiegervaters und wird Gemeindevorsteher von Szittkehmen und Amtsvorsteher umliegender Bezirke. Alfred Partikel besucht die Volksschule in Szittkehmen. 1900 zieht die Familie nach Pillkallen/Ostpreußen, da der Vater dort das Amt des Bürgermeisters bis 1919 übernimmt.

1905-1907

Alfred Partikel besucht das Gymnasium in Insterburg und schließt um 1905 seine Schulbildung mit dem „Einjährigen" ab. Anschließend besucht er für ein halbes Jahr die Königliche Kunst-

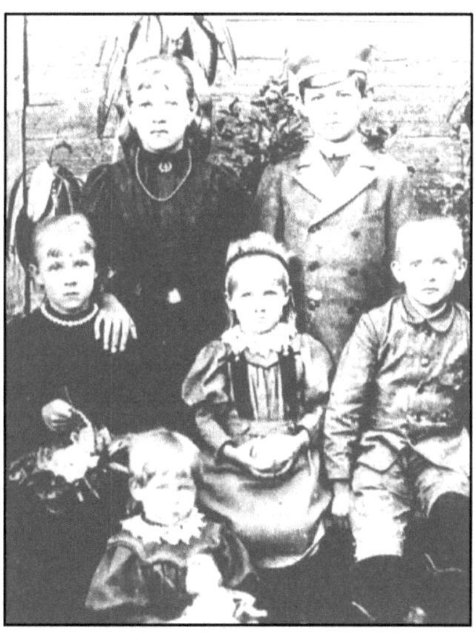

Abb. 134: Alfred (re. sitzend) mit Geschwistern, um 1895

"

und Gewerkschule in Königsberg. Als akademische Maler wirken
hier Max Rodemeister (*1858) und Eduard Anderson (1873-1947).
1905 beginnt Partikel sein Studium an der Königlichen Kunstakademie zu Königsberg. Seit 1900 ist Ludwig Dettmann (1865-1944) Direktor der Akademie. Oluf Jernberg (1855-1935) leitet die Klasse für
Landschaftsmalerei und Heinrich Wolff (1875-1935) die Kupfer-
stich- und Elementarklasse.

1908-1909

Partikel geht als freier Maler nach München. Dortige Tätigkeit ist
nicht nachweisbar. Angeblich kopiert er viel nach Alten Meistern.

1910

Um 1910 übersiedelt Partikel nach Weimar. Dort herrscht seit Harry
Graf Kesslers und Henry van de Veldes Wirken ein aufgeschlossenes
Klima für die moderne Kunst. An der Großherzoglichen Kunst-
schule wirken Ludwig von Hofmann, Fritz Mackensen, Hans Olde
und Theodor von Hagen. An die seit 1903 überfüllte Schule stellt
Partikel jedoch kein Aufnahmegesuch.

1911

Rückkehr nach Pillkal-
len/Ostpreußen. Erste
Beteiligung mit Arbeiten
an der Winterausstellung
der Berliner Secession
(Zeichnende Künste)
November/Dezember.

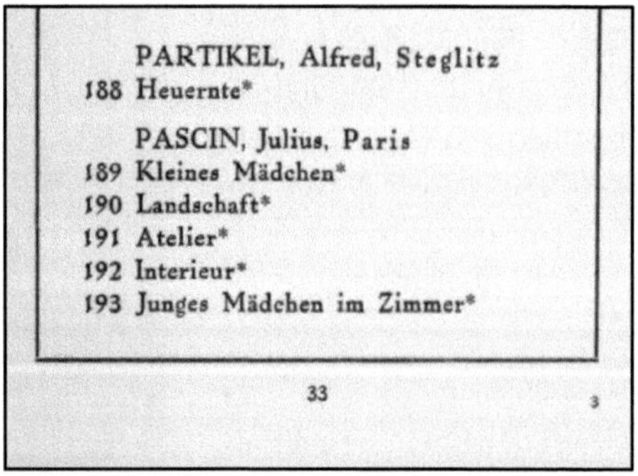

PARTIKEL, Alfred, Steglitz
188 Heuernte*

PASCIN, Julius, Paris
189 Kleines Mädchen*
190 Landschaft*
191 Atelier*
192 Interieur*
193 Junges Mädchen im Zimmer*

33

Abb. 135: Berliner Secession, Ausstellungskatalog
Herbst 1911, S. 33 (Ausschnitt)

1912

Umzug nach Berlin-
Steglitz. Beteiligung an
der Gemälde- und Gra-
fikausstellung der Berliner Secession. Verkauf einer Mappe mit Radierungen durch das Graphische Kabinett J. B. Neumann in der
Kunstabteilung des Kaufhauses Wertheim, Leipziger Straße.

1913

Beteiligung an der Herbstausstellung der Berliner Secession mit fünf Gemälden.

1914

Wohnhaft in der Poschinger Straße 29, Berlin Steglitz. Nach Spaltung der Secession Mitgliedschaft in der Freien Secession unter Max Liebermann. Einberufung zum Heer und Teilnahme am Frankreichfeldzug.

1915

Bekanntschaft mit Richard Scheibe. Im Herbst verschüttet in der Champagne. Schwere Gehörverletzung. Längerer Lazarettaufenthalt. Eine leichte Schwerhörigkeit bleibt bestehen und nimmt im späteren Leben zu.

1916

Nach Genesung im Herbst Versetzung über Erlangen und Frankfurt/Oder nach Blankenburg. Dort in einem Offiziersgefangenenlager als Aufseher tätig.

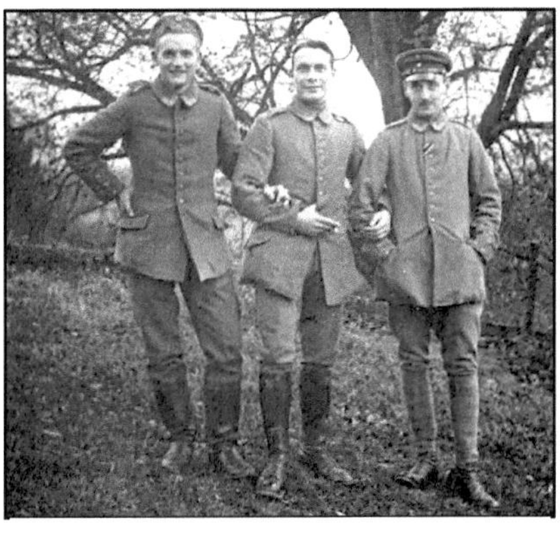

Abb. 136: Partikel (li.) mit Kriegskameraden, 1914

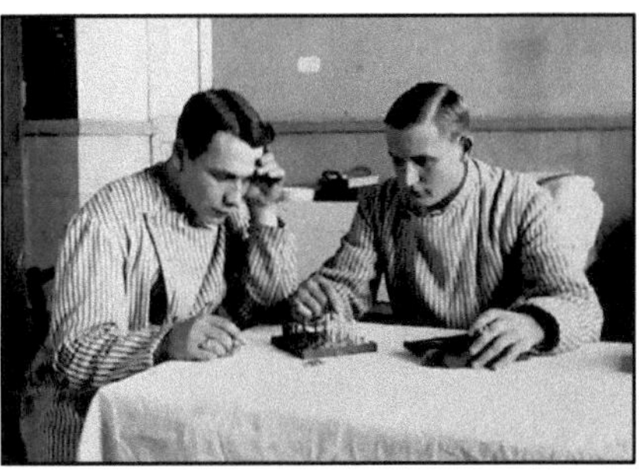

Abb. 137: Partikel (re.) im Lazarett, 1915

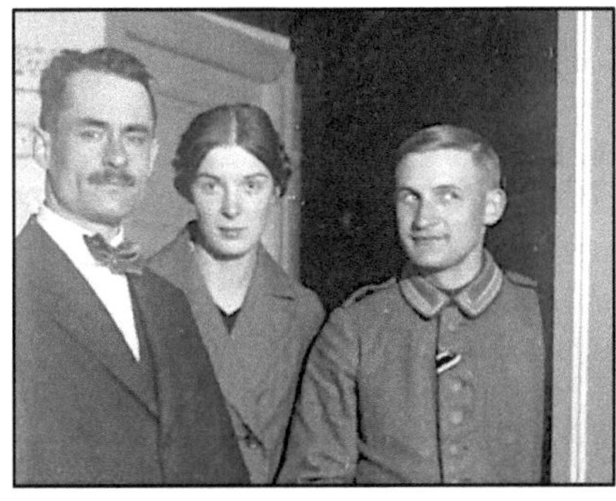

Abb. 138: Partikel (re.) mit Bernhard Hasler und Helene Roselt, um 1915

Umzug in die Poschinger
Straße 5. Als Soldat in
Frankreich. Teilnahme an
der 3. Ausstellung der
Freien Secession mit drei
Gemälden.

1919

Teilnahme an der Kunstausstellung Berlin, Abt. Freie
Secession mit zehn Gemäl-
den. Mitunterzeichner des
Manifests des Arbeitsrats
für Kunst.

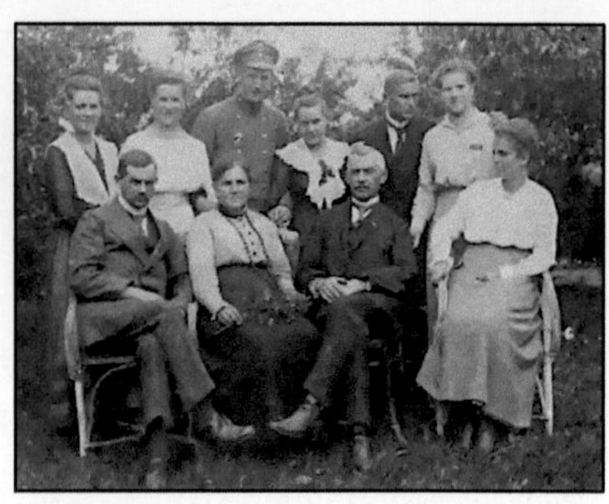

Abb. 139: Mit Eltern in Pillkallen, Alfred
hinten rechts, 1918

1920

Regelmäßige Teilnahme
an den Ausstellungen
der Secession. Ausstel-
lung in der Galerie Fer-
dinand Möller und Her-
ausgabe einer Grafik-
Mappe im Verlag Ferdi-
nand Möller. Umzug
nach Berlin-Tiergarten
in das Künstler- und
Diplomatenviertel um
den Lützowplatz in die
Kaiserin Augusta-Straße

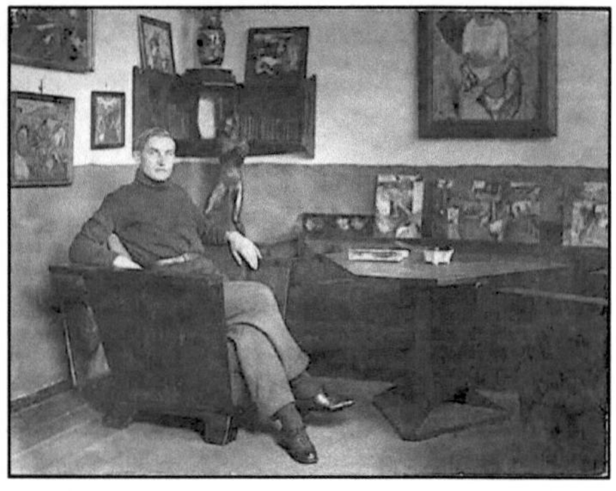

Abb. 140: Alfred Partikel in Berlin, um 1920; Porträt R. Scheibes (Abb. 31) hinter Partikels Sessel

68, 5. OG., wo Partikel sich eine Wohnung mit dem Bildhauer
Richard Scheibe teilt. Im selben Haus wohnt der Kunsthistoriker
Eduard Plietzsch mit dem Partikel eine langjährige Freundschaft ver-
bindet. Kontakt zu Berliner Künstlerkreisen (Otto Bartning, Hans
Scharoun, Max Pechstein, George Grosz, Gerhard Marcks u.a.). Der
Kunstsammler Dr. Ernst Schweitzer führt Partikel in die Familie
Körte ein. Damit erhält Partikel Kontakt zum Berliner Bürgertum.
Würdigung des Werks in der renommierten Fachzeitschrift „Kunst

und Künstler" durch Karl Scheffler. Kontakt zu dem Chemnitzer Industriellen und Kunstsammler Herbert Esche, der Partikel durch Ankäufe fördert.

1921

Mitglied des Arbeitsausschusses zur Vorbereitung der Frühjahrsausstellung der Freien Secession. Am 13. Juni Eheschließung mit Anna Dorothea Körte (1892-1967), einer Groß-

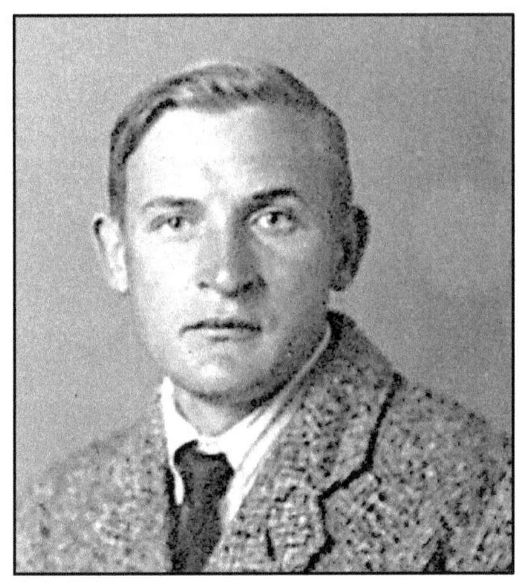

Abb. 141: Lichtbild Partikel, um 1920

nichte des ehemaligen Königsberger Oberbürgermeisters. Im Juni Hochzeitsreise in den Bayerischen Wald. Die Familie Körte besitzt seit 1902 ein Haus in Ahrenshoop an der Ostsee. Der Onkel, Martin Körte gehört zur ersten Ahrenshooper Künstlergeneration und ist als Professor an der Berliner Hochschule für bildende Künste tätig. Von nun an häufiger Aufenthalt in Ahrenshoop.

1922

Geburt der Tochter Barbara. Teilnahme an der Frühjahrsausstellung der Preußischen Akademie der Künste. Entwurf von Glasfenstern und einem Wandbehang für Peter Behrens Dombauhütte auf der Deutschen Gewerbeausstellung in München. Im Juli in Hamburg und Lübeck. Juli

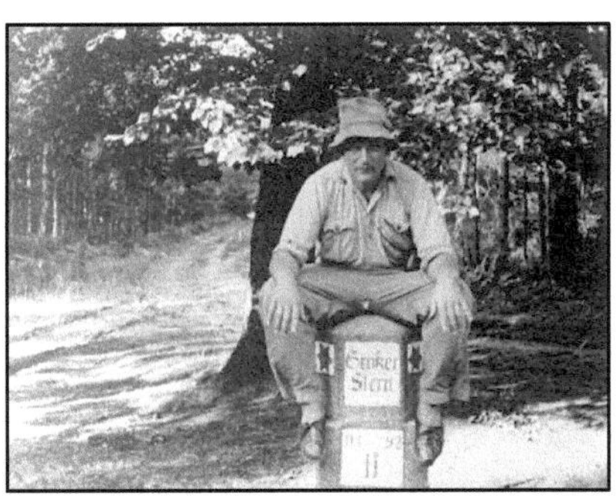

Abb. 142: Auf dem Darß, um 1922

bis September vierwöchige Finnlandreise mit einer Viermastbark unter dem Ahrenshooper Kapitän Henk.

1923

Geburt des Sohnes Adrian. Teilnahme an einer Gemeinschaftsausstellung in den Anderson Galleries in New York unter der Leitung von Ferdinand Möller mit Feininger, Heckel, Klee, Nolde, Kolbe, Scheibe, Marcks u.a. Im Herbst in Chemnitz. In Berlin Aufträge für den britischen Botschafter.

1924

Verkauf von Werken durch Ferdinand Möller. Bis 1927 ständig in der Galerie vertreten. Ab 1924 alljährliche Teilnahme an den Akademieausstellungen bis 1932. Ausstellung in der Neuen Staatsgalerie in München „Deutsche Malerei in den letzten fünfzig Jahren".

1925

Errichtung eines eigenen Hauses in Ahrenshoop, Dorfstraße 32. Von nun an abwechselnd in Ahrenshoop und Berlin tätig. Beteiligung an der Ausstellung der Münchner Secession im Glaspalast. In Dresden und Aachen.

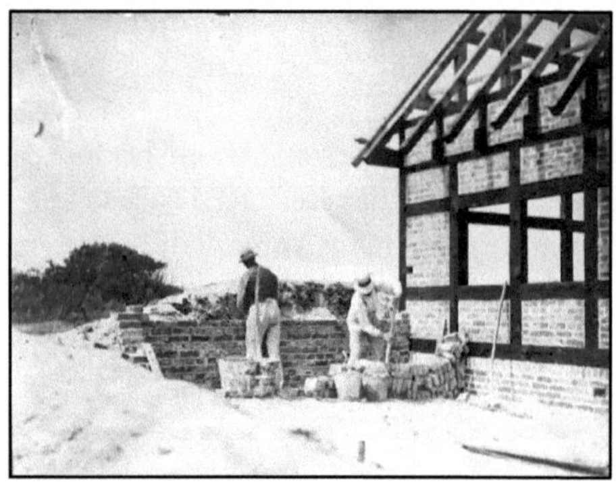

Abb. 143: Hausbau in Ahrenshoop, um 1925

1926

Im Oktober in Paris. Teilnahme an der Münchner Jahresausstellung im Glaspalast. Würdigung des Schaffens durch einen Aufsatz von Bruno E. Werner in der Zeitschrift „Die Kunst".

1927

Geburt der Tochter Cornelia. Im Mai in Aachen und in der Eifel (Wolffelsbach). Teilnahme an der Ausstellung „Ostpreußenkunst" im Berliner Schloss.

1928

Teilnahme an der „Zweiten Ausstellung Nach-Impressionistischer Kunst" in der Nationalgalerie. Preisgewinn anlässlich der Frühjahrsausstellung der Akademie.

1929

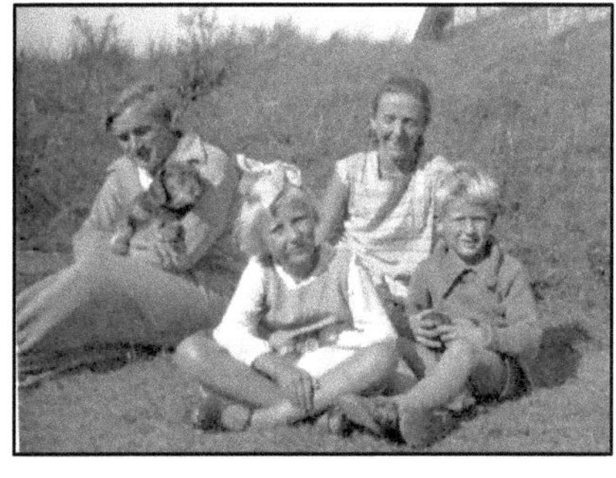

Abb. 144: Mit Familie am Strand, um 1929

Aufgabe der Berliner Wohnung und des Ateliers. Berufung zum Professor für die Landschaftsklasse an der Kunstakademie in Königsberg, Umzug nach Königsberg, Leostraße 45. Im Sommer in Rauschen und Rantau/Samland. Weitere Beteiligung an den Berliner Akademieausstellungen. In den kommenden Jahren wechselnde Aufenthalte in Ahrenshoop und Königsberg.

1930

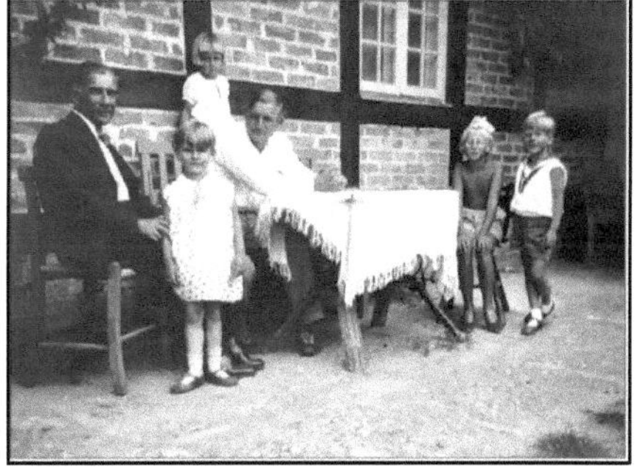

Abb. 145: Familie Esche/Luchsinger zu Besuch in Ahrenshoop, um 1930

Teilnahme an einer Ausstellung im New Yorker Metropolitan Museum of Art. Ab September Gaststipendium an der Villa Massimo in Rom. Reisen in die Sabiner Berge, nach Olevano und Neapel.

1931

Im April Rückkehr aus Rom.

1932

Schließung der Königsberger Akademie aufgrund der Preußischen Notverordnung am 1.4. Übersiedelung nach Ahrenshoop.

1933

Wiedereröffnung der Königsberger Akademie als Staatliche Meisterateliers für bildende Künste. Rückkehr nach Königsberg, Hardenbergstraße 26, 3. O.G. Teilnahme an der Ausstellung „Dreißig Deutsche Künstler" in der Galerie Ferdinand Möller, die wegen Beteiligung von Expressionisten wie Nolde und Barlach

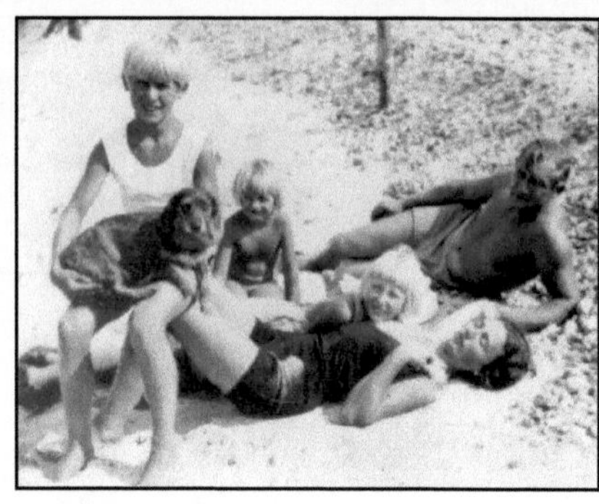

Abb. 146: Familie Partikel, 1933

geschlossen wird. Übersiedelung von Gerhard Marcks nach Niehagen, unweit von Ahrenshoop. Enge lebenslange Freundschaft.

1934

Teilnahme an der Berliner Akademieausstellung. Im Juni Studienfahrt mit Schülern nach Narmeln/Frisches Haff.

1935

Von Mai bis Juni Studienfahrt mit Schülern nach Maldeuten bei Mohrungen. Mitglied der Königsberger Kant-Gesellschaft. Pflege gesellschaftlicher Kontakte in Königsberg (Hanns Hopp, Wilhelm Worringer, Kaschnitz, von Glasenapp, Otto u. a.). Pfingsten in Gr. Steegen/Zinthen.

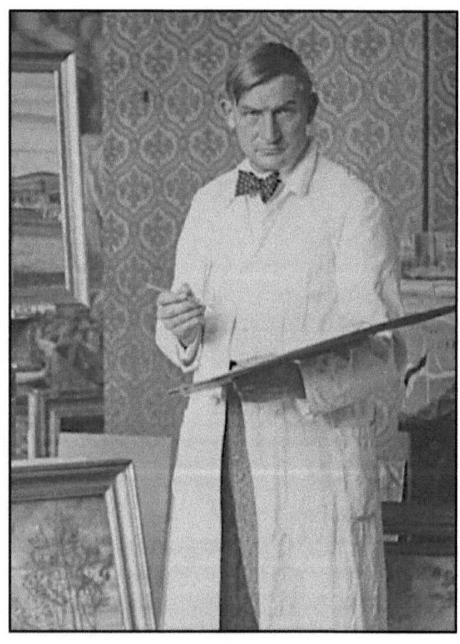

Abb. 147: Im Atelier, 1934

1936

Teilnahme an der 20. Biennale in Venedig mit vier Gemälden. Im September Reise nach Venedig. Übernahme des Professorenhauses in der Dürerstraße 41 nach Weggang Fritz Burmanns. Im Juni Studienfahrt mit Schülern nach Masuren. Wandgemälde für das „Olympische Dorf" in Berlin. Nach Fertigstellung als „unarisch" entfernt.

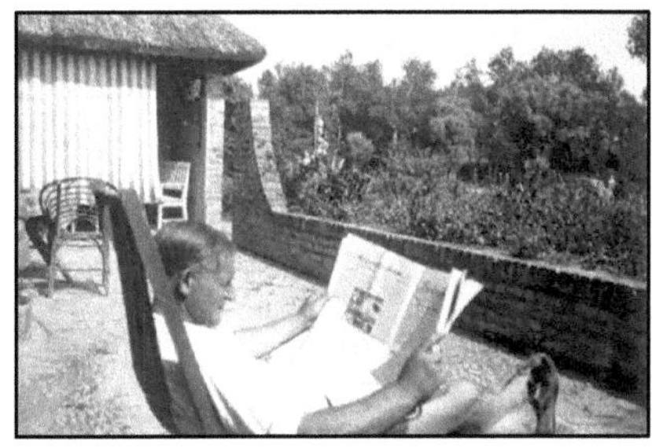

Abb. 148: Auf der Terrasse in Ahrenshoop, 1936

1937

Im März Studienfahrt mit Schülern nach Tevelkehmen/Ostpreußen. Im Mai Studienfahrt mit Schülern nach Weißenberg, Dreiländereck. Pfingsten in Gr. Steegen/Zinthen. Beschlagnahme von Gemälden anlässlich der Aktion „Entartete Kunst" in Berlin, Hannover, Nürnberg, Stettin und Erfurt. Vertreten auf der Ausstellung „Entartete Kunst" in München. Zugleich Berufung in die Preußische Akademie der Künste, die jedoch nicht wirksam wird. Reise nach Süddeutschland mit Gerhard Marcks. Gemeinsamer Besuch der „Großen Deutschen Kunstausstellung" in München.

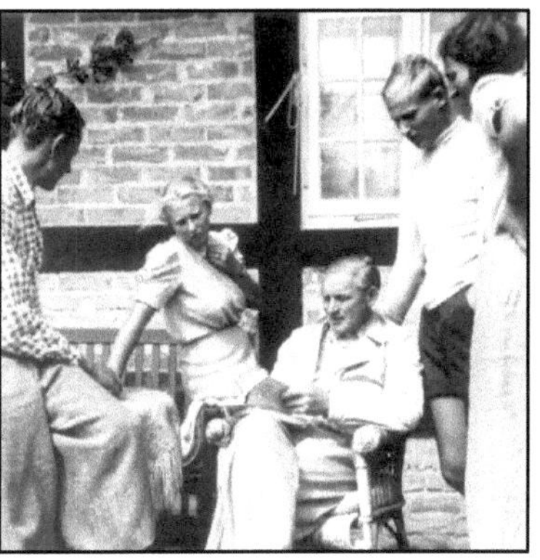

Abb. 149: Mit Familie in Ahrenshoop

1938

Im März Studienfahrt mit Schülern nach Lenzen. Im September in Hamburg.

1939

Im März im Memelgebiet. Im April in Berlin. Pfingsten in Gr. Steegen/Zinthen. Im Juni in Balga. Bis 1944 wiederholt auf Gut Friedrichstein (Graf Dönhoff). Im September Einberufung zur Wehrmacht. Im November entlassen und wieder in Königsberg an den Meisterateliers.

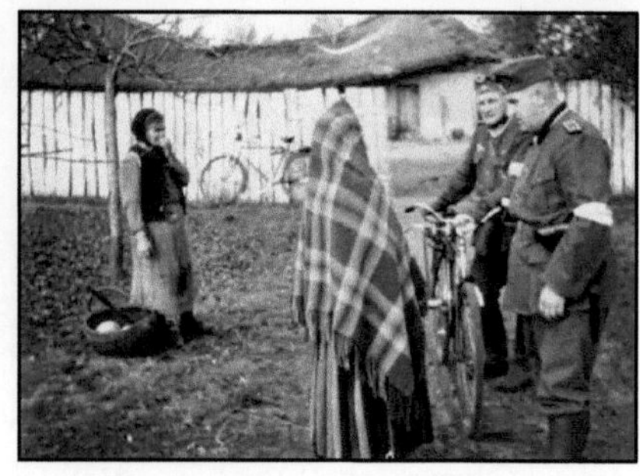

Abb. 150: Als Soldat in Polen, 1939

1940

Teilnahme an einer Ausstellung in der Mannheimer Kunsthalle „Deutsche Aquarellisten der Gegenwart". Im August im Memelgebiet. Im September in Berlin.

1941

Anfang September in Hamburg und Berlin. Ende September in Nidden/Kuhrische Nehrung.

1942

Im Herbst in Wimpfen am Neckar. Ankauf zahlreicher Werke durch die Städtische Kunsthalle Mannheim. Im Oktober im Schwarzwald. Anschließend in Hamburg und Berlin.

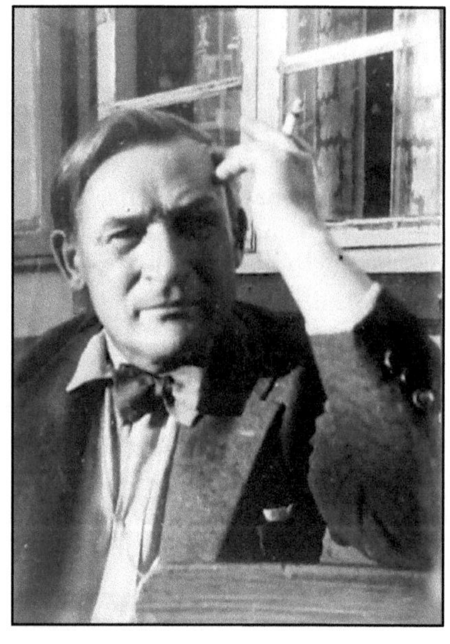

Abb. 151: Auf der Terrasse, um 1942

1943

Im Sommer in Lom-
scha/Polen und in Masuren.
Im Herbst im Auftrag des
Reichsarbeitsdienstes in
Straßburg und den Vogesen.

1944

Sohn Adrian gefallen. Ausla-
gerung von Bildern nach
Kniephof bei Naugard und
nach Niehagen zu Gerhard
Marcks. Im Herbst in der
Nähe der Rominter
Heide/Ostpreußen. An-
schließend Einberufung
zum Volkssturm.

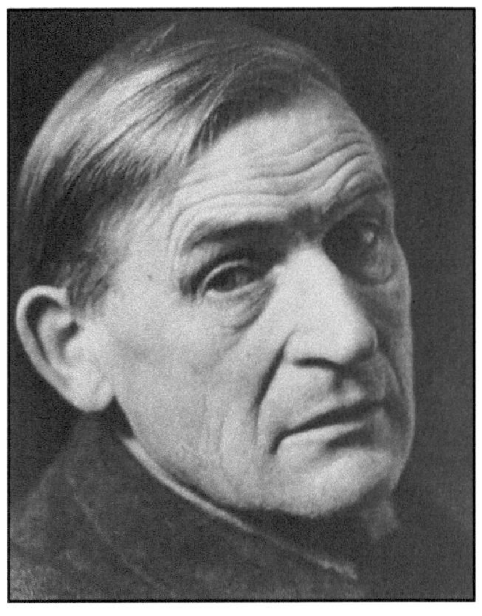

Abb. 152: Alfred Partikel, 1944

1945

Als Volkssturmmann östlich von Königsberg. 30. Januar bis 17. Februar Flucht mit Eduard Bischoff von Königsberg nach Ahrenshoop.
Im Sommer als Lehrer in Ahrenshoop. Seit 20. Oktober vermisst.

Abbildungsnachweis

Entsprechend der gesetzlichen Bestimmungen des Urheberrechts wurde sich bemüht, alle Rechteinhaber zu ermitteln. Sollten dennoch nicht berücksichtigte Ansprüche bestehen, ist der Verfasser für eine entsprechende Benachrichtigung dankbar. Bildvorlagen, deren Quelle oder Autor bzw. Autorin nicht im folgenden Nachweis angegeben wird, stammen in der Regel aus dem privaten Nachlass Partikel oder aus dem Eigentum des Verfassers.

Abb. I: NEUMANN (1912); Abb. 1: STAHL (2017), S. 77; Abb. 2: Kunsthaus Lempertz, Auktion 1224, Day Sale – Moderne Kunst, 7.6.2023, Lot 189; Abb. 6: KRÜGER (1982), S. 11; Abb. 15: Kunsthaus Lempertz, Auktion 639, Kunst d. 20. Jh., 6.6.1989, Nr. 551, Tafel 77; Abb. 20: KUNST UND KÜNSTLER, 18, 1920, S. 379; Abb. 24: Berlinische Galerie (K.-A. Becker); Abb. 30: K-A-BERLIN (1914), S. 40; Abb. 31: Kunstsammlungen Chemnitz, Inv.-Nr. 1304 (J. Seidel); Abb. 33: KUNST UND KÜNSTLER, 15, 1917, S. 577; Abb. 38: H. Dross, Hollenstedt/ Payrac (F); Abb. 39: Katalog Kunstausstellung Berlin 1919; Abb. 41: K-A-BERLIN (1980), S. 88; Abb. 44: Baedeker Stadtplan Berlin 1877; Abb. 54: P. C. Luchsinger, Frederick, MD (USA); Abb. 58: Detroit Institute of Arts, MI (USA) (S. Kay Young); Abb. 59: Detroit Institute of Arts, MI (USA) (S. Kay Young); Abb. 69: DEUTSCHE KUNST UND DEKORATION, 51, 1922/23, S. 221, 225; Abb. 70: A. Avanzato, La Jolla, CA (USA); Abb. 73: Franz Kugler, Geschichte Friedrich des Großen, Leipzig 1840, S. 262; Abb. 74: K-A-NEW YORK (1923), S. 1, 14; Abb. 78: S. Pauwels, Aachen; Abb. 79: P. C. Luchsinger, Frederick, MD (USA); Abb. 80: DEUTSCHE KUNST UND DEKORATION, 58, 1926, S. 317; Abb. 82: WIEGARTZ (2017), S. 138, Abb. 146; Abb. 88: KRÜGER (1982), S. 31; Abb. 90: WESTERMANNS MONATSHEFTE, 76. Jg. Bd. 151, H. 901, Sept. 1931; Abb. 97: VELHAGEN & KLASINGS MONATSHEFTE, 1933/34, Abb. geg. S. 52; Abb. 103: C. Wolter, Albavilla (I); Abb. 104: K-A-BERLIN (1992), S. 357, 398; Abb. 105: Preußische Akademie der Künste,

PrAdK, Akte 1107; Abb. 107: VAM (2014), Bd. 1, S. 50 (p. 37); Abb. 108: FMS (2021), NS Inventar EK-Nr. 12078; Abb. 109: VAM (2014), Bd. 2, S. 74 (p 61); Abb. 110: VAM (2014), Bd. 2, S. 186 (p. 173); Abb. 111: VAM (2014), Bd. 2, S. 212 (p. 199); Abb. 112: FMS (2021), NS Inventar EK-Nr. 7614; Abb. 130: Berliner Nacht-Express vom 29.5.1946, S. 3; Abb. 131: Berliner Zeitung vom 7.8.1946, S. 2.; Abb. 139: Deutsches Kunstarchiv, URL: http://gesichter-des-dka.gnm.de/content/mdc_artefacte18b (Stand: 20.6.2022); Abb. 145: mit frdl. Dank an Frau Regula Luchsinger, Zollikerberg (CH)